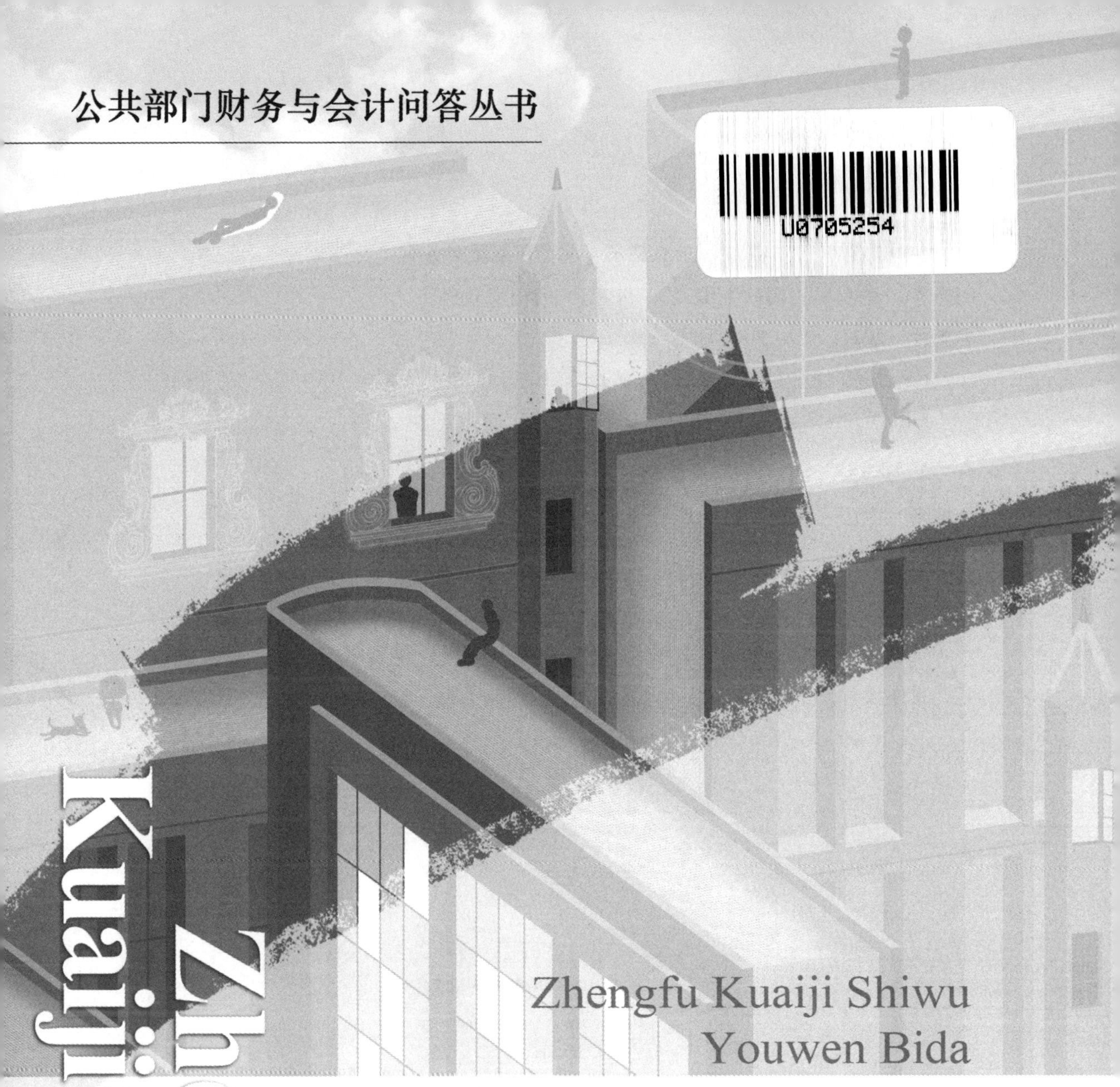

公共部门财务与会计问答丛书

Zhengfu Kuaiji Shiwu
Youwen Bida

政府会计准则制度重点难点精解
——政府会计实务有问必答

王晨明 周欣 主编

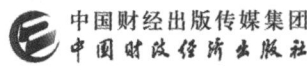

中国财经出版传媒集团
中国财政经济出版社

图书在版编目（CIP）数据

政府会计准则制度重点难点精解：政府会计实务有问必答／王晨明，周欣主编. -- 北京：中国财政经济出版社，2021.1（2022.8重印）

（公共部门财务与会计问答丛书）

ISBN 978-7-5223-0092-4

Ⅰ.①政… Ⅱ.①王… ②周… Ⅲ.①预算会计-会计准则-中国-问题解答 Ⅳ.①F812.3-44

中国版本图书馆CIP数据核字（2020）第185442号

责任编辑：胡 懿 胡 飞	责任校对：李 丽
封面设计：卜建辰	责任印制：党 辉

中国财政经济出版社 出版

URL: http://www.cfeph.cn

E-mail: cfeph@cfeph.cn

（版权所有 翻印必究）

社址：北京市海淀区阜成路甲28号 邮政编码：100142

营销中心电话：010-88191522

天猫网店：中国财政经济出版社旗舰店

网址：https://zgczjjcbs.tmall.com

北京时捷印刷有限公司印刷 各地新华书店经销

成品尺寸：185mm×260mm 16开 18印张 325 000字

2021年1月第1版 2022年8月北京第4次印刷

定价：89.00元

ISBN 978-7-5223-0092-4

（图书出现印装问题，本社负责调换，电话：010-88190548）

本社质量投诉电话：010-88190744

打击盗版举报热线：010-88191661 QQ：2242791300

编委会

主　编：王晨明　周　欣
副主编：孙筠婷　黄晖雁　谢仁强
委　员：董　楠　刘　展　刘力嘉　何少平
　　　　范伟琳　戴　璐　王彭彭　安　妮

前言

2019年1月1日，政府会计制度在我国各级各类行政事业单位开始全面实施，虽然行政事业单位针对新政府会计制度对财务人员进行了专业培训，但在会计实务具体应用过程中，很多一线财务人员仍然对遇到的一些特殊和疑难问题感到迷茫无从下手。为了更好地服务于政府会计制度改革，帮助广大行政事业财务人员更好地理解和掌握政府会计制度改革的重点以及难点内容，做到融会贯通，本书通过总结一线财务人员实际工作中反馈的问题，将《政府会计准则》和10项具体准则、《政府会计准则制度解释第1号》、《政府会计准则制度解释第2号》、《政府会计准则制度解释第3号》《政府会计制度——行政事业单位会计科目和报表》中的重点和难点内容通过提出问题、回答问题、补充案例的形式体现在具体实例中，以便财务人员理解和快速查阅学习。

本书主要具有以下显著特点：

1. 制度落地性强。本书内容基于中国现行政府会计制度，体现了最新行政事业单位改革精神。从读者需求及实际问题出发，突出阐述行政事业单位会计实务中容易混淆的概念，采用逐个击破的方式解读政府会计基本概念和核算方法。

2. 内容的务实性。本书通过结合行政事业单位财务工作的实际业务，列举了行政事业单位财务涉及的重点和难点经济事项，并对经济事项进行了详细说明；在解答部分财务核算及具体账务处理的实操问题，引导读者对实际工作中存在的问题进行思考的同时，帮助读者强化和提高自主学习和实际业务操作能力。

3. 结构的系统性。本书根据政府会计主体资金运动特点安排结构，使知识描述更加系统，有助于读者在理解理论的基础上更熟练地应对实务中的问题。

4. 范围的广泛性。本书内容深入浅出，简繁适度，举一反三，清晰易懂，既适用于会计教学，也适用于行政事业单位财务人员业务水平提升。

本书共分五章，第一章资产、第二章负债、第三章收入、第四章费用与支出、第五章结转结余与净资产；从结构上分有问必答、实务锦囊和相关准则制度备查，其中有关准则制度备查内容以附录形式列出，几部分内容有所区别，又互相呼应。实务锦囊是对主体问答的补充，实务锦囊中涉及准则原文的，直接以附录的形式体现，正文不多赘述；附录是问答、实务锦囊的理论依据。

本书编写组深入理解领会政府会计制度准则的内涵和逻辑，几易其稿，通过你问我答的方式努力做到问题典型突出、解答紧扣准则要点难点、案例突出实操答疑。在分析问题的过程中，有个别地方和会计准则制度的规定略有区别，编写组也将实务中的几种情况进行了对比和分析，供财务会计人员参考。本书在成书过程中精选了广大一线财务人员提出的问题，对于他们的辛苦付出表示由衷的感谢。

本书力求完善，但由于时间仓促、水平有限，难免存在疏漏和不足之处，敬请各位读者批评指正！相关意见建议请发电子邮件至 zfkjdy110@126.com，同时欢迎学界、业界广大读者交流探讨，我们将及时予以反馈。

本书编写组

2020 年 12 月

目 录

第一章　资产 ……………………………………………………………（1）

　有问必答 …………………………………………………………………（1）

　　[问题1]　单位库存现金盘点发现短缺或溢余应如何处理？ ………（1）

　　[问题2]　单位收到、支付捐赠资金，应如何进行账务处理？ ………（3）

　　[问题3]　单位的归垫资金应如何进行账务处理？ ……………………（6）

　　[问题4]　单位通过第三方支付平台账户结算应如何进行账务处理？
　　　　　　 ……………………………………………………………………（8）

　　[问题5]　事业单位取得短期投资及其利息应当如何进行账务处理？
　　　　　　 ……………………………………………………………………（9）

　　[问题6]　单位年末注销、年初恢复财政应返还额度中的财政授权
　　　　　　 支付及使用以前年度财政授权支付额度时，应如何进行账
　　　　　　 务处理？财政应返还额度中财政直接支付款项时应如何进
　　　　　　 行账务处理？ ……………………………………………………（10）

　　[问题7]　事业单位持未到期的商业汇票向银行贴现应如何处理？ …（12）

　　[问题8]　单位对已经核销的应收账款、其他应收款在以后期间收回
　　　　　　 时应如何进行账务处理？ ……………………………………（13）

　　[问题9]　当年预付账款和以前年度预付账款退回在账务处理上有何
　　　　　　 不同？ ……………………………………………………………（15）

　　[问题10]　为什么发生预付账款时，预算会计要列支出，而发生其他
　　　　　　　应收款的应收及暂付款项时，预算会计不一定要列支出？
　　　　　　 ……………………………………………………………………（16）

　　[问题11]　单位为公车加油卡充值，应如何进行账务处理？ ………（19）

　　[问题12]　到期一次还本付息和分期付息到期一次还本的长期债券
　　　　　　　投资，投资持有期间的利息收入账务处理有什么不同？ …（20）

［问题 13］ 事业单位开展专业业务活动自主销售库存物品，与经上级
单位批准对外出售库存产品的账务处理有什么不同？ …（22）
［问题 14］ 单位对企业拨付基础设施配套费，是否应确认
公共基础设施？……………………………………………（23）
［问题 15］ 单位新旧会计制度衔接时，补提折旧应如何登记新账科目，
是记入 2019 年 1 月 1 日的凭证，还是记入 2018 年 12 月 31
日的凭证？………………………………………………（24）
［问题 16］ 事业单位以现金取得的长期股权投资，应如何进行账务
处理？………………………………………………………（25）
［问题 17］ 事业单位以现金以外的其他资产置换取得的长期股权投资，
应如何进行账务处理？……………………………………（26）
［问题 18］ 事业单位以其持有的科技成果取得的长期股权投资，投资
成本如何确定？应如何进行账务处理？…………………（27）
［问题 19］ 事业单位处置以科技成果转化形成的长期股权投资，按
规定所取得的收入全部留归本单位的，应如何进行账务
处理？………………………………………………………（28）
［问题 20］ 事业单位以未入账的无形资产取得长期股权投资，应如何
进行账务处理？……………………………………………（28）
［问题 21］ 事业单位接受捐赠的长期股权投资，投资成本如何确定？
应如何进行账务处理？……………………………………（29）
［问题 22］ 单位无偿调入的长期股权投资，投资成本如何确定？应如
何进行账务处理？…………………………………………（30）
［问题 23］ 事业单位采用权益法核算的长期股权投资，对于被投资
单位所有者权益的变动，应如何调整长期股权投资者的
账面余额？如何进行账务处理？…………………………（30）
［问题 24］ 事业单位处置以现金取得的长期股权投资，应如何进行
账务处理？…………………………………………………（32）
［问题 25］ 事业单位对长期股权投资采用成本法核算的，从成本法
改为权益法的应如何进行账务处理？……………………（34）
［问题 26］ 权益法下，事业单位处置以现金以外的其他资产取得的
（不含科技成果转化形成的）长期股权投资，按规定取
得的投资收益纳入本单位预算管理的，应如何进行账务
处理？………………………………………………………（37）

[问题 27] 事业单位按规定需将长期股权投资持有期间取得的投资收益上缴财政时，应如何进行账务处理？ ………… （41）

[问题 28] 事业单位出售或到期收回长期债券投资时，应如何进行账务处理？ ………………………………………………… （44）

[问题 29] 固定资产计提折旧是否需要区分2018年以前的固定资产计提折旧冲减累计盈余，2018年之后的固定资产计提折旧按月计入当期费用？ ……………………………………… （44）

[问题 30] 科学事业单位合作项目款如何进行账务处理？ ……… （45）

[问题 31] 单位接受委托转赠物资，应如何进行账务处理？ ……… （47）

[问题 32] 单位对没有单独建账和开设银行账户的团费和党费等，应当如何进行会计核算？ ……………………………… （48）

[问题 33] 单位代建制项目应如何进行会计处理？ ……………… （49）

[问题 34] 单位购置房产时，缴纳的印花税是否应该计入房屋资产原值？ …………………………………………………… （55）

[问题 35] 资产负债表中无偿调拨净资产项目有可能有负数吗？ ……………………………………………………………… （55）

[问题 36] 单位支付车辆购置税时产生的滞纳金，能计入固定资产成本吗？ ………………………………………………… （55）

[问题 37] 单位接受捐赠的名贵花瓶，是否需要记账，如何记账？ ……………………………………………………………… （55）

[问题 38] 单位在固定资产拆迁过程中收到补偿款应如何进行会计核算？ ………………………………………………………… （56）

[问题 39] 2018年以前单位购入固定资产已经列支出，现在按新制度的要求，新旧衔接时需要补计提固定资产累计折旧，是否存在重复列支出的问题？ ……………………………… （57）

[问题 40] 单位以外币购买的固定资产需要根据汇率变动调整资产的入账成本吗？ ……………………………………………… （58）

[问题 41] 单位资产清理过程中，发现以前年度划拨的土地，有土地使用权证但未入账，应如何进行会计处理？ ………… （58）

[问题 42] 单位建设和维护的微信公众号是否可以作为无形资产确认？ ……………………………………………………………… （58）

[问题 43] 单位购建房屋及构筑物时，购建成本中的土地使用权部分，是计入固定资产还是计入无形资产？ ……………… （58）

[问题44] 单位软件升级改造的支出是否应计入无形资产的成本? ……………………………………………………………………（58）

[问题45] 所有的土地使用权都属于无形资产吗? …………（59）

[问题46] 公共基础设施需要计提折旧吗? …………………（59）

[问题47] 单位代为保管的政府储备物资,是通过"政府储备物资"科目核算?还是"受托代理资产"科目核算? …………（59）

[问题48] 单位无偿调入的固定资产,如果在调出方的账面价值为零的,应如何进行账务处理?或者在调出方的账面余额为名义金额记账的,应如何进行账务处理? …………（60）

[问题49] 单位房屋出租收入应如何进行账务处理? ………（62）

[问题50] 单位在原有固定资产基础上进行改建、扩建、修缮的业务,应如何进行会计处理? …………………………（63）

[问题51] 单位取得款项时,对应的科目是相关收入科目,还是列其他应付款或者受托代理负债科目? ……………（65）

实务锦囊 ……………………………………………………………（67）

第二章 负债 ……………………………………………………（79）

有问必答 ……………………………………………………………（79）

[问题1] 事业单位银行承兑汇票到期后,无力支付票款应如何进行账务处理? ……………………………………………（79）

[问题2] 单位对购进的不动产或不动产在建工程分年抵扣进项税额时,如何进行税款抵扣处理? …………………………（79）

[问题3] 单位在取得进项税额不允许抵扣的资产或服务时如何进行账务处理? ……………………………………………（80）

[问题4] 改变资产用途或资产发生非正常损失,原允许抵扣的进项税额不允许抵扣时,单位应如何进行账务处理? ……（80）

[问题5] 单位当期直接减免的增值税应计入其他收入吗? …（81）

[问题6] 单位替职工代扣的个人所得税跨期代缴时,应如何进行账务处理? ……………………………………………（81）

[问题7] 单位付外部人员讲课费、劳务费等,代扣个人所得税应怎么做账务处理? ……………………………………（83）

[问题8] "应付职工薪酬"科目应当如何设置明细科目,各明细科目核算的内容是什么? ……………………………（83）

[问题9] 单位劳务派遣人员的福利费等需要通过"应付职工薪酬"科目核算吗? ……（84）

[问题10] 单位付职工差旅费中的伙食补助、交通补助是否要记入"应付职工薪酬"科目? ……（85）

[问题11] 单位以直接支付方式支付下月工资，如何进行账务处理? ……（85）

[问题12] 单位从职工工资中代扣职工个人应负担水电费，应如何进行账务处理? ……（85）

[问题13] 单位收到上级单位拨付的专项经费，收到后未使用，通过往来科目核算正确吗? ……（88）

[问题14] 单位长期挂账的其他应付款，应如何进行账务处理? ……（88）

[问题15] 单位的工会经费是在日常大账中核算吗? ……（88）

[问题16] 事业单位非独立核算食堂的餐费充值、购买食材和支付员工工资等业务通过往来科目核算是否正确? ……（90）

[问题17] 单位购买固定资产时，扣留的质保金应如何进行账务核算? ……（91）

[问题18] 单位发生预计负债如何进行账务处理? ……（92）

[问题19] 单位预计负债预期可获得补偿，应如何进行账务处理? ……（93）

[问题20] 单位当年收到应当纳入下一年度部门预算管理的暂收款项，应如何进行账务处理? ……（96）

实务锦囊 ……（97）

第三章 收入 ……（98）

有问必答 ……（98）

[问题1] 财务会计的收入与预算会计的预算收入有何区别? ……（98）

[问题2] 单位收到何种收入应确认为"财政拨款收入"? ……（99）

[问题3] 单位收到上级单位转拨的财政资金，是否应计入财政拨款收入? ……（99）

[问题4] 单位取得非同级财政部门的项目拨款，是否应计入财政拨款收入? ……（100）

[问题5] 单位收到下一年度预拨的财政资金，如何进行账务处理? ……（100）

[问题6] 单位收到当地财政部门拨付下属单位的财政拨款应如何进行账务处理? ……………………………………………………（101）

[问题7] 单位收到当地财政部门拨入的项目建设征地拆迁补偿费是列往来款项，还是确认收入? …………………………（102）

[问题8] 单位通过财政直接支付或发放职工工资，应如何进行账务处理? ………………………………………………………（102）

[问题9] 单位使用财政资金通过单位基本户缴纳社保，应如何进行账务处理? …………………………………………………（102）

[问题10] 单位收到下年预拨经费及支付预拨经费时，如何进行会计处理? …………………………………………………………（103）

[问题11] 单位收到的财政拨款中包括下属单位的拨款，如何进行账务处理? ………………………………………………………（103）

[问题12] 单位采用财政拨款直接支付的支出或货物发生退回，如何进行账务处理? ……………………………………………（103）

[问题13] 单位以前年度已经支付的工程款由于审减，部分资金需要退还财政，应如何进行账务处理? ……………………………（104）

[问题14] 单位通过授权支付方式转拨某下属单位的预算款，应如何进行账务处理? …………………………………………………（104）

[问题15] 单位收到财政直接支付入账通知书，根据基建项目工程进度支付建设款，应如何进行账务处理? …………………（104）

[问题16] 单位某基建项目当年直接支付额度未全部使用，年底对剩余额度应如何进行账务处理? ………………………………（105）

[问题17] 单位在年末以财政直接支付方式发放下年度1月职工薪酬，应如何进行账务处理? ………………………………………（105）

[问题18] 事业单位通过财政直接支付方式发工资，如何进行账务处理? …………………………………………………………（106）

[问题19] 事业单位收到同级政府的其他部门转拨的项目经费，应计入事业收入还是非同级财政拨款收入? ………………（106）

[问题20] 事业单位收到上级主管部门划拨的资金，应该确认非同级财政拨款收入，还是计入上级补助收入? …………………（106）

[问题21] 事业单位收到非同级财政部门拨来的经费，应确认财政拨款收入吗? ……………………………………………………（107）

［问题22］ 事业单位收到上级部门拨入的专项经费，应计入非同级财政拨款收入吗？ ……………………………………………………… (107)

［问题23］ 行政单位收到上级主管拨来的专项经费，是否应确认收入？ ………………………………………………………………… (107)

［问题24］ 行政单位通过实拨资金方式拨付下级单位财政拨款，应如何进行账务处理？ ………………………………………………… (107)

［问题25］ 单位收到政府特殊津贴，应如何进行账务处理？ ……… (109)

［问题26］ 单位收到捐赠的固定资产，是否计入捐赠收入？ ……… (109)

［问题27］ 单位对外出租房产，采取预收租金方式，租金纳入单位预算，应如何进行账务处理？ ……………………………… (110)

［问题28］ 单位对外出租采取后付租金的方式，租金不需要上缴财政，而是留归单位使用，应如何进行账务处理？ …… (110)

［问题29］ 单位对外出租采取分期收取租金的方式，应如何进行账务处理？ ………………………………………………………… (111)

［问题30］ 事业单位收到代征代扣个税手续费返还，应如何进行账务处理？ ………………………………………………………… (111)

［问题31］ 事业单位上缴财政专户资金何时进行预算收入确认？是否记入"事业预算收入"？ ………………………………… (112)

［问题32］ 事业单位收到款项，是确认"事业收入"，还是确认"非同级财政拨款收入"？ ……………………………………… (112)

［问题33］ 单位开展业务活动/管理活动/经营活动取得收入而发生增值税税金，预算会计如何处理？ ……………………… (113)

［问题34］ 单位向金融机构借款资金应如何进行账务处理？ ……… (113)

［问题35］ 事业单位工程建设项目的借款如何计提利息？ ………… (114)

［问题36］ 债务预算收入明细核算有何具体要求？ ………………… (115)

［问题37］ 事业单位处置以科技成果转化形成的长期股权投资，按规定所取得的收入全部留归本单位，应如何进行账务处理？ … (115)

［问题38］ 单位进行现金盘点，发生现金溢余，应如何进行预算会计账务处理？ ……………………………………………… (116)

［问题39］ 事业单位承接外单位委托研究的课题经费，如何进行账务处理？ ………………………………………………………… (117)

实务锦囊 ……………………………………………………………… (118)

第四章 费用与支出 ……………………………………………………（119）

有问必答 …………………………………………………………………（119）

[问题1] 费用与支出有什么区别与联系？ ……………………………（119）

[问题2] 业务活动费用和单位管理费用如何区分？ …………………（120）

[问题3] 事业单位的工资需要分为管理人员和业务人员分别核算吗？
………………………………………………………………（121）

[问题4] 事业单位离退休办公室发生的办公费用、组织离退休人员活动费用等，财务会计是计入"业务活动费用"还是"单位管理费用"？…………………………………………（121）

[问题5] 事业单位以经营租赁方式租入的固定资产，在租赁期间发生了改良支出，是否计入业务活动费用？ ……………（121）

[问题6] 费用类科目是否需要与预算支出一样，按照经济分类设置明细科目核算？ ………………………………………（122）

[问题7] 单位开展业务活动是否需要按规定计提印花税？ …………（122）

[问题8] 事业单位从横向课题（项目）经费提取项目间接费或管理费如何进行账务处理？ ………………………………（123）

[问题9] 事业单位从财政科研项目（课题）中提取项目间接费用或管理费的如何进行账务处理？ ……………………（123）

[问题10] 事业单位提取专用基金，是否都计入费用科目？如何提取、设置和使用专用基金？ ……………………（125）

[问题11] 事业单位需计提应付福利费吗？原账留有的应付福利费余额怎么办？ ……………………………………………（126）

[问题12] 疫情期间单位购买防疫物资、支付相关费用、支付奖励，如何进行账务处理？ ………………………………（126）

[问题13] 事业单位按照规定使用售房款发放购房补贴应如何进行账务处理？ ……………………………………………（128）

[问题14] 单位在本年末以财政直接支付方式发放下年度1月职工薪酬应如何进行账务处理？ ……………………………（128）

[问题15] 单位代发由社保负担的退休人员养老金，应如何进行账务处理？ ……………………………………………（129）

[问题16] 单位向工会提供经费补助，资金划入工会独立账户，应如何进行账务处理？ ……………………………………（130）

[问题17] 单位支付的审计费用应如何进行账务处理？ ……………（130）

[问题18] 事业单位为了开展经营活动长期聘用职工，发生的职工薪酬、代扣住房公积金、养老保险、个人所得税等应如何进行账务处理？ ………………………………………………………… (131)

[问题19] 单位报废固定资产、取得保险理赔、发生相关处置费用，应如何进行账务处理？ ……………………………………… (132)

[问题20] 疫情防控期间，单位将库存的一批防疫物资捐赠给社区志愿者，应如何进行账务处理？ …………………………… (133)

[问题21] 事业单位经批准对外出售一批库存的防疫物品，应如何进行账务处理？ ……………………………………………… (133)

[问题22] 单位对外捐赠固定资产，应如何进行账务处理？ ……… (134)

[问题23] 事业单位暂时不上缴按要求需上缴上级部门的统筹款，应如何进行账务处理？ ……………………………………… (134)

[问题24] 事业单位收到上年度企业所得税退税，如何进行会计处理？ ………………………………………………………… (135)

[问题25] 事业单位汇算清缴需要补缴上年度企业所得税，应如何进行账务处理？ ……………………………………………… (135)

[问题26] 事业单位汇算清缴时，对于上年度多缴纳的企业所得税需要退税，应如何进行账务处理？ ………………………… (136)

[问题27] 单位为支持疫情防控工作，使用自有资金购买医用口罩一批捐赠给医院，该批防控物资直接由生产商供货给医院，应如何进行账务处理？ …………………………………… (137)

[问题28] 单位接到上级部门通知下沉至社区开展防疫工作，因财政资金未到位用单位实有资金垫付，应如何进行账务处理？ ……………………………………………………………… (137)

[问题29] 公车改革后，行政单位向在职人员发放的公车补贴如何进行账务处理？ ……………………………………………… (138)

[问题30] 单位支付的离休人员特需费，支出的经济分类科目是否应列入"对个人和家庭补助支出——离休费"明细科目核算？ ……………………………………………………………… (139)

[问题31] 对单位在职职工发放未休假补贴，支出的经济分类科目是否应列入"对个人和家庭补助支出"明细科目核算？ ……… (139)

[问题32] 单位通过预付账款购买货物，是在支付款项时确认支出，还是在结算或报账时确认支出？如何进行账务处理？ …… (139)

[问题33] 单位年末的暂付款,如何进行账务处理? ……………… (140)
[问题34] 单位预付账款发生退款,预算会计应如何进行账务处理? … (143)
[问题35] 事业单位开展专业业务活动缴纳的城市维护建设税、教育费附加、地方教育费附加、车船税、房产税、城镇土地使用税等,每月需要计提吗? ………………………………… (143)
[问题36] 事业单位按照规定向在职人员发放的供暖补贴、物业补贴,预算会计应放在"事业支出——基本支出——对个人和家庭补助"科目还是"事业支出——基本支出——工资福利支出"科目核算? ……………………………… (144)
[问题37] 按照规定由单位负担的在职人员住房公积金,预算会计核算时应通过哪个明细科目核算? ………………………… (145)
[问题38] 按照规定单位向在职人员发放的购房补贴、提租补贴,预算会计核算时应使用哪个明细科目核算? ……………… (145)
[问题39] 事业单位为了开展业务活动聘用三类非在职人员:签订了正式劳动合同的外聘人员、临时聘用的人员、劳务派遣人员。预算会计核算时,这三类人员的工资待遇应放在哪个明细科目? …………………………………………… (145)
[问题40] 事业单位发生出租车费用,预算会计应在哪个科目核算? ………………………………………………………………… (146)
[问题41] 事业单位按月向生活困难的在职职工和困难遗属发放补助,预算会计应在哪个科目核算? ……………………………… (146)
[问题42] 事业单位在职人员加班产生的餐费、误餐支出,预算会计应在哪个明细科目核算? ………………………………… (146)
[问题43] 单位购买图书,应如何进行账务处理? ……………… (146)
[问题44] 单位发生公务接待费用,同时收到来访人员交来的餐费并开具资金往来票据,应如何进行账务处理? ………… (147)
[问题45] 事业单位在食堂进行公务接待,同时收到来访人员交来的餐费并开具资金往来票据。食堂职工工作餐的费用从职工福利基金列支。单位应如何对交来的餐费进行账务处理? …… (148)
[问题46] 事业单位慰问因公负伤住院的职工,使用福利费购买了营养品,应如何进行账务处理? ………………………… (148)
[问题47] 事业单位科研项目发放劳务费代扣个人所得税时,应如何进行账务处理? ……………………………………………… (148)

[问题48] 事业单位在进行企业所得税汇算清缴时，财政补贴收入、纳入财政预算管理的行政事业性收费、附属单位从经营单位税后利润中上缴款项、上级拨入专款等，可以进行税前扣除吗？ ………………………………………………………… (149)

[问题49] 对附属单位补助支出属于事业单位长期股权投资核算内容吗？ ……………………………………………………………………… (149)

[问题50] 事业单位偿还借款本金和利息是否都记入"债务还本支出"？ …………………………………………………………………………… (149)

[问题51] 事业单位从银行取得借款用于工程建设，每年支付利息是否都应计入当期费用？ ……………………………………………… (149)

实务锦囊 ……………………………………………………………………… (150)

第五章 结转结余与净资产 ……………………………………………………… (162)

有问必答 ……………………………………………………………………… (162)

[问题1] 财务会计中的收入与费用、预算会计中的收入与支出期末是按月还是按年进行结转？ ………………………………………… (162)

[问题2] 新旧衔接时，单位2018年原账中的净资产科目余额对应2019年新账中财务会计净资产科目需要编制转账工作分录，那么对应到2019年新账预算会计中结转结余类科目期初数时，是否也需要编制转账工作分录？ ……………………………… (162)

[问题3] 事业单位2018年的"预付账款"科目余额，预算会计新旧衔接时应如何进行处理？ …………………………………………… (164)

[问题4] 财政拨款结转结余科目中，单位针对调拨业务如何设置明细科目？如何进行账务处理？ ……………………………………… (165)

[问题5] 事业单位发生的经营亏损，能否使用非财政拨款结余弥补？ ……………………………………………………………………………… (168)

[问题6] 行政单位的事业编人员的工资支出，应列"事业支出"还是列"行政支出"？ …………………………………………………… (168)

[问题7] 行政事业单位将部分收入、费用业务，通过往来科目"其他应付款""其他应收款"科目核算，应当如何进行会计差错更正？ ………………………………………………………………… (168)

[问题8] 单位违反规定多报销的费用、多发放的津贴补贴，应如何进行会计差错更正？ …………………………………………………… (170)

[问题9] 单位历年形成的长期挂账的其他应收款，2019年预算会计新旧衔接是否应作为结转结余的调减事项处理？ …………（171）

[问题10] 享受公费医疗待遇的单位从所在地公费医疗管理机构取得的公费医疗经费，应如何进行账务处理？ …………（172）

[问题11] 为什么行政单位的预算会计新旧衔接，仅涉及对"其他应收款""其他应付款""应缴税费""应付职工薪酬"科目余额的调整？ …………………………………………（172）

[问题12] 单位用上年结转的经费购买固定资产，财务会计是冲减累计盈余科目吗？ ………………………………………（173）

[问题13] 行政事业单位年末注销零余额账户用款额度应如何进行账务处理？ ………………………………………………（173）

[问题14] 事业单位2018年以前扣留的质量保证金，新旧衔接时怎样处理？2019年退还以前年度的质量保证金，应如何进行账务处理？ …………………………………………（174）

[问题15] "本期盈余"和"累计盈余"科目需要设置"财政拨款""非同级财政拨款"明细科目吗？ ……………………（177）

[问题16] 科学事业单位的"科技成果转化基金"提取和使用，应如何进行账务处理？ ………………………………………（177）

[问题17] 单位当年收到应当纳入下一年度部门预算管理的暂收款项，应如何进行账务处理？ ………………………………（178）

[问题18] 单位从职工工资中代扣职工个人应负担水电费，应如何进行账务处理？ ………………………………………（180）

实务锦囊 ……………………………………………………………（183）

附录　相关准则制度 ……………………………………………（186）

一、政府会计准则——基本准则 ………………………………（186）

二、财会〔2018〕34号文件政府会计准则制度新旧衔接相关规定 ………（192）

三、政府会计准则第1号——存货 ………………………………（199）

四、政府会计准则第2号——投资 ………………………………（201）

五、政府会计准则第3号——固定资产 …………………………（204）

六、《政府会计准则第3号——固定资产》应用指南 ……………（208）

七、政府会计准则第4号——无形资产 …………………………（211）

八、政府会计准则第5号——公共基础设施 ……………………（214）

九、政府会计准则第 6 号——政府储备物资 ……………………………（219）
十、政府会计准则第 7 号——会计调整 ……………………………………（222）
十一、政府会计准则第 8 号——负债 ………………………………………（226）
十二、政府会计准则第 9 号——财务报表编制和列报 ……………………（232）
十三、政府会计准则第 10 号——政府和社会资本合作项目合同 …………（243）
十四、政府会计准则制度解释第 1 号 ………………………………………（248）
十五、政府会计准则制度解释第 2 号 ………………………………………（254）
十六、政府会计准则制度解释第 3 号 ………………………………………（260）

后记 ……………………………………………………………………………（265）

第一章 资产

[**问题1**] 单位库存现金盘点发现短缺或溢余应如何处理？

[**解答**] 在清点库存现金时发现短缺，应当按照实际短缺的金额，财务会计借记"待处理财产损溢"科目，贷记"库存现金"科目。预算会计借记"其他支出"科目，贷记"资金结存"科目；能查清原因需赔偿的、应由责任人赔偿或向有关人员追回的，需赔偿部分财务会计借记"其他应收款"科目，贷记"待处理财产损溢"科目；收到责任人赔偿时，财务会计借记"库存现金"科目，贷记"其他应收款"科目，预算会计借记"资金结存"科目，贷记"其他支出"科目；无法查明原因的，报经批准后，财务会计借记"资产处置费用"科目，贷记"待处理财产损溢"科目。

在清点库存现金时发现溢余，财务会计应当按照实际溢余的金额，借记"库存现金"科目，贷记"待处理财产损溢"科目；应支付给有关人员或单位的，借记"待处理财产损溢"科目，贷记"其他应付款"科目；属于无法查明原因的，报经批准后，借记"待处理财产损溢"科目，贷记"其他收入"科目。预算会计借记"资金结存"科目，贷记"其他预算收入"科目。

[**案例**] A单位出纳在清点库存现金时发现现金短缺200元，经核查其中50元应由单位张某负责赔偿，另外150元无法查明原因，如何进行账务处理？

（1）按照短缺金额转入待处理财产损溢时：

财务会计	预算会计
借：待处理财产损溢——待处理财产价值　200 　　贷：库存现金　200	借：其他支出——现金盘亏损失　200 　　贷：资金结存——货币资金　200

（2）属于责任人赔偿的50元：

财务会计	预算会计
借：其他应收款——其他　　　　　50 　　贷：待处理财产损溢——处理财产价值　　50	不记账

（3）收到责任人赔偿的50元时：

财务会计	预算会计
借：库存现金　　　　　　　　　　50 　　贷：其他应收款——其他　　　　　　50	借：资金结存——货币资金　　　　　50 　　贷：其他支出——现金盘亏损失　　　50

（4）无法查明原因的150元，报经批准处理时：

财务会计	预算会计
借：资产处置费用　　　　　　　　150 　　贷：待处理财产损溢——待处理财产价值　150	不记账

[案例] A单位出纳人员在2019年6月30日盘点现金时，发现现金溢余220元，经查发现其中200元属于应支付给内部职工王某的，剩余金额无法查明原因，报领导后同意处理。如何进行账务处理？

账务处理如下：

（1）按照溢余金额转入待处理财产损溢时：

财务会计	预算会计
借：库存现金　　　　　　　　　　220 　　贷：待处理财产损溢　　　　　　　　220	借：资金结存——货币资金　　　　　220 　　贷：其他预算收入　　　　　　　　　220

（2）应支付王某的部分：

财务会计	预算会计
借：待处理财产损溢　　　　　　　200 　　贷：其他应付款　　　　　　　　　200	不记账

（3）报经批准后：

财务会计	预算会计
借：待处理财产损溢　　　　　　　20 　　贷：其他收入　　　　　　　　　　20	借：其他预算收入　　　　　　　　200 　　贷：资金结存——货币资金　　　　　200

（4）支付王某的 200 元：

财务会计	预算会计
借：其他应付款——王某　　200 　　贷：库存现金　　　　　　　　200	不记账

［问题 2］ 单位收到、支付捐赠资金，应如何进行账务处理？

［解答］ 可以考虑三种情况。

第一种情况：单位收到的是指定转赠方的转赠资金，即单位需要将捐赠资金转拨到其他单位使用。单位收到转赠资金时，财务会计借记"银行存款——受托代理资产"科目，贷记"受托代理负债"科目；预算会计不涉及账务处理。转拨捐赠资金时，财务会计借记"受托代理负债"科目，贷记"银行存款——受托代理资产"科目；预算会计不涉及账务处理。

第二种情况：单位收到捐赠资金且发生现金捐赠支出，单位收到捐赠资金时，财务会计借记"银行存款""库存现金"科目，贷记"捐赠收入"科目；预算会计借记"资金结存"科目，贷记"其他预算收入"科目。支付相关支出时，财务会计借记"业务活动费用""单位管理费用""固定资产"等科目，贷记"银行存款""库存现金"科目；预算会计借记"行政支出""事业支出"等科目，贷记"资金结存"科目。

第三种情况：单位以政府名义接受的非定向捐赠货币收入，应当根据当地财政部门非税收入管理要求，上缴同级财政国库。单位收到捐赠资金时，财务会计借记"银行存款""库存现金"，贷记"应缴财政款"，预算会计不记账。上缴财政时，财务会计借记"应缴财政款"，贷记"银行存款"科目。预算会计不记账。

［案例］ A 事业单位 2019 年 3 月 2 日收到转赠贫困灾区 C 事业单位的捐款 50 000 元。2019 年 3 月 10 日，A 事业单位将转赠的捐款 50 000 元通过银行账户汇往贫困地区的 C 事业单位，A 单位如何进行账务处理？

（1）收到转赠捐款时：

财务会计	预算会计
借：银行存款——受托代理资产　　50 000 　　贷：受托代理负债　　　　　　　　50 000	不记账

（2）转拨转赠资金时：

财务会计		预算会计
借：受托代理负债　　　　　50 000		不记账
贷：银行存款——受托代理资产　　50 000		

[案例] B市疫情定点医院，2020年2月20日接受新冠肺炎疫情社会捐赠货币资金1 000 000元，用于与新冠肺炎"抗疫"相关领域的公共卫生服务等公益性支出。2020年3月10日，该医院以实有资金购买了医护人员防疫用N95口罩和防护眼镜，价款一共45 000元。

（1）2020年2月20日接受捐赠资金时：

财务会计	预算会计
借：银行存款　　　　　1 000 000	借：资金结存——货币资金　　　　　1 000 000
贷：捐赠收入　　　　1 000 000	贷：其他预算收入——捐赠收入　　1 000 000

（2）2020年3月10日，购买防疫用品时：

财务会计	预算会计
借：业务活动费用——商品和服务费用——专用材料费　　45 000	借：事业支出——其他资金支出——商品和服务支出——专用材料费　　45 000
贷：银行存款　　　　　45 000	贷：资金结存——货币资金　　45 000

[案例] C省疾控中心2020年2月20日收到中国慈善总会转来新冠肺炎疫情非定向捐赠资金6 000 000元，用于C省疫情防治。该笔款项属于以政府名义接受的非定向捐赠货币收入，需根据当地财政部门非税收入管理要求上缴同级财政国库。2020年2月25日通过单位银行存款上缴该笔资金。

（1）2020年2月20日收到捐赠款时：

财务会计	预算会计
借：银行存款　　　　　6 000 000	不记账
贷：应缴财政款——应缴国库款　　6 000 000	

（2）2020年2月25日通过单位银行存款上缴该笔资金时：

财务会计	预算会计
借：应缴财政款——应缴国库款　　6 000 000	不记账
贷：银行存款　　　　　6 000 000	

[案例] 2020年3月D省红十字会下属的红十字基金会收到社会定向捐赠资金5 000 000元,用于D省疾控中心新冠肺炎病毒流行因素研究和监测工作。红十字基金会将收到的捐赠资金划转红十字会,以其名义向定向的D省疾控中心划转该笔款项。2020年4月1日,D省疾控中心收到转赠社会定向捐赠资金。

(1) 红十字会基金会(执行《民间非营利组织会计制度》)记账。

①收到捐赠资金时:

借:银行存款——受托代理存款　　　　　　　　　　　5 000 000
　　贷:受托代理负债　　　　　　　　　　　　　　　　5 000 000

②划转资金到红十字会时:

借:受托代理负债　　　　　　　　　　　　　　　　　5 000 000
　　贷:银行存款——受托代理存款　　　　　　　　　　5 000 000

(2) 红十字会(执行《政府会计制度》)记账。

①收到转赠捐款时:

财务会计		预算会计
借:银行存款——受托代理资产　　5 000 000 　　贷:受托代理负债　　　　　　5 000 000		不记账

②转拨转赠资金时:

财务会计		预算会计
借:受托代理负债　　　　　　　　5 000 000 　　贷:银行存款——受托代理资产　5 000 000		不记账

(3) D省疾控中心收到捐赠资金记账。

财务会计	预算会计
借:银行存款　　　　　　5 000 000 　　贷:捐赠收入　　　　　5 000 000	借:资金结存——货币资金　　　　5 000 000 　　贷:其他预算收入——捐赠收入　5 000 000

[案例] 2020年3月10日D省红十字会下属的红十字基金会收到社会非定向捐赠资金5 000 000元。红十字基金会将收到的捐赠资金划转红十字会,由其自行拟定该笔捐赠资金的分配方案并发放资金。按照红十字会确定的分配方案,D省10家新冠肺炎定点医疗机构平均分配捐赠资金。2020年4月1日,定点医疗机构M单位实有资金账户收到资金500 000元。

(1) 红十字会基金会（执行《民间非营利组织会计制度》）记账。

①收到捐赠资金时：

借：银行存款——受托代理存款　　　　　　　　　　　　　　　5 000 000
　　贷：捐赠收入——非限定性收入　　　　　　　　　　　　　　5 000 000

②划转资金到红十字会时：

借：业务活动成本　　　　　　　　　　　　　　　　　　　　　5 000 000
　　贷：银行存款　　　　　　　　　　　　　　　　　　　　　　5 000 000

(2) 红十字会（执行《政府会计制度》）记账。

①收到转赠捐款时：

财务会计	预算会计
借：银行存款——受托代理资产　　5 000 000 　　贷：受托代理负债　　　　　　5 000 000	不记账

②转拨转赠资金时：

财务会计	预算会计
借：受托代理负债　　　　　　　　5 000 000 　　贷：银行存款——受托代理资产　5 000 000	不记账

(3) 定点医疗机构 M 单位收到捐赠资金记账。

财务会计	预算会计
借：银行存款　　　　　　　　　　5 000 000 　　贷：捐赠收入　　　　　　　　5 000 000	借：资金结存——货币资金　　　　　　5 000 000 　　贷：其他预算收入——捐赠收入　　5 000 000

[问题3] 单位的归垫资金应如何进行账务处理？

[解答]《政府会计准则制度解释第2号》中"一、关于归垫资金的账务处理，行政事业单位按规定报经财政部门审核批准，在财政授权支付用款额度或财政直接支付用款计划下达之前，用本单位实有资金账户资金垫付相关支出，再通过财政授权支付方式或财政直接支付方式将资金归还原垫付资金账户的，应当按照以下规定进行账务处理：（一）用本单位实有资金账户资金垫付相关支出时，按照垫付的资金金额，借记"其他应收款"科目，贷记"银行存款"科目；预算会计不做处理。（二）通过财政直接支付方式或授权支付方式将资金归还原垫付资金账户时，按照归垫的资金金额，借记"银行存款"科目，贷记"财政拨款收入"等科目，并按照相同的金额，借记"业

务活动费用"等科目，贷记"其他应收款"科目；同时，在预算会计中，按照相同的金额，借记"行政支出""事业支出"等科目，贷记"财政拨款预算收入"科目。

[**案例**] 某地街道办事处接到上级部门关于开展疫情防控工作的通知，立即全面开展疫情防控工作。

2020年1月25日，因财政拨款未下达，街道办事处经当地财政部门审核批准，以基本户资金垫付疫情防控支出50 000元。

2020年2月15日，财政部门以财政授权支付形式下达疫情防控经费100 000元，其中包括防控支出归垫基本户50 000元。

（1）1月25日街道办事处以基本户资金垫付疫情防控支出50 000元时：

财务会计	预算会计
借：其他应收款　　　　　50 000 　贷：银行存款　　　　　　　50 000	不记账

（2）2月15日，财政部门以财政授权支付形式下达疫情防控经费100 000元，其中包括防控支出归垫基本户50 000元：

财务会计	预算会计
借：零余额账户用款额度　　　100 000 　贷：财政拨款收入　　　　　　100 000 借：银行存款——基本户——财政拨款资金 　　　　　　　　　　　　　50 000 　贷：零余额账户用款额度　　　50 000 同时： 借：业务活动费用　　　　　50 000 　贷：其他应收款　　　　　　50 000	借：资金结存——零余额账户用款额度　100 000 　贷：财政拨款预算收入　　　　　　100 000 借：行政支出——财政拨款支出——项目支出　50 000 　贷：资金结存——零余额账户用款额度　50 000

[**案例**] B市医院发放疫情防控人员临时性工作补助。经当地财政部门审核批准，2020年3月15日B市医院以基本户资金垫付160 000元。2020年3月30日，财政部门以财政直接支付形式拨付临时性工作补助款160 000元。

（1）2020年3月15日，B市医院以基本户资金垫付临时性工作补助款时：

财务会计	预算会计
借：其他应收款　　　　　160 000 　贷：银行存款　　　　　　　160 000	不记账

（2）2020 年 3 月 30 日，财政部门以财政直接支付形式支付防控人员临时性工作补助款时：

财务会计		预算会计	
借：银行存款	160 000	借：事业支出——财政拨款支出——工资福利支出——	
贷：财政拨款收入	160 000	津贴补贴	160 000
同时：		贷：财政拨款预算收入	160 000
借：业务活动费用	160 000		
贷：其他应收款	160 000		

[问题 4] 单位通过第三方支付平台账户结算应如何进行账务处理？

[解答] 根据《政府会计准则制度解释第 1 号》第八条"关于第三方支付平台账户资金的会计科目适用问题"规定，单位通过支付宝、微信等方式取得相关收入的，对于尚未转入银行存款的支付宝、微信收付款等第三方支付平台账户的余额，应当通过"其他货币资金"科目核算。单位取得相关收入时，财务会计借记"其他货币资金"，贷记相关收入科目；预算会计借记"资金结存——货币资金"科目，贷记相关预算收入科目。

[案例] A 事业单位下属服务中心相继在门诊医院和物业部门开通了微信、支付宝结算方式。2019 年 5 月 10 日，物业部门当天实现收入 50 000 元，其中通过微信收款 30 000 元，通过支付宝收款 20 000 元。5 月 12 日，以上款项转入单位银行存款账户。账务处理如下：

（1）2019 年 5 月 10 日物业取得收入时：

财务会计		预算会计	
借：其他货币资金——微信	30 000	借：资金结存——货币资金	50 000
——支付宝	20 000	贷：事业预算收入	50 000
贷：事业收入	50 000		

（2）2019 年 5 月 12 日款项转存银行账户时：

财务会计		预算会计
借：银行存款	50 000	不记账
贷：其他货币资金——微信	30 000	
——支付宝	20 000	

[案例] 2019 年 2 月 10 日 B 市交警部门通过支付宝收取交通违章罚款 50 000 元，单位按代收资金 0.5% 支付第三方平台通道手续费。2 月 10 日支付宝第三方平台资金利息收入 200 元。2 月 11 日由支付宝第三方平台将 2 月 10 日收取的交通违章罚款划转 B

市交警部门银行账户。2月28日B市交警部门将交通违章罚款划转国库。

（1）2019年2月10日，B市交警部门通过支付宝收取交通违章罚款50 000元，账务处理如下：

财务会计	预算会计
借：其他货币资金　　　　　50 000 　　贷：应缴财政款　　　　　　　50 000	不记账

（2）2019年2月11日，支付宝将交通违章罚款划转B市交警部门银行账户［发生费用50元（50 000×0.5%－200）］。

①发生费用记账：

财务会计	预算会计
借：应缴财政款　　　　　　　50 　　贷：其他货币资金　　　　　　　50	不记账

②划转款项：

财务会计	预算会计
借：银行存款　　　　　　　49 950 　　贷：其他货币资金　　　　　　49 950	不记账

③上缴财政：

财务会计	预算会计
借：应缴财政款　　　　　　49 950 　　贷：银行存款　　　　　　　　49 950	不记账

［问题5］事业单位取得短期投资及其利息应当如何进行账务处理？

［解答］单位取得短期投资，应当按照实际成本（包括购买价款和相关税费）作为初始投资成本，财务会计借记"短期投资"科目，贷记"银行存款"科目；预算会计借记"投资支出"科目，贷记"资金结存"科目。实际支付价款中包含的已到付息期但尚未领取的利息，应当于收到时冲减短期投资成本，财务会计借记"银行存款"科目，贷记"短期投资"科目；预算会计借记"资金结存"科目，贷记"投资支出"科目。短期投资持有期间的利息，应当于实际收到时确认为投资收益。收到利息时，

财务会计借记"银行存款"科目,贷记"短期投资"科目;预算会计借记"资金结存"科目,贷记"投资预算收益"科目。出售短期投资或到期收回短期投资本息,财务会计按照实际收到的金额,借记"银行存款"科目,按照出售或收回短期投资的账面余额,贷记"短期投资"科目,按照其差额,借记或贷记"投资收益"科目。预算会计按照实际收到的金额,借记"资金结存"科目,按照出售或收回短期投资的账面余额,贷记"投资支出"科目(本年投资)或"其他结余"科目(以前年度投资),按照其差额,借记或贷记"投资预算收益"科目。

[案例] 2019年6月30日,B事业单位购入2019年1月1日发行的1年期国债,国债面值1 000 000元,年利率4%,每半年付息。单位实际支付价款1 020 000元,支付价款中包含已到期尚未领取的利息20 000元,款项以银行存款支付。7月15日,单位收到包含在投资支付价款中已到期尚未领取的利息20 000元。2019年12月31日,国债到期,B事业单位取得本息1 020 000元,按照规定将投资收益纳入单位预算管理。

(1) 6月30日取得短期投资时,账务处理为:

财务会计	预算会计
借:短期投资　　　　1 020 000 　贷:银行存款　　　　1 020 000	借:投资支出　　　　1 020 000 　贷:资金结存　　　　1 020 000

(2) 7月15日,收到包含在投资支付价款中已到期尚未领取的利息时,账务处理为:

财务会计	预算会计
借:银行存款　　　　　20 000 　贷:短期投资　　　　　20 000	借:资金结存　　　　　20 000 　贷:投资支出　　　　　20 000

(3) 2019年12月31日国债到期,B事业单位取得本息1 020 000元时账务处理为:

财务会计	预算会计
借:银行存款　　　　1 020 000 　贷:投资收益　　　　　20 000 　　短期投资　　　　1 000 000	借:资金结存　　　　1 020 000 　贷:投资预算收益　　　20 000 　　投资支出　　　　1 000 000

[问题6] 单位年末注销、年初恢复财政应返还额度中的财政授权支付及使用以前年度财政授权支付额度时,应如何进行账务处理?财政应返还额度中财政直接支付款项时应如何进行账务处理?

[解答] 在财政授权支付方式下,年末依据代理银行提供的对账单做注销额度的相

关账务处理，财务会计借记"财政应返还额度——财政授权支付"科目，贷记"零余额账户用款额度"科目；预算会计借记"资金结存——财政应返还额度"科目，贷记"资金结存——零余额账户用款额度"科目。单位本年度财政授权支付预算指标数大于零余额账户用款额度下达数的，根据未下达的用款额度，财务会计借记"财政应返还额度——财政授权支付"科目，贷记"财政拨款收入"科目；预算会计借记"资金结存——财政应返还额度"科目，贷记"财政拨款预算收入"科目。

下年初恢复财政授权支付额度时，单位依据代理银行提供的额度恢复到账通知书做恢复额度的相关账务处理，财务会计借记"零余额账户用款额度"科目，贷记"财政应返还额度——财政授权支付"科目；预算会计借记"资金结存——零余额账户用款额度"科目，贷记"资金结存——财政应返还额度"科目。

使用以前年度财政授权支付额度支付款项时，财务会计借记"业务活动费用/单位管理费用"等科目，贷记"零余额账户用款额度"科目；预算会计借记"行政支出/事业支出"等科目，贷记"资金结存——零余额账户用款额度"科目。

在财政直接支付方式下，年末单位根据本年度财政直接支付预算指标数大于当年财政直接支付实际支出数的差额，财务会计借记"财政应返还额度——财政直接支付"科目，贷记"财政拨款收入"科目；预算会计借记"资金结存——财政应返还额度"科目，贷记"财政拨款预算收入"科目。

使用以前年度财政直接支付额度支付款项时，财务会计借记"业务活动费用/单位管理费用"等科目，贷记"财政应返还额度——财政直接支付"科目；预算会计借记"行政支出/事业支出"等科目，贷记"资金结存——财政应返还额度"科目。

[案例] 2019 年 12 月 31 日，D 事业单位本年度财政直接支付预算指标数大于当年财政直接支付实际支出数的差额为 8 000 000 元，注销财政授权支付额度 150 000 元。2020 年 2 月 10 日，D 事业单位收到代理银行提供的额度恢复到账通知书，恢复上年财政授权支付额度 150 000 元。2020 年 3 月 10 日，D 事业单位使用上年财政直接支付额度购置大型网络设备，价款 6 000 000 元，设备已验收并交付使用。设备的折旧年限为 5 年，按直线法计提折旧。2020 年 4 月 10 日，D 事业单位使用财政授权支付额度支付保安服务费 50 000 元。

（1）2019 年 12 月 31 日，年末 D 事业单位根据本年度财政直接支付预算指标数大于当年财政直接支付实际支出数的差额，确认财政拨款（预算）收入：

财务会计	预算会计
借：财政应返还额度——财政直接支付　　　　　　　　　　8 000 000 　　贷：财政拨款收入　　　　8 000 000	借：资金结存——财政应返还额度　8 000 000 　　贷：财政拨款预算收入　　8 000 000

(2) 2019 年 12 月 31 日注销财政授权支付额度：

财务会计	预算会计
借：财政应返还额度——财政授权支付 150 000 　　贷：零余额账户用款额度　　　　　　150 000	借：资金结存——财政应返还额度　　150 000 　　贷：资金结存——零余额账户用款额度　150 000

(3) 2020 年 2 月 10 日恢复上年财政授权支付额度：

财务会计	预算会计
借：零余额账户用款额度　　　　　　150 000 　　贷：财政应返还额度——财政授权支付 150 000	借：资金结存——零余额账户用款额度　150 000 　　贷：资金结存——财政应返还额度　　150 000

(4) 2020 年 3 月 10 日使用上年度财政直接支付额度购置大型网络设备：

财务会计	预算会计
借：固定资产　　　　　　　　　　6 000 000 　　贷：财政应返还额度——财政授权支付 　　　　　　　　　　　　　　　　6 000 000	借：事业支出——财政拨款支出——资本性支出 　　　　　　　　　　　　　　　　6 000 000 　　贷：资金结存——财政应返还额度　6 000 000

(5) 2020 年 4 月 10 日使用财政授权支付保安服务费：

财务会计	预算会计
借：业务活动费用　　　　　　　　　50 000 　　贷：零余额账户额度　　　　　　　50 000	借：事业支出——财政拨款支出——商品和服务支出 　　　　　　　　　　　　　　　　　50 000 　　贷：资金结存——零余额账户用款额度　50 000

(6) 计提当月新购入设备折旧（月折旧额 100 000 元（6 000 000/5 年 ×12 月）

财务会计	预算会计
借：业务活动费用　　　　　　100 000 　　贷：固定资产累计折旧　　　100 000	不记账

[问题 7] 事业单位持未到期的商业汇票向银行贴现应如何处理？

[解答] 持未到期的商业汇票向银行贴现，按照实际收到的金额（即扣除贴现息后的净额），财务会计借记"银行存款"科目，按照贴现息金额，借记"经营费用"等

科目,按照商业汇票的票面金额,贷记"应收票据"(无追索权)或"短期借款"科目(有追索权)。预算会计借记"资金结存"科目,贷记"经营预算收入"等科目。附追索权的商业汇票到期未发生追索事项的,按照商业汇票的票面金额,财务会计借记"短期借款"科目,贷记"应收票据"科目。预算会计不记账。

[案例] E事业单位销售一批M产品给乙公司,货已发出,货款40 000元,增值税1 200元,按合同规定90天付款,乙公司交给该事业单位一张90天到期的商业承兑汇票,面值41 200元。该事业单位60天后持此票据到银行贴现,贴现率12%,有追索权。

(1)收到票据时账务处理为:

财务会计		预算会计
借:应收票据	41 200	不记账
贷:经营收入	40 000	
应交增值税	1 200	

(2)办理贴现时,贴现息412元(41 200×12%÷360×30),扣除贴现息后贴现净额40 788元(41 200-412),账务处理为:

财务会计		预算会计	
借:银行存款	40 788	借:资金结存——货币资金	40 788
经营费用	412	贷:经营预算收入	40 788
贷:短期借款	41 200		

(3)票据到期,追索权未发生时的账务处理为:

财务会计		预算会计
借:短期借款	41 200	不记账
贷:应收票据	41 200	

[问题8] 单位对已经核销的应收账款、其他应收款在以后期间收回时应如何进行账务处理?

[解答] 事业单位已核销应收账款、其他应收款在以后期间收回的,分为两种情况。

第一种情况:已核销的收回后不需上缴财政的应收账款、其他应收款,在以后期间又收回的,按照实际收回金额,财务会计借记"应收账款""其他应收款"科目,贷记"坏账准备"科目，同时借记"银行存款"等科目，贷记"应收账款""其他应收款"科目。预算会计借记"资金结存"科目，贷记"非财政拨款结余"等科目。

第二种情况：已核销的收回后需要上缴财政的应收账款和其他应收款，在以后期间收回的，按照实际收回金额，财务会计借记"银行存款"等科目，贷记"应缴财政款"科目；预算会计不进行账务处理。

行政单位已核销的应收账款在以后期间收回的，需要上缴财政。按照收回金额，财务会计借记"银行存款"等科目，贷记"应缴财政款"科目；行政单位已核销的其他应收款在以后期间收回的，按照收回金额，财务会计借记"银行存款"科目，贷记"其他收入"（本年核销）或"累计盈余"（以前年度核销）科目；预算会计借记"资金结存"科目，贷记"其他预算收入"（本年核销）或"财政拨款结转""财政拨款结余""非财政拨款结转""非财政拨款结余"（以前年度核销）科目。

[案例] 2019年12月31日，A事业单位对应收账款进行全面检查，发现一笔2016年经营活动发生的收回后不需上缴财政的应收账款100 000元，因债务单位破产无法收回，报经当地财政部门审批后予以核销。核销的应收账款应在备查簿中保留登记。2020年6月10日，法院对债务单位财产强制执行，A事业单位收回了2019年12月31日已核销的此笔应收账款部分款项70 000元，存入单位基本账户，应如何进行账务处理？

（1）核销时的财务处理为：

财务会计	预算会计
借：坏账准备　　　　　　　100 000 　贷：应收账款　　　　　　　　100 000	不记账

（2）收回时的账务处理为：

财务会计	预算会计
借：应收账款　　　　　　　70 000 　贷：坏账准备　　　　　　　　70 000 借：银行存款　　　　　　　70 000 　贷：应收账款　　　　　　　　70 000	借：资金结存——货币资金　　70 000 　贷：经营预算收入　　　　　　70 000

[案例] 2019年12月31日，A行政单位对应收账款进行全面检查，发现一笔2015年发生的应收C单位的房租收入100 000元，该笔款项属于收回后应上缴财政的款项。因C单位资金周转出现困难，此笔款项一直未收回，报经当地财政审批后予以核销。核销的应收账款应在备查簿中保留登记。2020年7月10日，经多方协调，A行政单位收回此笔已核销的应收账款，且上缴财政，应如何进行账务处理？

（1）核销时的账务处理：

财务会计	预算会计
借：应缴财政款　　　　100 000 　　贷：应收账款　　　　　　100 000	不记账

（2）收回时的账务处理：

财务会计	预算会计
借：银行存款　　　　　100 000 　　贷：应缴财政款　　　　　100 000	不记账

（3）上缴时的账务处理：

财务会计	预算会计
借：应缴财政款　　　　100 000 　　贷：银行存款　　　　　　100 000	不记账

[案例] D行政单位2019年12月25日清理出一笔3年以上的其他应收款（应收租用W公司房屋的押金50 000元），因W公司破产清算，有确凿证据表明该款项确实无法收回，报经当地财政审批后予以核销。核销的其他应收款在备查簿中保留登记。2020年3月15日，经多方协调，D行政单位收回此笔其他应收款。D行政单位应如何进行账务处理？

（1）2019年12月25日核销时的账务处理：

财务会计	预算会计
借：资产处置费用　　　　50 000 　　贷：其他应收款　　　　　　50 000	借：其他支出　　　　　　　　50 000 　　贷：资金结存——货币资金　　50 000

（2）2020年3月15日收回时的账务处理：

财务会计	预算会计
借：银行存款　　　　　　50 000 　　贷：累计盈余　　　　　　　50 000	借：资金结存——货币资金　　50 000 　　贷：非财政拨款结余　　　　　50 000

[问题9] 当年预付账款和以前年度预付账款退回在账务处理上有何不同？

[解答] 行政事业单位发生预付账款退回时，需要注意区分是当年预付账款退回还

是以前年度的预付账款退回。

当年预付账款退回时，按照实际退回金额，财务会计借记"财政拨款收入/零余额账户用款额度/银行存款"等科目，贷记"预付账款"科目；预算会计借记"财政拨款预算收入/资金结存"等科目，贷记"行政支出/事业支出"等科目。

以前年度预付账款退回时，按照实际退回金额，财务会计借记"财政应返还额度/零余额账户用款额度/银行存款"等科目，贷记"预付账款"科目；预算会计借记"资金结存"科目，贷记"财政拨款结余——年初余额调整""财政拨款结转——年初余额调整"等科目。

[问题10] 为什么发生预付账款时，预算会计要列支出，而发生其他应收款的应收及暂付款项时，预算会计不一定要列支出？

[解答] 预付账款是指单位按照购货、服务合同或协议规定预付给供应单位（或个人）的款项，以及按照合同规定向承包工程的施工企业预付的备料款和工程款，包括预付的货款、预付的购货定金、预付工程款、预付备料款等。预付账款是先行支付货款，且有明确的业务用途，款项的支付构成整个货款的一部分，所以发生预付账款时预付账款资金已经确定耗费（一般不能收回）的，预算会计要列支出。

其他应收款的应收及暂付款项，是指临时性的、待结算的或垫付款项。包括职工预借的差旅费、已经偿还银行尚未报销的本单位公务卡欠款、拨付给内部有关部门的备用金、应向职工收取的各种垫付款项、支付的可以收回的订金或押金、应收的上级补助和附属单位上缴款项等。发生其他应收款的应收及暂付款项时，资金不一定发生耗费，有可能收回，如支付的押金、垫付款项等，所以此时预算会计不一定列支出。

根据《政府会计准则制度解释第1号》第三条的规定：单位对于纳入本年度部门预算管理的现金收支业务，在采用财务会计核算的同时应当及时进行预算会计核算。年末结账前，单位应当对暂收暂付款项进行全面清理，并对纳入本年度部门预算管理的暂收暂付款项进行预算会计处理，确认相关预算收支，确保预算会计信息能够完整反映本年度部门预算收支执行情况。

对于纳入本年度部门预算管理的暂付款项，按照《政府会计制度》规定，单位在支付款项时可不做预算会计处理，待结算或报销时，按照结算或报销的金额，借记相关预算支出科目，贷记"资金结存"科目。但是，在年末结账前，对于尚未结算或报销的暂付款项，单位应当按照暂付的金额，借记相关预算支出科目，贷记"资金结存"科目。以后年度，实际结算或报销金额与已计入预算支出的金额不一致的，单位应当通过相关预算结转结余科目"年初余额调整"明细科目进行处理。

对于应当纳入下一年度部门预算管理的暂付款项，单位在付出款项时，借记"其他应收款"科目，贷记"银行存款"等科目，本年度不做预算会计处理。待下一年实际结算或报销时,单位应当按照实际结算或报销的金额,借记有关费用科目,按照之前暂付的款项金额,贷记"其他应收款"科目,按照退回或补付的金额,借记或贷记"银行存款"等科目;同时,在预算会计中,按照实际结算或报销的金额,借记有关支出科目,贷记"资金结存"科目。

对于不纳入部门预算管理的暂付款项(如应上缴、应转拨或应退回的资金),单位应当按照《政府会计制度》规定,仅做财务会计处理,不做预算会计处理。

[案例] B事业单位购买设备一台,价款600 000元。2019年6月26日B事业单位通过财政直接支付方式支付第一笔款项,预付购买设备款500 000元。8月20日通过财政直接支付方式支付剩下的尾款100 000元。设备已取得,且验收后交付使用。

(1) 2019年6月26日预付设备款时:

财务会计	预算会计
借:预付账款　　　　　　　　500 000 　贷:财政拨款收入　　　　　　500 000	借:事业支出——财政拨款支出——商品和服务支出 　　　　　　　　　　　　　　　　500 000 　贷:财政拨款预算收入　　　　　　　500 000

(2) 2019年8月20日,设备已验收且交付使用时:

财务会计	预算会计
借:固定资产　　　　　　　　600 000 　贷:预付账款　　　　　　　　500 000 　　　财政拨款收入　　　　　　100 000	借:事业支出——财政拨款支出——商品和服务支出 　　　　　　　　　　　　　　　　100 000 　贷:财政拨款预算收入　　　　　　　100 000

[案例] 2019年7月2日C事业单位王某预借差旅费2 000元,单位通过现金支付。7月25日,C事业单位通过零余额账户统一归还王某使用公务卡4 000元。2019年7月30日,王某报销差旅费5 800元,其中公务卡支付机票和住宿费4 000元。王某退回库存现金200元。A事业单位应如何进行账务处理?

(1) 2019年7月2日,王某预借差旅费2 000元时的账务处理:

财务会计	预算会计
借:其他应收款——预借差旅费——王某　2 000 　贷:零余额账户用款额度　　　　　　2 000	不记账

(2) 2019年7月25日,C事业单位统一归还公务卡4 000元时的账务处理:

财务会计	预算会计
借：其他应收款——归还公务卡——王某　4 000 　　贷：零余额账户用款额度　　　　　　　 4 000	不记账

（3）2019 年 7 月 30 日，报销王某差旅费 5 800 元，王某退回现金 200 元时的账务处理：

财务会计	预算会计
借：业务活动费用　　　　　　　　　5 800 　　库存现金　　　　　　　　　　　　 200 　　贷：其他应收款——预借差旅费——王某　2 000 　　　　　　　　　　——归还公务卡——王某　4 000	借：事业支出——财政拨款支出——项目支出——商品和服务支出　　　　　　　　　　5 800 　　贷：资金结存——零余额账户用款额度　　5 800

[案例] 2019 年 11 月 10 日，D 研究院项目组被派往外地进行 A 项目调研，项目组预借备用金 50 000 元。2019 年 12 月 5 日，项目组成员王某报销 11 月份发生的住宿费 5 000 元，通信费 1 000 元，零星办公用品 500 元，冲抵项目备用金。2019 年底，剩余的项目备用金未使用金额 43 500 元，全部已退回国库。2020 年 1 月 10 日，上年剩余的项目资金备用金，从零余额用款额度转入备用金专用卡。2020 年 6 月 1 日，A 项目结项报销住宿费 35 700 元，通信费 6 000 元，零星办公用品 800 元，冲抵项目备用金，项目组交回剩余的项目资金。

账务处理如下：

（1）发放备用金时，按实际发放的金额：

财务会计	预算会计
借：其他应收款——预付款项　　　　50 000 　　贷：零余额账户用款额度　　　　　　50 000	借：事业支出——待处理　　　　　　　50 000 　　贷：资金结存——零余额账户用款额度　50 000

（2）结算时的账务处理：

财务会计	预算会计
借：业务活动费用　　　　6 500 　　贷：其他应收款　　　　　6 500	借：事业支出——项目支出——商品和服务支出——差旅费　　5 000 　　　　　　——项目支出——商品和服务支出——邮电费　　1 000 　　　　　　——项目支出——商品和服务支出——办公费　　 500 　　贷：事业支出——待处理　　　　　　　　　　　　　　6 500

（3）年末结账前将事业支出中"待处理"明细科目余额全部转入事业支出相关明细科目：

财务会计	预算会计
不记账	借：事业支出——项目支出——商品和服务支出　　43 500 　　贷：事业支出——项目支出——待处理　　43 500

（4）剩余的项目备用金未使用金额 43 500 元，全部已退回国库：

财务会计	预算会计
借：其他应收款——预付账款　　-43 500 　　贷：零余额账户用款额度　　-43 500	借：事业支出——项目支出——商品和服务支出 　　　　-43 500 　　贷：资金结存——零余额账户用款额度　　-43 500

（5）2020 年 1 月 10 日，上年剩余的项目资金，从零余额用款额度转入备用金专用卡：

财务会计	预算会计
借：其他应收款——预付款项　　43 500 　　贷：零余额账户用款额度　　43 500	借：事业支出——待处理　　43 500 　　贷：资金结存——零余额账户用款额度　　43 500

（6）2020 年 6 月 1 日，项目结项报销，项目组交回剩余资金 1 000 元：

财务会计	预算会计
借：业务活动费用　　42 500 　　库存现金　　1 000 　　贷：其他应收款——预付账款　　43 500	借：事业支出——项目支出——商品和服务支出——差旅费 　　　　35 700 　　——项目支出——商品和服务支出——邮电费 　　　　6 000 　　——项目支出——商品和服务支出——办公费 　　　　800 　　资金结存——货币资金　　1 000 　　贷：事业支出——待处理　　43 500

［问题 11］ 单位为公车加油卡充值，应如何进行账务处理？

［解答］ 通过待摊费用科目核算。发生待摊费用时，按照实际预付的金额，财务会计借记"待摊费用"科目，贷记"财政拨款收入""零余额账户用款额度""银行存款"等

科目。预算会计借记"行政支出""事业支出"等科目,贷记"资金结存"科目。

按照受益期限分期平均摊销时,按照摊销金额,财务会计借记"业务活动费用""单位管理费用""经营费用"等科目,贷记"待摊费用"科目。预算会计不记账。

[案例] C行政单位2019年1月28日通过财政直接支付方式为公务用车充值加油卡,款项一共10 000元。月底根据加油站开具的加油记录和油卡消费记录单据,C行政单位汇总本月燃油消费金额为2 000元。

账务处理:

(1) 2019年1月28日充值加油卡:

财务会计	预算会计
借:待摊费用 10 000 贷:财政拨款收入 10 000	借:行政支出——财政拨款支出——商品和服务支出 10 000 贷:财政拨款预算收入 10 000

(2) 月底确认费用账务处理:

财务会计	预算会计
借:业务活动费用 2 000 贷:待摊费用 2 000	不记账

[问题12] 到期一次还本付息和分期付息到期一次还本的长期债券投资,投资持有期间的利息收入账务处理有什么不同?

[解答] 长期债券投资持有期间,按期以债券票面金额与票面利率计算确认利息收入时,如为到期一次还本付息的债券投资,财务会计借记长期债券投资(应计利息),贷记"投资收益"科目;预算会计不记账。实际收到利息时,按照实际收到的金额,财务会计借记"银行存款"等科目,贷记长期债券投资(应计利息);预算会计借记"资金结存——货币资金"科目,贷记"投资预算收益"科目。

如为分期付息、到期一次还本的债券投资,财务会计借记"应收利息"科目,贷记"投资收益"科目。预算会计不记账。收到分期支付的利息时,财务会计按照实收的金额,借记"银行存款"等科目,贷记"应收利息"科目。预算会计借记"资金结存——货币资金"科目,贷记"投资预算收益"科目。

[案例] A事业单位2019年1月1日用银行存款600 000元购买了3年期到期一次还本付息的国债,年利率为5%,另外用银行存款支付手续费等2 000元。2021年末后国债到期兑付全部收回本息。应如何进行账务处理?

(1) 2019年1月1日购买国债时的账务处理：

财务会计		预算会计	
借：长期债券投资——成本	602 000	借：投资支出——国债	602 000
贷：银行存款	602 000	贷：资金结存——货币资金	602 000

(2) 2019年12月31日、2020年12月31日计提利息收入时的账务处理：

财务会计		预算会计
借：长期债券投资——应计利息	30 000	不记账
贷：投资收益	30 000	

(3) 2021年12月31日国债到期兑付全部收回本息时的账务处理：

财务会计		预算会计	
借：长期债券投资——应计利息	30 000	借：资金结存——货币资金	690 000
贷：投资收益	30 000	贷：其他结余	602 000
借：银行存款	690 000	投资预算收益	88 000
投资收益	2 000		
贷：长期债券投资——成本	602 000		
——应计利息	90 000		

[案例] A事业单位2019年1月1日用银行存款600 000元购买了3年期的分期付息、到期一次还本的国债，年利率为5%，另外用银行存款支付手续费等2 000元。2021年12月31日国债到期兑付全部收回本金。应如何进行账务处理？

(1) 2019年1月1日购买国债时的账务处理：

财务会计		预算会计	
借：长期债券投资——成本	602 000	借：投资支出——国债	602 000
贷：银行存款	602 000	贷：资金结存——货币资金	602 000

(2) 2019年12月31日、2020年12月31日计提利息收入时的账务处理：

财务会计		预算会计
借：应收利息	30 000	不记账
贷：投资收益	30 000	

（3）2019年12月31日、2020年12月31日收到利息时的账务处理：

财务会计	预算会计
借：银行存款　　　　30 000 　　贷：应收利息　　　　30 000	借：资金结存——货币资金　　30 000 　　贷：投资预算收益　　　　30 000

（4）2021年12月31日国债到期兑付全部收回本息时的账务处理：

财务会计	预算会计
借：应收利息　　　　30 000 　　贷：投资收益　　　　30 000 借：银行存款　　　　630 000 　　投资收益　　　　2 000 　　贷：长期债券投资　　602 000 　　　　应收利息　　　　30 000	借：资金结存——货币资金　　630 000 　　贷：其他结余　　　　602 000 　　　　投资预算收益　　28 000

［问题13］事业单位开展专业业务活动自主销售库存物品，与经上级单位批准对外出售库存产品的账务处理有什么不同？

［解答］单位出售库存物品分为两种情况。

第一种情况是按照规定可自主出售的库存物品，销售收入纳入预算，留归单位使用。这种情况下按照出售库存物品的账面余额，财务会计按照出售发出库存物品的实际成本，借记"业务活动费用""经营费用"等科目，贷记"库存物品"科目；同时，按照实际收到或应收的金额，借记"银行存款""应收账款"等科目，贷记"事业收入""经营收入"等科目。按实际收到的金额，预算会计借记"资金结存"科目，贷记"事业预算收入""经营预算收入"等科目。

第二种情况是经批准对外出售库存物品，净收益按规定应上缴财政。按照出售库存物品的账面余额，财务会计借记"资产处置费用"科目，贷记"库存物品"科目。同时，按照收到的价款，借记"银行存款"等科目，按照处置过程中发生的相关费用，贷记"银行存款"等科目，按照其差额，贷记"应缴财政款"科目。销售收入按规定上缴财政时，借记"应缴财政款"，贷记"银行存款"科目。因不涉及纳入部门预算管理的现金收支，预算会计不进行账务处理。

［案例］2019年3月15日，A市医院按规定对外出售自行研制开发的试剂一批，销售收入留归医院使用。取得价款6 800元已存入银行，试剂账面余额为6 000元。账务处理如下：

（1）出售试剂的实际成本：

财务会计	预算会计
借：业务活动费用　　　　　6 000 　　贷：库存物品　　　　　　　　6 000	不记账

（2）收到价款 6 800 元存入银行时的账务处理：

财务会计	预算会计
借：银行存款　　　　　　　6 800 　　贷：事业收入　　　　　　　　6 800	借：资金结存　　　　　　　6 800 　　贷：事业预算收入　　　　　　6 800

[**案例**] B 事业单位经上级单位批准对外出售一批低值易耗品，出售的净收入按规定需要上缴财政。该批低值易耗品的账面余额为 10 000 元，取得的价款 12 000 元，单位以银行存款支付因出售发生的相关税费 200 元。账务处理为：

（1）结转成本：

财务会计	预算会计
借：资产处置费用　　　　　10 000 　　贷：库存物品　　　　　　　　10 000	不记账

（2）收到款项时：

财务会计	预算会计
借：银行存款　　　　　　　12 000 　　贷：银行存款　　　　　　　　200 　　　　应缴财政款　　　　　　11 800	不记账

（3）出售的净收入上缴财政：

财务会计	预算会计
借：应缴财政款　　　　　　11 800 　　贷：银行存款　　　　　　　　11 800	不记账

[**问题 14**] 单位对企业拨付基础设施配套费，是否应确认公共基础设施？

[**解答**] 行政事业单位是否确认公共基础设施，应根据是否对公共基础设施承担管

理维护职责进行判断。若对公共基础设施承担管理维护职责,应确认公共基础设施;若不对公共基础设施承担管理维护职责,不需要确认。具体依据是《政府会计准则第 5 号——公共基础设施》第四条中的规定:应当由按规定对其负有管理维护职责的政府会计主体予以确认。多个政府会计主体共同管理维护的公共基础设施,应当由对该资产负有主要管理维护职责或者承担后续主要支出责任的政府会计主体予以确认。分为多个组成部分由不同政府会计主体分别管理维护的公共基础设施,应当由各个政府会计主体分别对其负责管理维护的公共基础设施的相应部分予以确认。负有管理维护公共基础设施职责的政府会计主体通过政府购买服务方式委托企业或其他会计主体代为管理维护公共基础设施的,该公共基础设施应当由委托方予以确认。

[问题 15] 单位新旧会计制度衔接时,补提折旧应如何登记新账科目,是记入 2019 年 1 月 1 日的凭证,还是记入 2018 年 12 月 31 日的凭证?

[解答] 行政事业单位应当全面核查截至 2018 年 12 月 31 日,固定资产、公共基础设施、保障性住房的预计使用年限、已使用年限、尚可使用年限等,并按照新制度规定于 2019 年 1 月 1 日对尚未计提折旧的固定资产、公共基础设施、保障性住房补提折旧,按照应计提的折旧金额,借记"累计盈余"科目,贷记"固定资产累计折旧""公共基础设施累计折旧(摊销)"科目。

补提折旧应编制记账凭证,且记入 2019 年 1 月 1 日新账。

[案例] 2018 年 12 月 31 日,A 事业单位根据资产全面清查的情况,汇总需补提固定资产折旧金额,如表 1-1 所示:

表 1-1　　　　　　2018 年 12 月 31 日固定资产折旧补提计算表

编号	名称	使用部门	入账日期	设备原值	预计使用年限	已用月份	截至 2018 年 12 月 31 日补提折旧额
1	房屋及构筑物			9 000 000	60	200	2 500 000.00
2	专用设备			4 000 000	20	100	1 666 666.67
3	通用设备			5 000 000	18	98	2 268 518.52
4	家具、用具、器具			1 580 061.37	18	118	863 181.67
5	公共基础设施			1 000 000	50	260	433 333.33
6	保障性住房			5 000 000	50	300	2 500 000.00

补提折旧应记入 2019 年 1 月 1 日新账期初数:

财务会计		预算会计
借:累计盈余	10 231 700.19	
贷:固定资产累计折旧	7 298 366.86	不记账
公共基础设施累计折旧	433 333.33	
保障性住房累计折旧	2 500 000.00	

[案例] 2018 年 C 事业单位在资产清查中发现一批 2018 年以前上级主管机关尚未批复的毁损、报废的固定资产,原值 800 000 元,未计提折旧。2019 年 C 事业单位执行政府会计制度,新旧衔接时应对这部分资产补提折旧 50 000 元。2019 年 5 月上级主管机关批复同意 C 事业单位处置该批资产。

(1) 2008 年以前已经申请报废,固定资产和资产基金中已无余额,申请报废金额为固定资产原值。所以,新旧衔接日不必再补提折旧。

(2) 2019 年 5 月,财政批复同意 C 事业单位处置该批资产:

财务会计	预算会计
借:资产处置费用　　　　800 000 　贷:待处理财产损溢　　　　　800 000	不记账

[问题 16] 事业单位以现金取得的长期股权投资,应如何进行账务处理?

[解答] 以现金取得的长期股权投资,按照确定的投资成本,财务会计借记"长期股权投资"科目或"长期股权投资(成本)"科目,按照支付的价款中包含的已宣告但尚未发放的现金股利,借记"应收股利"科目,按照实际支付的全部价款,贷记"银行存款"等科目;预算会计借记"投资支出"科目,贷记"资金结存"等科目。实际收到取得投资时所支付价款中包含的已宣告但尚未发放的现金股利时,财务会计借记"银行存款"科目,贷记"应收股利"科目;预算会计借记"资金结存"等科目,贷记"投资支出"等科目。

[案例] 2019 年 5 月 15 日,A 事业单位经有关部门批准,用自有资金 1 050 000 元现金,购入高新技术企业 45% 的股份。其中,支付价款中包含 50 000 元已经宣告,但尚未发放的现金股利。A 事业单位价款已支付,且已完成股权过户手续。

2019 年 5 月 15 日,A 事业单位购入高新技术企业 45% 的股份。账务处理为:

财务会计	预算会计
借:长期股权投资——成本　　1 000 000 　　应收股利　　　　　　　　　50 000 　贷:银行存款　　　　　　　　1 050 000	借:投资支出　　　　　　　　1 050 000 　贷:资金结存——货币资金　　1 050 000

2019 年 6 月 26 日,实际收到高新技术企业发放的现金股利 50 000 元,账务处理为:

财务会计		预算会计	
借：银行存款	50 000	借：资金结存——货币资金	50 000
贷：应收股利	50 000	贷：投资支出	50 000

[问题 17] 事业单位以现金以外的其他资产置换取得的长期股权投资，应如何进行账务处理？

[解答] 以现金以外的其他资产置换取得的长期股权投资，其成本按照换出资产的评估价值加上支付的补价或减去收到的补价，加上换入长期股权投资发生的其他相关支出确定。按照确定的投资成本，财务会计借记"长期股权投资"科目，按照换出资产的账面余额，贷记相关资产科目（换出资产为固定资产、无形资产的，还应当借记"固定资产累计折旧""无形资产累计摊销"科目），按照置换过程中发生的其他相关支出，贷记"银行存款"等科目，按照借贷方差额，借记"资产处置费用"科目或贷记"其他收入"科目。按照实际支付的其他相关支出，预算会计借记"其他支出"科目，贷记"资金结存"科目。

涉及补价的，分别按照以下情况处理：

（1）支付补价的，按照确定的成本，借记"长期股权投资"科目，按照换出资产的账面余额，贷记相关资产科目（换出资产为固定资产、无形资产的，还应当借记"固定资产累计折旧""无形资产累计摊销"科目），按照支付的补价和置换过程中发生的其他相关支出，贷记"银行存款"等科目，按照借贷方差额，借记"资产处置费用"科目或贷记"其他收入"科目。按照实际支付的补价和其他相关支出，预算会计借记"其他支出"科目，贷记"资金结存"科目。

（2）收到补价的，按照确定的成本，借记"长期股权投资"科目，按照收到的补价，借记"银行存款"等科目，按照换出资产的账面余额，贷记相关资产科目（换出资产为固定资产、无形资产的，还应当借记"固定资产累计折旧""无形资产累计摊销"科目），按照置换过程中发生的其他相关支出，贷记"银行存款"等科目，按照补价扣减其他相关支出后的净收入，贷记"应缴财政款"科目，按照借贷方差额，借记"资产处置费用"科目或贷记"其他收入"科目。按照其他相关支出大于收到的补价的差额，预算会计借记"其他支出"科目，贷记"资金结存"科目。

[案例] 2019 年 1 月 16 日，B 事业单位经相关部门批准，以一项购买的专利作为对价等值置换高新技术企业 10% 的股份，股权已经办理过户。发明专利账面原值 1 000 000 元，已计提摊销 200 000 元。并通过自有资金支付过户费、印花税等相关支出 1 800 元，发明专利的评估价为 3 000 000 元，经双方协商，高新技术企业给予 B 事业单位 200 000 元的补偿款，款项已收到。

账务处理如下：

长期股权投资的成本 = 3 000 000 − 20 000 + 1 800 = 2 801 800（元）

财务会计		预算会计
借：长期股权投资	2 801 800	
银行存款	200 000	
无形资产累计摊销	200 000	
贷：无形资产	1 000 000	不记账
银行存款	1 800	
应缴财政款	198 200	
其他收入	2 001 800	

[问题18] 事业单位以其持有的科技成果取得的长期股权投资，投资成本如何确定？应如何进行账务处理？

[解答] 投资成本依据《政府会计准则制度解释第1号》第二条规定："关于事业单位长期股权投资的会计处理中：（二）事业单位以其持有的科技成果取得的长期股权投资，应当按照评估价值加相关税费作为投资成本。事业单位按规定通过协议定价、在技术交易市场挂牌交易、拍卖等方式确定价格的，应当按照以上方式确定的价格加相关税费作为投资成本。"

事业单位以其持有的科技成果取得的长期股权投资，按照确定的投资成本，财务会计借记"长期股权投资"科目，按照科技成果的账面余额，贷记"无形资产"科目（无形资产摊销的，还应当借记"无形资产累计摊销"科目），按照发生置换过程中发生的相关税费，贷记"银行存款"等科目，按照借贷方差额，借记"资产处置费用"科目或贷记"其他收入"科目。按照实际支付的相关税费，预算会计借记"其他支出"科目，贷记"资金结存"科目。

[案例] 2019年1月17日，B大学为实现科技成果的产业化转换，经相关部门批准，将一项经长期艰苦攻关所取得的具有国际先进水平的重大科技成果，以无形资产参股深圳M高新技术公司，占深圳M高新技术公司30%的股份。该项科技成果归集的研发成本为500万元。由深圳D会计师事务所评估，该项科技成果的评估价为600万元。B大学以银行存款支付过户费、印花税等相关支出70 000元。

账务处理如下：

长期股权投资成本 = 600 + 7 = 607（万元）

财务会计		预算会计	
借：长期股权投资	6 070 000	借：其他支出	70 000
贷：无形资产——科技成果	5 000 000	贷：资金结存——货币资金	70 000
其他收入	1 000 000		
银行存款	70 000		

[问题 19] 事业单位处置以科技成果转化形成的长期股权投资，按规定所取得的收入全部留归本单位的，应如何进行账务处理？

[解答] 依据《政府会计准则制度解释第 1 号》中"二、关于事业单位长期股权投资的会计处理"的规定，事业单位处置以科技成果转化形成的长期股权投资取得现金收入，按规定所取得的收入全部留归本单位的，应当按照实际取得的价款，借记"银行存款"等科目，按照被处置长期股权投资的账面余额，贷记"长期股权投资"科目，按照尚未领取的现金股利或利润，贷记"应收股利"科目，按照发生的相关税费等支出，贷记"银行存款"等科目，按照借贷方差额，借记或贷记"投资收益"科目；同时，在预算会计中，按照实际取得的价款，借记"资金结存——货币资金"科目，按照投资成本和相关税费等支出的金额，贷记"其他预算收入"，按照贷方差额，贷记"投资预算收益"科目。

[案例] 2020 年 8 月 27 日，B 大学将以一项重大科技成果参股深圳 M 高新技术公司的股权在股权交易市场出售，所得款项按照相关规定全部留归本单位。实际取得的价款 8 000 000 元，该项股权投资的成本为 6 000 000 元，2019 年 B 大学实现的投资收益为 70 000 元（B 大学对被投资方采用权益法核算），被投资方尚未召开股东大会宣布发放股利。处置长期股权投资时，B 大学发生的相关税费为 48 000 元，B 大学以银行存款支付。

账务处理如下：

财务会计		预算会计	
借：银行存款	8 000 000	借：资金结存——货币资金	8 000 000
贷：长期股权投资——成本	6 000 000	贷：其他预算收入	6 048 000（6 000 000 + 48 000）
——损益调整	70 000	投资预算收益	1 952 000
银行存款	48 000		
投资收益	1 882 000		

[问题 20] 事业单位以未入账的无形资产取得长期股权投资，应如何进行账务处理？

[解答] 以未入账的无形资产取得的长期股权投资，按照评估价值加相关税费作为投资成本，借记"长期股权投资"科目，按照发生的相关税费，贷记"银行存款"

"其他应交税费"等科目，按其差额，贷记"其他收入"科目。按照实际支付的相关税费，预算会计借记"其他支出"科目，贷记"资金结存"科目。

[案例] 2019 年 6 月 17 日，D 科研院所为实现科技成果的产学研一体化，经相关部门批准，将一项科技成果参股 W 高新技术公司，占该公司 10% 的股份。该项科技成果未作为无形资产在 D 科研院所会计账面上反映。D 科研院所按规定通过双方协议定价科技成果价格为 2 000 000 元，以银行存款支付过户费、印花税等相关支出 10 000 元。应交的企业所得税为 100 000 元。账务处理如下：

长期股权投资成本 = 2 000 000 + 10 000 + 100 000 = 2 110 000（元）

财务会计		预算会计	
借：长期股权投资	2 110 000	借：其他支出	10 000
贷：其他收入	2 000 000	贷：资金结存——货币资金	10 000
银行存款	10 000		
其他应交税费——企业所得税	100 000		

[问题 21] 事业单位接受捐赠的长期股权投资，投资成本如何确定？应如何进行账务处理？

[解答] 事业单位接受捐赠的长期股权投资，其成本按照有关凭据注明的金额加上相关税费确定；没有相关凭据可供取得，但按规定经过资产评估的，其成本按照评估价值加上相关税费确定；没有相关凭据可供取得，也未经资产评估的，其成本比照同类或类似资产的市场价格加上相关税费确定。

按照确定的投资成本，财务会计借记"长期股权投资"科目或"长期股权投资（成本）"科目，按照发生的相关税费，贷记"银行存款"等科目，按照其差额，贷记"捐赠收入"科目；按照实际支付的相关税费，预算会计借记"其他支出"科目，贷记"资金结存"等科目。

[案例] 2019 年 1 月 18 日，C 省医院与 B 企业共同投资设立医疗企业 A。因 C 省医院医疗资源丰富，专业技术力量和医疗水平处于全国前列，经双方协商一致，医疗企业 A 的 5% 的股份，以捐赠方式赠与 C 省医院。此部分股份按规定经过资产评估事务所评估作价 1 000 000 元。股权已经办理过户，C 省医院通过银行存款支付过户费、印花税等支出 50 000 元，账务处理如下：

财务会计		预算会计	
借：长期股权投资	1 050 000	借：其他支出	50 000
贷：捐赠收入	1 000 000	贷：资金结存——货币资金	50 000
银行存款	50 000		

[问题 22] 单位无偿调入的长期股权投资，投资成本如何确定？应如何进行账务处理？

[解答] 无偿调入的长期股权投资，其成本按照调出方账面价值加上相关税费确定。按照确定的投资成本，财务会计借记"长期股权投资"科目或"长期股权投资（成本）"科目，按照发生的相关税费，财务会计贷记"银行存款"等科目，按照其差额，贷记"无偿调拨净资产"科目；按照实际支付的相关税费，预算会计借记"其他支出"科目，贷记"资金结存"等科目。

[案例] 2019 年 2 月 6 日经省政府批准，D 省卫生厅将民营互联网医院 M 的 10% 股份调入 D 省人民医院，此部分股份在省级互联网医院 M 的账面价值为 3 200 000 元，发生相关税费 50 000 元，D 省人民医院已通过银行存款支付。

账务处理如下：

财务会计		预算会计	
借：长期股权投资	3 250 000	借：其他支出	50 000
贷：无偿调拨净资产	3 200 000	贷：资金结存——货币资金	50 000
银行存款	50 000		

[问题 23] 事业单位采用权益法核算的长期股权投资，对于被投资单位所有者权益的变动，应如何调整长期股权投资者的账面余额？如何进行账务处理？

[解答] 根据《政府会计准则第 2 号——投资》中第十七条规定："采用权益法的按照如下原则进行会计处理：（一）政府会计主体取得长期股权投资后，对于被投资单位所有者权益的变动，应当按照下列规定进行处理：1. 按照应享有或应分担的被投资单位实现的净损益的份额，确认为投资损益，同时调整长期股权投资的账面余额。2. 按照被投资单位宣告分派的现金股利或利润计算应享有的份额，确认为应收股利，同时减少长期股权投资的账面余额。3. 按照被投资单位除净损益和利润分配以外的所有者权益变动的份额，确认为净资产，同时调整长期股权投资的账面余额。（二）政府会计主体确认被投资单位发生的净亏损，应当以长期股权投资的账面余额减记至零为限，政府会计主体负有承担额外损失义务的除外。被投资单位发生净亏损，但以后年度又实现净利润的，政府会计主体应当在其收益分享额弥补未确认的亏损分担额等后，恢复确认投资收益。"

账务处理：

（1）被投资单位实现净利润的，按照应享有的份额，借记"长期股权投资（损益调整）"，贷记"投资收益"科目。被投资单位发生净亏损的，按照应分担的份额，借记"投资收益"科目，贷记"长期股权投资（损益调整）"，但以长期股权投资的账面余额减记至零为限。发生亏损的被投资单位以后年度又实现净利润的，按照收益分享额弥补未确认的亏损分担额等后的金额，借记"长期股权投资（损益调整）"，贷记

"投资收益"科目。

（2）被投资单位宣告分派现金股利或利润的，按照应享有的份额，借记"应收股利"科目，贷记"长期股权投资（损益调整）"。

（3）被投资单位发生除净损益和利润分配以外的所有者权益变动的，按照应享有或应分担的份额，借记或贷记"权益法调整"科目，贷记或借记"长期股权投资（其他权益变动）"。以上只涉及财务会计的账务处理，预算会计不记账。只有收到被投资单位发放的现金股利时，预算会计借记"资金结存"科目，贷记"投资预算收益"科目。

[案例] 2019 年 1 月 15 日，A 事业单位经有关部门批准，用自有资金 1 050 000 元现金，购入 B 高新技术企业 45% 的股份。其中，支付价款中包含 50 000 元已经宣告尚未发放的现金股利。A 事业单位价款已支付，且已完成股权过户手续。2019 年 2 月 26 日，实际收到高新技术企业发放的现金股利 50 000 元。A 事业单位能够决定 B 公司的财务和经营政策，采用权益法核算对 B 公司的投资。B 公司 2019 年发生净亏损 200 000 元。2020 年，B 公司实现净利润 300 000 元。2021 年 2 月 21 日 B 公司召开股东大会，宣告发放现金股利 300 000 元，并于 3 月 20 日发放。2020 年 6 月 15 日，B 公司有新股东加入，注册资本增加 1 000 000 元。

（1）2019 年 1 月 15 日，对 B 公司投资时，账务处理为：

财务会计		预算会计	
借：长期股权投资——成本　　1 000 000 　　应收股利　　　　　　　　　 50 000 　贷：银行存款　　　　　　　　1 050 000		借：投资支出　　　　　　　　　1 050 000 　贷：资金结存——货币资金　　　1 050 000	

（2）2019 年 2 月 26 日，实际收到高新技术企业发放的现金股利 50 000 元，账务处理为：

财务会计		预算会计	
借：银行存款　　　　　　　　　　50 000 　贷：应收股利　　　　　　　　　　50 000		借：资金结存——货币资金　　　　50 000 　贷：投资支出　　　　　　　　　　50 000	

（3）B 公司 2019 年发生净亏损 200 000 元。2019 年 12 月 31 日，A 事业单位应调整长期股权投资账面余额为 90 000 元（200 000×45%），账务处理为：

财务会计	预算会计
借：投资收益　　　　　　　　　　90 000 　贷：长期股权投资——损益调整　　90 000	不记账

（4）2020 年，B 公司实现净利润 300 000 元。A 事业单位应调增长期股权投资账面

余额为 135 000 元（300 000×45%），账务处理为：

财务会计	预算会计
借：长期股权投资——损益调整　135 000 　　贷：投资收益　　　　　　　　　135 000	不记账

（5）2021年2月21日B公司召开股东大会，宣告发放现金股利300 000元，并于3月20日发放，账务处理为：

①2021年2月21日宣告发放现金股利：

财务会计	预算会计
借：应收股利　　　　　　　　　　135 000 　　贷：长期股权投资——损益调整　135 000	不记账

②2021年3月20日收到现金股利：

财务会计	预算会计
借：银行存款　　　　　135 000 　　贷：应收股利　　　　135 000	借：资金结存——货币资金　　135 000 　　贷：投资预算收益　　　　　135 000

（6）2021年6月15日，B公司有新股东加入，注册资本增加1 000 000元。A事业单位应调增长期股权投资账面余额为450 000元（1 000 000×45%），账务处理为：

财务会计	预算会计
借：长期股权投资——其他权益变动　450 000 　　贷：权益法调整　　　　　　　　　450 000	不记账

[问题24] 事业单位处置以现金取得的长期股权投资，应如何进行账务处理？

[解答] 分两种情况考虑：

第一种情况是取得的投资净收益纳入单位预算。这种情况下，处置以现金取得的长期股权投资，按照实际取得的价款，财务会计借记"银行存款"等科目，按照被处置长期股权投资的账面余额，贷记"长期股权投资"科目，按照尚未领取的现金股利或利润，贷记"应收股利"科目，按照发生的相关税费等支出，贷记"银行存款"等科目，按照借贷方差额，借记或贷记"投资收益"科目。按取得价款扣减支付的相关税费后的金额，预算会计借记"资金结存"科目，按照被处置长期股权投资的账面余额，贷记"投资支出""其他结余"科目，按照借贷方差额，贷记"投资预算收益"科目。

第二种情况是取得的投资净收益上缴本级财政并纳入一般公共预算管理的。这种情况下应根据《政府会计准则制度解释第1号》规定的"二、关于事业单位长期股权投资的会计处理中的（五）事业单位按规定以现金取得的长期股权投资处置时取得的净收入（处置价款扣除投资本金和相关税费后的净额）上缴本级财政并纳入一般公共预算管理的，在应收或收到上述有关款项时不确认投资收益，应通过'应缴财政款'科目核算"。

采用权益法核算的长期股权投资，因被投资单位除净损益和利润分配以外的所有者权益变动而将应享有的份额计入净资产的，处置该项投资时，还应当将原计入净资产的相应部分转入当期投资损益。

[案例] 接[问题23]中案例，2021年11月12日，A事业单位出售持有B公司股权的60%，取得价款合计1 200 000元。A事业单位确认减少长期股权投资成本为600 000元（1 000 000×60%），减少损益调整为-54 000元[（-90 000+135 000-135 000）×60%]，减少其他权益变动为270 000元（450 000×60%），账务处理为：

财务会计		预算会计	
借：银行存款	1 200 000		
长期股权投资——损益调整	54 000		
贷：长期股权投资——成本	600 000	借：资金结存——货币资金	1 200 000
——其他权益变动	270 000	贷：其他结余	600 000
投资收益	384 000	投资预算收益	600 000
同时，			
借：权益法调整	270 000		
贷：投资收益	270 000		

出售持有B公司部分股份后，A事业单位有B公司18%（45%×40%）的股权，无权参与B公司的财务和经营政策决策。A事业单位将剩余长期股权投资由权益法改为成本法核算，账务处理为：

财务会计		预算会计
借：长期股权投资	544 000*	
长期股权投资——损益调整	36 000	
贷：长期股权投资——成本	400 000	不记账
——其他权益变动	180 000	
借：权益法调整	180 000	
贷：投资收益	180 000	

* 其中144 000元（544 000-400 000）为权益法核算的股权增值转为投资初始成本部分。

2022 年 3 月，B 公司召开股东会，宣布分配股利 200 000 元。按照应享有的份额计算，A 事业单位应收 36 000 元股利，属于已计入投资账面余额的部分，作为成本法下长期股权投资成本的收回，冲减长期股权投资的账面余额。

账务处理为：

财务会计		预算会计
借：应收股利　　　　　　　　36 000		不记账
贷：长期股权投资　　　　　36 000		

2022 年 4 月，A 事业单位收到 B 公司分配的 36 000 元股利，账务处理为：

财务会计	预算会计
借：银行存款　　　　　　　　36 000	借：资金结存——货币资金　　　36 000
贷：应收股利　　　　　　36 000	贷：投资预算收益　　　　　36 000

[问题 25] 事业单位对长期股权投资采用成本法核算的，从成本法改为权益法的应如何进行账务处理？

[解答] 政府会计主体无权决定被投资单位的财务和经营政策或无权参与被投资单位的财务和经营政策决策的，应当采用成本法进行核算。在成本法下，长期股权投资的账面余额通常保持不变，但追加或收回投资时，应当相应调整其账面余额。长期股权投资持有期间，被投资单位宣告分派的现金股利或利润，政府会计主体应当按照宣告分派的现金股利或利润中属于政府会计主体应享有的份额确认为投资收益。被投资单位宣告发放现金股利或利润时，按照应收的金额，财务会计借记"应收股利"科目，贷记"投资收益"科目；预算会计不记账。收到现金股利或利润时，按照实际收到的金额，财务会计借记"银行存款"等科目，贷记"应收股利"科目；预算会计借记"资金结存"科目，贷记"投资预算收益"科目。

政府会计主体因追加投资等原因对长期股权投资的核算从成本法改为权益法的，应当自有权决定被投资单位的财务和经营政策或者参与被投资单位的财务和经营政策决策时，按成本法下长期股权投资的账面余额加上追加投资的成本作为按照权益法核算的初始投资成本。应当按照成本法下长期股权投资账面余额与追加投资成本的合计金额，财务会计借记"长期股权投资（成本）"科目，按照成本法下长期股权投资账面余额，贷记"长期股权投资"科目，按照追加投资的成本，贷记"银行存款"等科目。按照实际支付的金额，预算会计借记"投资支出"科目，贷记"资金结存"科目。

[案例] 2019 年 2 月 15 日，A 事业单位经有关部门批准，用自有资金 500 000 元现

金购入 B 公司 2%的股权。A 事业单位无权决定 B 公司的财务和经营政策，也无权参与 B 公司的财务和经营决策。A 事业单位采用成本法对 B 公司投资。B 公司 2019 年发生净亏损 200 000 元。2020 年，B 公司实现净利润 300 000 元。2021 年 2 月 21 日 B 公司召开股东大会，宣告发放现金股利 300 000 元，并于 3 月 20 日发放。2021 年 6 月 16 日，A 事业单位经相关部门批准对 B 公司增加股权，以一台高精数控设备作为对价等值置换 B 公司 18%的股权，股权已经办理过户。高精数控设备账面原值 13 000 000 元，已计提摊销 2 500 000 元。并通过自有资金支付过户费、印花税等相关支出 11 000 元，高精数控设备的评估价为 13 500 000 元，经双方协商，B 公司给予 A 事业单位 200 000 元的补偿款，款项已收到。此时 A 事业单位有权决定 B 公司财务和经营决策，改用权益法对长期股权投资进行核算。2022 年 3 月 15 日，B 公司股东大会宣告分配股利 300 000 元。2022 年 3 月 20 日，A 事业单位收到 B 公司分配的股利。

（1）2019 年 1 月 15 日，对 B 公司投资账务处理为：

财务会计	预算会计
借：长期股权投资　　　　　500 000 　贷：银行存款　　　　　　　　500 000	借：投资支出　　　　　　　　500 000 　贷：资金结存——货币资金　　500 000

（2）2019 年 12 月 31 日，B 公司 2019 年发生净亏损 200 000 元。A 事业单位财务会计、预算会计都不记账。

（3）2020 年，B 公司实现净利润 300 000 元。A 事业单位财务会计、预算会计都不记账。

（4）2021 年 2 月 21 日 B 公司召开股东大会，宣告发放现金股利 300 000 元，并于 3 月 20 日发放。A 事业单位应确认投资收益金额为 6 000 元（300 000×2%），账务处理为：

① 2021 年 2 月 21 日宣告发放现金股利时：

财务会计	预算会计
借：应收股利　　　　　　　6 000 　贷：投资收益　　　　　　　　6 000	不记账

② 2021 年 3 月 20 日收到现金股利时：

财务会计	预算会计
借：银行存款　　　　　　　6 000 　贷：应收股利　　　　　　　　6 000	借：资金结存——货币资金　　6 000 　贷：投资预算收益　　　　　　6 000

（5）2021 年 6 月 16 日，A 事业单位经相关部门批准对 B 公司增加股权，以一台高

精数控设备作为对价等值置换 B 公司 18% 的股权，股权已经办理过户。高精数控设备账面原值 13 000 000 元，已计提摊销 2 500 000 元。并通过自有资金支付过户费、印花税等相关支出 11 000 元，高精数控设备的评估价为 13 500 000 元，经双方协商，B 公司给予 A 事业单位 200 000 元的补偿款，款项已收到。此时 A 事业单位有权决定 B 公司财务和经营决策，改用权益法对长期股权投资进行核算，账务处理如下：

①2021 年 6 月 16 日，A 事业单位以固定资产置换 B 公司 18% 的股权，账务处理为：

长期股权投资的成本 = 13 500 000 − 200 000 + 11 000 = 13 311 000（元）

财务会计	预算会计
借：长期股权投资　　　　　13 311 000 　　银行存款　　　　　　　　200 000 　　固定资产累计摊销　　　2 500 000 　贷：固定资产　　　　　　　13 000 000 　　　银行存款　　　　　　　　11 000 　　　应缴财政款　　　　　　　189 000 　　　其他收入　　　　　　　2 811 000	不记账

②2021 年 6 月 16 日，A 事业单位因追加投资改用权益法进行核算，账务处理为：

财务会计	预算会计
借：长期股权投资——成本　　13 811 000 　贷：长期股权投资 　　　13 811 000（13 311 000 + 500 000）	不记账

（6）2022 年 3 月 15 日，B 公司股东大会宣告分配股利 300 000 元。A 事业单位应调减长期股权投资金额为 60 000 元（300 000 × 20%），账务处理为：

财务会计	预算会计
借：应收股利　　　　　　　60 000 　贷：长期股权投资——损益调整　60 000	不记账

（7）2022 年 3 月 20 日，A 事业单位收到 B 公司分配的股利时，账务处理为：

财务会计	预算会计
借：银行存款　　　　　　　60 000 　贷：应收股利　　　　　　　60 000	借：资金结存——货币资金　　60 000 　贷：投资预算收益　　　　　60 000

[问题 26] 权益法下，事业单位处置以现金以外的其他资产取得的（不含科技成果转化形成的）长期股权投资，按规定取得的投资收益纳入本单位预算管理的，应如何进行账务处理？

[解答] 根据《政府会计准则制度解释第 1 号》规定，关于事业单位长期股权投资的会计处理，"权益法下，事业单位处置以现金以外的其他资产取得的（不含科技成果转化形成的）长期股权投资时，按规定将取得的投资收益（此处的投资收益，是指长期股权投资处置价款扣除长期股权投资成本和相关税费后的差额）纳入本单位预算管理的，分别按以下两种情况处理"。

（1）长期股权投资的账面余额大于其投资成本的，应当按照被处置长期股权投资的成本，借记"资产处置费用"科目，贷记"长期股权投资——成本"科目；同时，按照实际取得的价款，借记"银行存款"等科目，按照尚未领取的现金股利或利润，贷记"应收股利"科目，按照发生的相关税费等支出，贷记"银行存款"等科目，按照长期股权投资的账面余额减去其投资成本的差额，贷记"长期股权投资——损益调整、其他权益变动"科目（以上明细科目为贷方余额的，借记相关明细科目），按照实际取得的价款与被处置长期股权投资账面余额和应收股利账面余额合计数的差额（收到的价款大于投资成本减去相关税费支出的差额），贷记或借记"投资收益"科目，或者按照长期股权投资账面余额减去投资成本后的差额，加上应收股利账面余额、相关税费支出（收到的价款小于等于投资成本减去相关税费支出的差额），借记"投资收益"科目，按照贷方差额，贷记"应缴财政款"科目。预算会计按照取得价款减去应缴财政款和相关税费后的金额（收到的价款大于投资成本减去相关税费支出的差额），借记"资金结存"科目，贷记"投资预算收益"科目。或者预算会计不记账（取得的价款小于等于投资成本减去税费支出的差额）。

这种情况下的会计分录举例如下：

财务会计	预算会计
借：资产处置费用 　　贷：长期股权投资——成本 借：银行存款 　　投资收益（当收到的价款小于等于投资成本减去相关税费支出的差额的情况下：按照长期股权投资账面余额减去投资成本后的差额，加上应收股利账面余额、相关税费支出） 　　贷：应收股利（如有） 　　　　长期股权投资——损益调整、其他权益变动（也可能在借方） 　　　　银行存款（相关税费） 　　　　投资收益（当收到的价款大于投资成本减去税费支出的差额的情况下：取得价款与投资账面余额和应收股利账面余额支出合计数的差额） 　　　　应缴财政款	借：资金结存——货币资金 　　贷：投资预算收益（取得价款减去应缴财政款和相关税费后的金额）

（2）长期股权投资的账面余额小于或等于其投资成本的，应当按照被处置长期股权投资的账面余额，借记"资产处置费用"科目，按照长期股权投资各明细科目的余额，贷记"长期股权投资——成本"科目，贷记或借记"长期股权投资——损益调整、其他权益变动"科目；同时，按照实际取得的价款，借记"银行存款"等科目，按照尚未领取的现金股利或利润，贷记"应收股利"科目，按照发生的相关税费等支出，贷记"银行存款"等科目，按照实际取得的价款大于被处置长期股权投资成本和应收股利账面余额合计数的差额（收到的价款大于投资成本减去相关税费支出的差额），贷记"投资收益"科目，或者按照应收股利账面余额加上相关税费支出（收到的价款小于等于投资成本减去相关税费支出的差额），借记"投资收益"科目，按照贷方差额，贷记"应缴财政款"科目。预算会计按照取得价款减去应缴财政款和相关税费后的金额（收到的价款大于投资成本减去相关税费支出的差额），借记"资金结存"科目，贷记"投资预算收益"科目；或者预算会计不记账（取得的价款小于等于投资成本减去税费支出的差额）。

这种情况下的会计分录举例如下：

财务会计	预算会计
借：资产处置费用（投资账面余额） 　　长期股权投资——损益调整、其他权益变动（部分明细科目余额也可能在贷方） 　贷：长期股权投资——成本 借：银行存款 　　投资收益（收到的价款小于等于投资成本减去相关税费支出的差额的情况下：按照应收股利账面余额加上相关税费支出） 　贷：应收股利（如有） 　　银行存款（相关税费） 　　投资收益（当收到的价款大于投资成本减去税费支出的差额的情况下：按照实际取得的价款大于被处置长期股权投资成本和应收股利账面余额合计数的差额） 　　应缴财政款	借：资金结存——货币资金 　贷：投资预算收益（取得价款减去应缴财政款和相关税费后的金额）

[案例] 2019年3月，W大学以一项专利技术（非本单位科技成果）进行对外投资，专利技术账面原值1 000 000元，累计摊销200 000元，评估价值为2 000 000元。投资过程中发生相关税费50 000元，W大学以银行存款支付。W大学取得H公司40%的股权，且能够决定H公司的财务和经营政策。2019年12月31日，H公司实现净利润1 500 000元，除净损益和利润分配以外的所有者权益变动的份额为500 000元。2020年6月，W大学将该项投资出售，取得价款4 000 000元，另发生相关税费60 000元，以银行存款支付。按规定W大学将取得的投资收益纳入本单位预算管理。

(1) 2019 年 3 月，W 大学以专利技术对外投资，账务处理为：

财务会计		预算会计	
借：长期股权投资——成本	2 050 000	借：其他结余	50 000
无形资产累计摊销	200 000	贷：资金结存——货币资金	50 000
贷：无形资产	1 000 000		
银行存款	50 000		
其他收入	1 200 000		

(2) 2019 年 12 月 31 日，H 公司实现净利润 1 500 000 元。W 大学调整长期股权投资账面余额为 600 000 元（1 500 000×40%），账务处理为：

财务会计		预算会计
借：长期股权投资——损益调整	600 000	不记账
贷：投资收益	600 000	

(3) 2019 年 12 月 31 日，W 大学根据 H 公司除净损益和利润分配以外的所有者权益变动的份额 500 000 元，调增长期股权投资的账面余额为 200 000 元（500 000×40%），账务处理为：

财务会计		预算会计
借：长期股权投资——其他权益变动	200 000	不记账
贷：权益法调整	200 000	

(4) 2020 年 6 月，W 大学将该项投资出售，取得价款 4 000 000 元，另发生相关税费 60 000 元，以银行存款支付，账务处理为：

财务会计		预算会计	
①借：资产处置费用	2 050 000		
贷：长期股权投资——成本	2 050 000		
②借：银行存款	4 000 000		
贷：银行存款	60 000	借：资金结存——货币资金	1 950 000②
长期股权投资——损益调整	600 000	贷：投资预算收益	1 950 000
——其他权益变动	200 000		
投资收益	1 150 000①		
应缴财政款	1 990 000		
借：权益法调整	200 000		
贷：投资收益	200 000		

---

① 计算过程为：4 000 000－2 050 000－600 000－200 000
② 计算过程为：4 000 000－1 990 000－60 000

[**案例**]（接［问题25］中案例）2021年6月16日，A事业单位因追加B公司投资改用权益法进行核算，A持有B公司20%的股权：(1) 长期股权投资（成本）借方余额13 811 000元；(2) 2022年3月15日，B公司股东大会宣告分配股利300 000元。A事业单位应调减长期股权投资金额为60 000元（300 000×20%）；(3) 2022年3月20日，A事业单位收到B公司分配的股利。(4) 2022年6月，A事业单位将以固定资产置换的该项投资出售，取得价款20 000 000元，另发生相关税费120 000元，以银行存款支付。按规定将A事业单位取得的投资收益纳入本单位预算管理。

(1) 2021年6月16日，A事业单位因追加投资改用权益法进行核算，长期股权投资成本为13 811 000元（13 311 000+500 000），账务处理为：

财务会计	预算会计
借：长期股权投资——成本　　13 811 000 　　贷：长期股权投资 　　　　13 811 000（13 311 000+500 000）	不记账

(2) 2022年3月15日，B公司股东大会宣告分配股利300 000元。A事业单位应调减长期股权投资金额为60 000元（300 000×20%），账务处理为：

财务会计	预算会计
借：应收股利　　60 000 　　贷：长期股权投资——损益调整　　60 000	不记账

(3) 2022年3月20日，A事业单位收到B公司分配的股利时，账务处理为：

财务会计	预算会计
借：银行存款　　60 000 　　贷：应收股利　　60 000	借：资金结存——货币资金　　60 000 　　贷：投资预算收益　　60 000

(4) 2022年6月，A事业单位将以固定资产置换的该项投资出售，取得价款20 000 000元，另发生相关税费120 000元，以银行存款支付。账务处理为：

取得价款20 000 000元大于13 691 000元（投资成本－相关税费=13 811 000－120 000）

财务会计		预算会计	
借：资产处置费用	13 751 000		
长期股权投资——损益调整	60 000		
贷：长期股权投资——成本	13 811 000		
借：银行存款	20 000 000	借：资金结存——货币资金	6 189 000
贷：银行存款	120 000	贷：投资预算收益	6 189 000
投资收益			
6 189 000（20 000 000－13 811 000）			
应缴财政款	13 691 000		

［问题 27］事业单位按规定需将长期股权投资持有期间取得的投资收益上缴财政时，应如何进行账务处理？

［解答］根据《政府会计准则制度解释第 2 号》规定，关于事业单位按规定需将长期股权投资持有期间取得的投资收益上缴财政的账务处理，应当按照以下规定进行账务处理：

"（一）长期股权投资采用成本法核算的，被投资单位宣告发放现金股利或利润时，事业单位按照应收的金额，借记'应收股利'科目，贷记'投资收益'科目；收到现金股利或利润时，借记'银行存款'等科目，贷记'应缴财政款'科目，同时按照此前确定的应收股利金额，借记'投资收益'科目或'累计盈余'科目（此前确认的投资收益已经结转的），贷记'应收股利'科目；将取得的现金股利或利润上缴财政时，借记'应缴财政款'科目，贷记'银行存款'等科目。

（二）长期股权投资采用权益法核算的，被投资单位实现净利润的，按照应享有的份额，借记'长期股权投资——损益调整'科目，贷记'投资收益'科目；被投资单位宣告发放现金股利或利润时，单位按照应享有的份额，借记'应收股利'科目，贷记'长期股权投资——损益调整'科目；收到现金股利或利润时，借记'银行存款'等科目，贷记'应缴财政款'科目，同时按照此前确定的应收股利金额，借记'投资收益'科目或'累计盈余'科目（此前确认的投资收益已经结转的），贷记'应收股利'科目；将取得的现金股利或利润上缴财政时，借记'应缴财政款'科目，贷记'银行存款'等科目。"

［案例］2019 年 2 月 15 日，A 事业单位经有关部门批准，用自有资金 300 000 元现金，购入 B 公司 2% 的股权。A 事业单位无权决定 B 公司的财务和经营政策，也无权参与乙公司的财务和经营决策。A 事业单位采用成本法核算对 B 公司的投资。B 公司 2019 年发生净亏损 100 000 元。2020 年，B 公司实现净利润 300 000 元。2021 年 2 月 21 日 B 公司召开股东大会，宣告发放现金股利 300 000 元，并于 3 月 20 日发放。按规定将 A 事业单位在持有长期股权投资期间取得的投资收益上缴财政。

（1）2019年1月15日，对B公司的投资，账务处理为：

财务会计	预算会计
借：长期股权投资　　　　　300 000 　　贷：银行存款　　　　　　　　300 000	借：投资支出　　　　　　　　300 000 　　贷：资金结存——货币资金　　300 000

（2）2019年12月31日，B公司2019年发生净亏损100 000元。A事业单位财务会计、预算会计都不记账。

（3）2020年，B公司实现净利润300 000元。A事业单位财务会计、预算会计都不记账。

（4）2021年2月21日B公司召开股东大会，宣告发放现金股利300 000元，并于3月20日发放。A事业单位应确认投资收益金额6 000元（300 000×2%），账务处理为：

①2021年2月21日宣告发放现金股利时：

财务会计	预算会计
借：应收股利　　　　　　　　6 000 　　贷：投资收益　　　　　　　　6 000	不记账

②2021年3月20日收到现金股利时：

财务会计	预算会计
借：银行存款　　　　　　　　6 000 　　贷：应缴财政款　　　　　　　6 000 同时， 借：投资收益　　　　　　　　6 000 　　贷：应收股利　　　　　　　　6 000	不记账

[案例] 2021年6月16日，A事业单位因追加B公司投资改用权益法进行核算，A持有B公司20%的股权：（1）长期股权投资（成本）借方余额13 811 000元；（2）2021年12月31日，B公司实现净利润1 600 000元；（3）2022年3月15日，B公司股东大会宣告分配股利300 000元。A事业单位应调减长期股权投资金额为60 000元（300 000×20%）；（4）2022年3月20日，A事业单位收到B公司分配的股利。（5）2022年6月，A事业单位将以固定资产置换的该项投资出售，取得价款20 000 000元，另发生相关税费120 000元，以银行存款支付。按规定将A事业单位在持有长期股权投资期间取得的投资收益需上缴财政。

（1）2021年6月16日，A事业单位因追加投资改用权益法进行核算，长期股权投资成本为：13 811 000元（13 311 000＋500 000），账务处理为：

财务会计	预算会计
借：长期股权投资——成本　　13 811 000 　　贷：长期股权投资　　　　　　13 811 000	不记账

（2）2021年12月31日，B公司实现净利润1 600 000元，A事业单位应调增长期股权投资金额为320 000元（1 600 000×20%），账务处理为：

财务会计	预算会计
借：长期股权投资——损益调整　　320 000 　　贷：投资损益　　　　　　　　　　320 000	不记账

（3）2022年3月15日，B公司股东大会宣告分配股利300 000元。A事业单位应调减长期股权投资金额为60 000元（300 000×20%），账务处理为：

财务会计	预算会计
借：应收股利　　　　　　　　　　60 000 　　贷：长期股权投资——损益调整　　60 000	不记账

（4）2022年3月20日，A事业单位收到B公司分配的股利时，账务处理为：

财务会计	预算会计
借：银行存款　　　　　　　　　　60 000 　　贷：应缴财政款　　　　　　　　　60 000 同时， 借：累计盈余　　　　　　　　　　60 000 　　贷：应收股利　　　　　　　　　　60 000	不记账

（5）2022年6月，A事业单位将以固定资产置换的该项投资出售，取得价款20 000 000元，另发生相关税费120 000元，以银行存款支付，账务处理为：

财务会计		预算会计
①借：资产处置费用	13 811 000	
贷：长期股权投资——成本	13 811 000	
②借：银行存款	20 000 000	不记账
长期股权投资——损益调整	60 000	
贷：银行存款	120 000	
长期股权投资——损益调整	320 000	
应缴财政款	19 620 000	

[问题28] 事业单位出售或到期收回长期债券投资时，应如何进行账务处理？

[解答] 事业单位按规定出售或到期收回长期债券投资时，按照实际收到的金额，财务会计借记"银行存款"科目，按照长期债券投资的账面余额，贷记"长期债券投资"科目，按照在"应收利息"科目中相关应收利息金额，贷记"应收利息"科目，按照其差额，借记或贷记"投资收益"科目。按照实际收到的金额，预算会计借记"资金结存"科目，按照长期债券的投资成本，贷记"投资支出"（处置的长期债券投资为本年购入）科目或"其他结余"（处置的长期债券投资为以前年度购入）科目，按照其差额，借记或贷记"投资预算收益"科目。

[案例] A事业单位2020年4月5日，出售2019年取得的五年期到期一次还本付息的国债投资，实际收到价款207 000元。该国债投资成本为200 000元，出售时尚未领取利息6 000元，账务处理如下：

财务会计		预算会计	
借：银行存款	207 000	借：资金结存——货币资金	207 000
贷：长期债券投资——成本	200 000	贷：其他结余	200 000
长期债券投资——应计利息	6 000	投资预算收益	7 000
投资收益	1 000		

[问题29] 固定资产计提折旧是否需要区分2018年以前的固定资产计提折旧冲减累计盈余，2018年之后的固定资产计提折旧按月计入当期费用？

[解答] 不需要。因2018年以前的固定资产，在新旧衔接时需要补提折旧，相当于已将固定资产应提的折旧追溯调整，体现在累计盈余中，故2019年起固定资产只应按月计提当年的折旧，并根据用途计入当期费用或相关资产成本。如果新旧衔接没有对固定资产补提折旧，2019年以后开始补提折旧时，对补提的折旧中当年的折旧额，

根据用途计入当期费用或相关资产成本；对补提的折旧中以前年度的累计折旧额，按照会计差错更正处理。

[问题30] 科学事业单位合作项目款如何进行账务处理？

[解答] 根据《关于科学事业单位执行〈政府会计制度——行政事业单位会计科目和报表〉的补充规定》规定，"合作项目款是指科学事业单位从非同级政府财政部门取得的，需要与其他单位合作完成的科技项目（课题）款项。"

科学事业单位对合作项目款核算的账务处理为："（一）从付款方预收款项时，财务会计借记'银行存款'等科目，贷记'预收账款'科目；预算会计借记'资金结存——货币资金'科目，贷记'事业预算收入'科目。（二）按照合同规定将合作项目款转拨合作单位时，财务会计按照实际转拨的金额，借记'预收账款'科目，贷记'银行存款'等科目；预算会计按照相同的金额，借记'事业预算收入'科目（转拨当年收到的合作项目款）或'非财政拨款结转'科目（转拨以前年度收到的合作项目款），贷记'资金结存——货币资金'科目。（三）按照合同完成进度确认本单位科研收入时，按照确认收入的金额，借记'预收账款'科目，贷记'事业收入'科目。（四）发生因科技项目（课题）终止等情形，需按照规定将项目剩余资金退回项目（课题）立项部门时，对本单位承担项目使用的剩余资金，财务会计按照实际退回的金额，借记'预收账款'科目（尚未确认收入）或'事业收入'科目（已经确认收入），贷记'银行存款'等科目；预算会计按照相同的金额，借记'事业预算收入'科目（本年度取得的合作项目款）或'非财政拨款结转'科目（以前年度取得的合作项目款），贷记'资金结存——货币资金'科目。

对合作单位承担项目使用的剩余资金，收回时按照收回的金额，借记'银行存款'等科目，贷记'其他应付款'科目；退回给项目（课题）立项部门时，借记'其他应付款'科目，贷记'银行存款'等科目。"

[案例] A科学事业单位为B项科研合作项目的牵头单位，承担该项目的B1子项目（项目资金1 000 000元），该项目的B2子项目（项目资金500 000元）和B3子项目（项目资金300 000元），分别由P大学和Q科研院所承担。（1）A科学事业单位2019年3月30日，通过银行转账收到项目立项部门拨付的科研合作项目资金1 800 000元；（2）通过银行转账向B2子项目和B3子项目承担单位分别转拨子项目经费500 000元和300 000元；（3）根据B1项目执行进度（完成40%），2019年11月30日A科学事业单位确认B1子项目的收入；（4）2020年3月12日，项目立项部门因故终止了该项目B3子项目的进行，B3子项目承担单位将项目剩余资金60 000元通过银行转账交回A科学事业单位，由其将B3子项目剩余资金转交回项目立项单位；（5）2020年5月17日，该项目B1子项目发生因科技项目（课题）终止等情形，按规定将项目尚未

确认收入的剩余资金退回项目立项部门。

（1）2019年3月30日，通过银行转账收到项目立项部门拨付的科研合作项目资金1 800 000元，账务处理为：

财务会计	预算会计
借：银行存款　　　　　　　　1 800 000 　　贷：预收账款——B1子项目　　1 000 000 　　　　　　　　——B2子项目　　　500 000 　　　　　　　　——B3子项目　　　300 000	借：资金结存——货币资金　　　　1 800 000 　　贷：事业预算收入——专项收入——B1子项目 　　　　　　　　　　　　　　　　1 000 000 　　　　　　　——专项收入——B2子项目 　　　　　　　　　　　　　　　　　500 000 　　　　　　　——专项收入——B3子项目 　　　　　　　　　　　　　　　　　300 000

（2）通过银行转账向B2子项目和B3子项目承担单位分别转拨子项目经费500 000万元和300 000元，账务处理为：

财务会计	预算会计
借：预收账款——B2子项目　　　　500 000 　　　　　　——B3子项目　　　　300 000 　　贷：银行存款　　　　　　　　　800 000	借：事业预算收入——专项收入——B2子项目 　　　　　　　　　　　　　　　　　500 000 　　　　　　　——专项收入——B3子项目 　　　　　　　　　　　　　　　　　300 000 　　贷：资金结存——货币资金　　　　800 000

（3）根据B1项目执行进度（完成40%），2019年11月30日A科学事业单位确认B1子项目的收入账务处理为：

财务会计	预算会计
借：预收账款——B1子项目　　　　400 000 　　贷：事业收入——B1子项目　　　400 000	不记账

（4）2020年3月12日，项目立项部门因故终止了该项目B3子项目的进行，B3子项目承担单位将项目剩余资金60 000元通过银行转账交回A科学事业单位，由其将B3子项目剩余资金转交回项目立项单位，账务处理为：

①收到 B3 子项目交回的剩余资金：

财务会计		预算会计
借：银行存款　　　　　　60 000		不记账
贷：其他应付款　　　　　　60 000		

②将 B3 子项目剩余资金转交回项目立项单位：

财务会计		预算会计
借：其他应付款　　　　　　60 000		不记账
贷：银行存款　　　　　　　60 000		

（5）2020 年 5 月 17 日，该项目 B1 子项目发生因科技项目（课题）终止等情形，按规定将项目尚未确认收入的剩余资金退回项目立项部门账务处理为：

财务会计	预算会计
借：预收账款　　　　　　600 000	借：非财政拨款结转　　　　　　600 000
贷：银行存款　　　　　　600 000	贷：资金结存——货币资金　　600 000

［问题 31］单位接受委托转赠物资，应如何进行账务处理？

［解答］行政事业单位接受委托转赠的物资，应当按照资产的种类和委托人进行明细核算，属于转赠资产的，还应当按照受赠人进行明细核算。接受委托人委托需要转赠给受赠人的物资，其成本按照有关凭据注明的金额确定。接受委托转赠的物资验收入库，按照确定的成本，借记"受托代理资产"科目，贷记"受托代理负债"科目。受托协议约定由受托方承担相关税费、运输费等的，还应当按照实际支付的相关税费、运输费等金额，借记"其他费用"科目，贷记"银行存款"等科目。将受托转赠物资交付受赠人时，按照转赠物资的成本，借记"受托代理负债"科目，贷记"受托代理资产"科目。转赠物资的委托人取消了对捐赠物资的转赠要求，且不再收回捐赠物资的，应当将转赠物资转为单位的存货、固定资产等。按照转赠物资的成本，借记"受托代理负债"科目，贷记"受托代理资产"科目；同时，借记"库存物品""固定资产"等科目，贷记"其他收入"科目。

［案例］C 行政单位接受 M 企业的委托，将一批疫情防控物资转赠给湖北省疾控中心。2020 年 3 月 25 日 C 行政单位收到该批防疫物资且已验收入库。该批防疫物资账面价值 1 000 000 元，受托协议约定由 C 行政单位承担的税费、运输费一共 20 000 元，C 行政单位已通过银行存款支付。3 月 30 日，C 行政单位将该批防疫物资转赠湖北省疾控中心。C 行政单位账务处理如下：

（1）接受 M 企业委托需要转赠的物资时：

财务会计	预算会计
借：受托代理资产——防疫物资——M企业——转赠湖北省疾控中心　1 000 000 　　贷：受托代理负债　　　　　1 000 000	不记账

（2）支付税费、运输费时：

财务会计	预算会计
借：其他费用　　　　　20 000 　　贷：银行存款　　　　20 000	借：其他支出　　　　　20 000 　　贷：资金结存——货币资金　20 000

（3）将防疫物资转赠湖北省疾控中心时：

财务会计	预算会计
借：受托代理负债　　　1 000 000 　　贷：受托代理资产——防疫物资——M企业 　　　　——转赠湖北省疾控中心　1 000 000	不记账

[问题32] 单位对没有单独建账和开设银行账户的团费和党费等，应当如何进行会计核算？

[解答] 应通过"受托代理资产"和"受托代理负债"科目核算。为了全面核算和反映政府会计主体发生的经济业务或事项，新制度设置了"受托代理资产"科目，核算单位接受委托管理的各项资产，包括受托指定转赠的物资、受托存储保管的物资和罚没物资等的成本。单位对受托代理资产不拥有控制权，因此"受托代理资产"并不符合《政府会计准则——基本准则》所规定的资产的定义及其确认标准。"受托代理负债"因单位接受受托代理资产而产生，应按照相对应的受托代理资产的金额予以确认和计量。

[案例] B事业单位没有对团费单独建账和开设银行账户。2019年1月25日，团委将收取团员的团费2 500元交单位财务代管，并于当日存入银行。2月10日，团员需要购买学习书籍150元，从代管团费中支付。

（1）1月25日，团委将团费交财务代管，并于当日存入银行：

财务会计	预算会计
借：库存现金——受托代理资产　2 500 　　贷：受托代理负债　　　　2 500 借：银行存款——受托代理资产　2 500 　　贷：库存现金——受托代理资产　2 500	不记账

（2）2月10日，购买团员学习书籍150元，从代管团费中支付：

财务会计	预算会计
借：受托代理负债　　　　　　　　150 　　贷：银行存款——受托代理资产　　150	不记账

[问题33] 单位代建制项目应如何进行会计处理？

[解答] 根据《政府会计准则制度解释第2号》中的规定："建设项目实行代建制的，建设单位应当要求代建单位通过工程结算或年终对账确认在建工程成本的方式，提供项目明细支出、建设工程进度和项目建设成本等资料，归集'在建工程'成本，及时核算所形成的'在建工程'资产，全面核算项目建设成本等情况。有关账务处理如下：

1. 关于建设单位的账务处理

（1）拨付代建单位工程款时，按照拨付的款项金额，借记'预付账款——预付工程款'科目，贷记'财政拨款收入''零余额账户用款额度''银行存款'等科目；同时，在预算会计中借记'行政支出''事业支出'等科目，贷记'财政拨款预算收入''资金结存'科目。

（2）按照工程进度结算工程款或年终代建单位对账确认在建工程成本时，按照确定的金额，借记'在建工程'科目下的'建筑安装工程投资'等明细科目，贷记'预付账款——预付工程款'等科目。

（3）确认代建管理费时，按照确定的金额，借记'在建工程'科目下的'待摊投资'明细科目，贷记'预付账款——预付工程款'等科目。

（4）项目完工交付使用资产时，按照代建单位转来在建工程成本中尚未确认入账的金额，借记'在建工程'科目下的'建筑安装工程投资'等明细科目，贷记'预付账款——预付工程款'等科目；同时，按照在建工程成本，借记'固定资产''公共基础设施'等科目，贷记'在建工程'科目。

工程结算、确认代建费或竣工决算时涉及补付资金的，应当在确认在建工程的同时，按照补付的金额，贷记'财政拨款收入''零余额账户用款额度''银行存款'等科目；同时在预算会计中进行相应的账务处理。

2. 关于代建单位的账务处理

代建单位为事业单位的，应当设置'1615代建项目'一级科目，并与建设单位相对应，按照工程性质和类型设置'建筑安装工程投资''设备投资''待摊投资''其他投资''待核销基建支出''基建转出投资'等明细科目，对所承担的代建项目建设成本进行会计核算，全面反映工程的资金资源消耗情况；同时，在'代建项目'科目下设置'代建项目转出'明细科目，通过工程结算或年终对账确认在建工程成本的方式，将代建项目的成本转出，体现在建设单位相应'在建工程'账上。年末，'代建项目'科目应无余额。有关账务处理规定如下：

（1）收到建设单位拨付的建设项目资金时，按照收到的款项金额，借记'银行存款'等科目，贷记'预收账款——预收工程款'科目。预算会计不做处理。

（2）工程项目使用资金或发生其他耗费时，按照确定的金额，借记'代建项目'科目下的'建筑安装工程投资'等明细科目，贷记'银行存款''应付职工薪酬''工程物资''累计折旧'等科目。预算会计不做处理。

（3）按工程进度与建设单位结算工程款或年终与建设单位对账确认在建工程成本并转出时，按照确定的金额，借记'代建项目——代建项目转出'科目，贷记'代建项目'科目下的'建筑安装工程投资'等明细科目，同时，借记'预收账款——预收工程款'等科目，贷记'代建项目——代建项目转出'科目。

（4）确认代建费收入时，按照确定的金额，借记'预收账款——预收工程款'等科目，贷记有关收入科目；同时，在预算会计中借记'资金结存'，贷记有关预算收入科目。

（5）项目完工交付使用资产时，按照代建项目未转出的在建工程成本，借记'代建项目——代建项目转出'科目，贷记'代建项目'科目下的'建筑安装工程投资'等明细科目，同时，借记'预收账款——预收工程款'等科目，贷记'代建项目——代建项目转出'科目。

工程竣工决算时收到补付资金的，按照补付的金额，借记'银行存款'等科目，贷记'预收账款——预收工程款'科目。"

[案例] 2020年3月，经相关部门批准A省政府立项W建省政府政务中心大楼，该建设项目实行代建制，A省机关事务管理局是建设单位，机关事务管理局下属项目办B为代建单位。有关该项目的业务如下：

（1）2020年5月20日，A拨付B代建工程款4 000 000元，通过实有资金账户支付。A单位账务处理为：

财务会计	预算会计
借：预付账款——预付工程款 4 500 000 　　贷：银行存款 4 500 000	借：行政支出——非财政专项支出——资本性支出 　　　　　　　　　　　　　　　　　4 500 000 　　贷：资金结存——货币资金 4 500 000

B单位收到A单位拨付的建设项目资金时，B单位账务处理为：

财务会计		预算会计
借：银行存款　　　　　　　4 500 000		不记账
贷：预收账款——预收工程款　　4 500 000		

（2）2020年8月，B单位通过银行转账支付工程项目设计费200 000元，勘察费300 000元，监理费150 000元。B单位账务处理为：

财务会计		预算会计
借：代建项目——待摊投资　　650 000		不记账
贷：银行存款　　　　　　　650 000		

（3）2020年9月，B单位支付施工单位工程款，通过银行转账支付资金1 500 000元。B单位账务处理为：

财务会计		预算会计
借：代建项目——建设安装工程投资　1 500 000		不记账
贷：银行存款　　　　　　　1 500 000		

（4）2020年12月，B单位采购设备一批，价款2 000 000元，发生与相关的差旅费5 000元，项目设备验收会议费1 000元，项目达到预定使用用途安装费7 500元，款项通过银行转账支付。B单位账务处理为：

财务会计		预算会计
借：代建项目——设备投资　　　　2 000 000		
——待摊投资（差旅费）　5 000		
——待摊投资（会议费）　1 000		不记账
——建筑安装工程投资　　7 500		
贷：银行存款　　　　　　　2 013 500		

（5）2020年12月，B单位与A建设单位年终对账确认在建工程成本并转出时，确定的金额为：建筑安装工程投资1 507 500元，设备投资2 000 000元。A单位账务处理为：

财务会计		预算会计
借：在建工程——建筑安装工程投资　1 507 500		
——设备投资　　　　　2 000 000		不记账
贷：预付账款——预付工程款　　3 507 500		

B 单位账务处理为：

财务会计	预算会计
借：代建项目——代建项目转出　　3 507 500 　　贷：代建项目——建筑安装工程投资　1 507 500 　　　　　　　　　——设备投资　　　　2 000 000 同时， 借：预收账款——预收工程款　　3 507 500 　　贷：代建项目——代建项目转出　　3 507 500	不记账

（6）2020 年 12 月，B 单位与 A 建设单位确认代建管理费时，确定的金额 100 000 元。B 单位确认代建费收入。A 单位账务处理为：

财务会计	预算会计
借：在建工程——待摊投资　　100 000 　　贷：预付账款——预付工程款　　100 000	不记账

B 单位账务处理为：

财务会计	预算会计
借：预收账款——预收工程款　　100 000 　　贷：事业收入　　　　　　　　100 000	借：资金结存——货币资金　　100 000 　　贷：事业预算收入　　　　　　100 000

（7）2021 年 3 月，B 单位购置政务中心所需一批办公家具，价款 100 000 元，通过银行转账支付。B 单位账务处理为：

财务会计	预算会计
借：代建项目——其他投资　　100 000 　　贷：银行存款　　　　　　　　100 000	不记账

（8）2021 年 6 月，B 单位为正在建设施工的政务中心，开展周边城市河道清障工作，发生相关费用 100 000 元，通过银行转账支付。B 单位账务处理为：

财务会计	预算会计
借：代建项目——待核销基建支出　　100 000 　　贷：银行存款　　　　　　　　　　100 000	不记账

(9) 2021年9月，因自然灾害，B单位正在建设施工的政务中心项目W部分单项工程发生毁损，该部分单项工程成本450 000元，B单位收到保险理赔款200 000元，经批准将该单项工程报废净损失计入继续施工的工程成本。B单位账务处理为：

财务会计	预算会计
借：代建项目——待摊投资　　250 000 　　其他应收款　　　　　　 200 000 　　贷：代建项目——建筑安装工程投资　450 000 借：银行存款　　　　　　　200 000 　　贷：其他应收款　　　　　200 000	不记账

(10) 2021年12月，W项目竣工验收交付使用时，B单位转出代建项目未转出的在建工程成本：待摊投资1 006 000元；其他投资100 000元；待核销基建支出100 000元。工程竣工决算时A单位需补付资金13 500元，已通过银行转账支付。

B单位账务处理为：

财务会计	预算会计
借：代建项目——代建项目转出　　1 206 000 　　贷：代建项目——待摊投资　　1 006 000 　　　　　　　　——其他投资　　 100 000 　　　　　　　　——待核销基建支出　100 000 同时， 借：预收账款——预收工程款　　1 206 000 　　贷：代建项目——代建项目转出　1 206 000 收到A单位补付款项时： 借：银行存款　　　　　　　　13 500 　　贷：预收账款——预收工程款　　13 500	不记账

A单位账务处理为：

财务会计	预算会计
借：在建工程——待摊投资　　1 006 000 　　　　　　——其他投资　　100 000 　　　　　　——待核销基建支出　100 000 　　贷：预付账款——预付工程款　1 206 000 　　　　银行存款　　　　　　13 500	借：行政支出——非财政拨款支出——资本性支出 　　　　　　　　　　　　　　　　　　13 500 　　贷：资金结存——货币资金　　　　13 500

（11）2021年12月，W项目竣工验收交付使用。A单位按照合理的分配方法分配待摊投资：分配到建筑安装工程投资的金额为900 000元；有按规定应当分摊到待核销基建支出为195 000元；有W项目配套建成的、产权不属于A单位的专用设施M，成本11 000元，应将设施M按成本转出。另外，对A单位发生的全部待核销基建支出进行冲销。A单位账务处理为：

①分配到建筑安装工程投资：

财务会计	预算会计
借：在建工程——建筑安装工程投资　900 000 　　贷：在建工程——待摊投资　　　　900 000	不记账

②待摊投资中有按规定应当分摊计入转出投资价值的：

财务会计	预算会计
借：在建工程——基建转出投资　　11 000 　　贷：在建工程——待摊投资　　　　11 000 同时， 借：无偿调拨净资产　　　　　　　11 000 　　贷：在建工程——基建转出投资　　11 000	不记账

③有按规定应当分摊到待核销基建支出为195 000元：

财务会计	预算会计
借：在建工程——待核销基建支出　195 000 　　贷：在建工程——待摊投资　　　　195 000	不记账

④建设项目竣工验收交付使用时，对发生的待核销基建支出进行冲销：

财务会计	预算会计
借：资产处置费用　　　　　　　　295 000 　　贷：在建工程——待核销基建支出　295 000	不记账

⑤在建工程转固定资产：

财务会计	预算会计
借：固定资产　　　　　　　　　4 507 500 　　贷：在建工程　　　　　　　　4 507 500	不记账

[问题34] 单位购置房产时，缴纳的印花税是否应该计入房屋资产原值？

[解答] 应该计入房屋资产原值。印花税属于固定资产交付使用前所发生的可归属于资产价值的一部分，所以应该计入房屋资产原值。

[问题35] 资产负债表中无偿调拨净资产项目有可能有负数吗？

[解答] 有可能。通过"无偿调拨净资产"科目核算的单位无偿调出非现金资产所引起的净资产变动金额即为负数。年底没有结账前，在月度资产负债表中"无偿调拨净资产"项目中以负数列示。年末结账，"无偿调拨净资产"科目余额转入"累计盈余"科目。年末结账后，"无偿调拨净资产"科目应无余额，因此年度资产负债表中"无偿调拨净资产"项目应为零。

[问题36] 单位支付车辆购置税时产生的滞纳金，能计入固定资产成本吗？

[解答] 不可以。根据《政府会计准则第3号——固定资产》规定，政府会计主体外购的固定资产，其成本包括购买价款、相关税费以及固定资产交付使用前所发生的可归属于该项资产的运输费、装卸费、安装费和专业人员服务费等。滞纳金是税务机关对逾期缴纳税款的纳税人给予经济制裁的一种措施。该项罚款支出属于非正常经营性支出，因此不应计入资产价值，应计入其他费用中。

[问题37] 单位接受捐赠的名贵花瓶，是否需要记账，如何记账？

[解答] 需要记账。根据《政府会计制度》规定，接受捐赠的资产：按照有关凭据注明的金额加上相关税费、运输费等确定；没有相关凭据可供取得，但按规定经过资产评估的，其成本按照评估价值加上相关税费、运输费等确定；没有相关凭据可供取得、也未经资产评估的，其成本比照同类或类似资产的市场价格加上有关税费、运输费等确定；没有相关凭据且未经资产评估、同类或类似资产的市场价格也无法可靠取得的，经批准按照名义金额入账。接受捐赠的库存物品验收入库，按照确定的成本，借记"库存物品""固定资产"科目，按照发生的相关税费、运输费等，贷记"银行存款"等科目，按照其差额，贷记"捐赠收入"科目。以名义金额入账的，按照名义金额，借记"库存物品""固定资产"科目，贷记"捐赠收入"科目；同时，按照发生的相关税费、运输费等，借记"其他费用"科目，贷记"银行存款"等科目。

[案例] 2019年5月，B事业单位接受捐赠的名贵花瓶一个。该花瓶属于孤品，没有相关凭据可供取得，也无法进行资产评估，同类或类似资产的市场价格也无法可靠取得的，按照名义价格入账。运输该花瓶支付了5 000元的运费，由该单位使用自有资金支付。

（1）接受捐赠时的账务处理：

财务会计	预算会计
借：固定资产　　　　　　1 　　贷：捐赠收入　　　　　　　1	不记账

（2）支付运费时的账务处理：

财务会计	预算会计
借：其他费用　　　　　　5 000 　　贷：银行存款　　　　　5 000	借：其他支出——自有资金支出——其他支出　5 000 　　贷：资金结存——货币资金　　　　　　　5 000

[问题38] 单位在固定资产拆迁过程中收到补偿款应如何进行会计核算？

[解答] 拆迁过程中收到补偿款属于国有资产处置收入，应作为应缴款项上缴财政。单位收到应上缴财政的拆迁补偿款时，财务会计借记"银行存款"科目，贷记"待处理财产损溢"科目，同时借记"待处理财产损溢"，贷记"应缴财政款"。实际上缴款项时，借记"应缴财政款"科目，贷记"银行存款"科目，预算会计不做账务处理。

[案例] 2020年2月6日，A事业单位原气象观测站，因旁边修建一条高速公路不适合观测需要迁址重建。该气象观测站原值6 000 000元，已计提折旧2 000 000元。经协商赔偿拆迁补偿款5 000 000元，款项已收到存入银行。拆迁过程中通过实用资金支付了相关的税费40 000元。2020年12月5日，A事业单位将净收益上缴国库。2020年12月21日，报经上级部门批准处置气象观测站。

2020年2月6日收到补偿款，账务处理如下：

①将固定资产价值转入待处理财产损溢：

财务会计	预算会计
借：待处理财产损溢——待处理财产价值 　　　　　　　　　　　　4 000 000 　　固定资产累计折旧　2 000 000 　　贷：固定资产　　　　6 000 000	不记账

②收到拆迁补偿款：

财务会计	预算会计
借：银行存款　　　　　5 000 000 　　贷：待处理财产损溢——处理净收入　5 000 000	不记账

③支付相关税费：

财务会计	预算会计
借：待处理财产损溢——处理净收入　40 000 　　贷：银行存款　　　　　　　　　　40 000	不记账

④处理收支结清：

财务会计	预算会计
借：待处理财产损溢——处理净收入　4 960 000 　　贷：应缴财政款　　　　　　　　　4 960 000	不记账

⑤上缴国库：

财务会计	预算会计
借：应缴财政款　　　　　　　　　4 960 000 　　贷：银行存款　　　　　　　　　4 960 000	不记账

⑥报经批准处理时：

财务会计	预算会计
借：资产处置费用　　　　　　　　4 000 000 　　贷：待处理财产损溢——待处理财产价值 　　　　　　　　　　　　　　　4 000 000	不记账

[问题39] 2018年以前单位购入固定资产已经列支出，现在按新制度的要求，新旧衔接时需要补计提固定资产累计折旧，是否存在重复列支出的问题？

[解答] 不存在重复列支出的问题。原制度购入固定资产的账务处理如下：

购入时：

借：经费支出或事业支出

　　贷：银行存款/零余额账户用款额度/财政补助（拨款）收入

同时，

借：固定资产

　　贷：资产基金/非流动资产基金——固定资产

由上述分录可以看出，第一笔分录购入固定资产时计入了支出，当年收支结转后净资产减少，同时第二笔分录，"资产基金/非流动资产基金"贷方增加表示净资产增加，一增一减相互抵消了对净资产的影响。

在新旧制度转换时，应当对 2018 年以前单位购入固定资产补提折旧。借记新账中"累计盈余"科目，贷记新账中"固定资产累计折旧"科目。2019 年 1 月 1 日以后，按月计提折旧，借记"业务活动费用""单位管理费用"等科目，贷记"固定资产累计折旧"科目。

[问题 40] 单位以外币购买的固定资产需要根据汇率变动调整资产的入账成本吗？

[解答] 不需要调整。以外币购买固定资产的，按照购入当日的即期汇率将支付的外币或应支付的外币折算为人民币金额，借记"固定资产"科目，贷记"银行存款""应付账款"等科目的外币账户。期末各种外币账户的期末余额，应当按照期末的即期汇率折算为人民币，作为外币账户期末人民币余额。调整后的各种外币账户人民币余额与原账面余额的差额，作为汇兑损益，借记或贷记"银行存款""应付账款"科目，贷记或借记"业务活动费用""单位管理费用"等科目。涉及资金变化的，预算会计借记或贷记"资金结存"科目，贷记或借记"行政支出""事业支出"科目。

[问题 41] 单位资产清理过程中，发现以前年度划拨的土地，有土地使用权证但未入账，应如何进行会计处理？

[解答] 通过行政划拨取得的土地，虽然单位实际上拥有土地的使用权，但是这种使用权是不完整的，不能出售转让。因此，不能作为无形资产入账。

[问题 42] 单位建设和维护的微信公众号是否可以作为无形资产确认？

[解答] 不可以。单位微信公众号是信息发布、宣传和服务的媒介平台，有利于增强单位公信力和影响力。从这个角度来看，运营较好、社会受众影响力强的微信公众号能产生服务潜力，甚至会带来经济效益。但是建设和维护微信公众号的成本不能可靠地计量，因为公众号的社会影响力是在长期使用中逐渐形成的，单位无法将公众号的建设成本和维护使用成本分开。故不满足无形资产的定义和确认条件，不可以将其确认为单位的无形资产。

[问题 43] 单位购建房屋及构筑物时，购建成本中的土地使用权部分，是计入固定资产还是计入无形资产？

[解答] 购建房屋及构筑物时，不能分清购建成本中的房屋及构筑物部分与土地使用权部分的，应当全部确认为固定资产，能够分清购建成本中的房屋及构筑物部分与土地使用权部分的，应当将其中的房屋及构筑物部分确认为固定资产，将其中的土地使用权部分确认为无形资产。

[问题 44] 单位软件升级改造的支出是否应计入无形资产的成本？

[解答] 看具体情况。与软件有关的后续支出，符合无形资产确认条件的，应当计入无形资产。不符合确认条件的，应当在发生时计入当期费用或者相关资产成本。

[问题 45] 所有的土地使用权都属于无形资产吗?

[解答] 区分不同情况,可能计入无形资产,也可能计入固定资产或公共基础设施。能够分清购建成本中的构筑物部分与土地使用权部分的,应当将其中土地使用权部分确认为无形资产,不能分清购建成本中的构筑物部分与土地使用权部分的,应当整体确认为固定资产或公共基础设施。

[问题 46] 公共基础设施需要计提折旧吗?

[解答] 政府会计主体应当对公共基础设施计提折旧,但政府会计主体持续进行良好的维护使得其性能得到永久维持的公共基础设施和确认为公共基础设施的单独计价入账的土地使用权除外。根据《财政部关于进一步做好政府会计准则制度新旧衔接和加强行政事业单位资产核算的通知》(财会〔2018〕34 号)规定,在国务院财政部门对公共基础设施折旧摊销年限作出规定之前,单位在公共基础设施首次入账时暂不考虑补提折旧(摊销),初始入账后也暂不计折旧(摊销)。单位在 2019 年 1 月 1 日之前已经核算公共基础设施且计提折旧(摊销)的,在新旧衔接时以及执行政府会计准则制度后可继续沿用之前的折旧(摊销)政策。

[问题 47] 单位代为保管的政府储备物资,是通过"政府储备物资"科目核算?还是"受托代理资产"科目核算?

[解答] 应通过"受托代理资产"科目进行核算。依据《政府会计准则第 6 号——政府储备物资》规定,对政府储备物资不负有行政管理职责但接受委托具体负责执行其存储保管等工作的政府会计主体,应当将受托代储的政府储备物资作为受托代理资产核算。

[案例] 市属应急管理 A 单位收到省政府防汛储备物资收储行政职能单位 B 单位拨来的要求代为保管的夏季防汛用物资储备,该批物资账面价值 200 000 元,A 单位用银行存款支付运输费 4 000 元。

(1) B 单位账务处理如下:

财务会计	预算会计
借:业务活动费用　　　　200 000 　　贷:政府储备物资　　　　　200 000	不记账

(2) A 单位账务处理如下:

①接收政府物资储备时:

财务会计	预算会计
借:受托代理资产　　　　200 000 　　贷:受托代理负债　　　　　200 000	不记账

②支付运输费时：

财务会计	预算会计
借：其他费用　　　　　　　　　4 000 　　贷：银行存款　　　　　　　　　　4 000	借：其他支出——自有资金支出——其他支出　4 000 　　贷：资金结存——货币资金　　　　　　　4 000

[问题48] 单位无偿调入的固定资产，如果在调出方的账面价值为零的，应如何进行账务处理？或者在调出方的账面余额为名义金额记账的，应如何进行账务处理？

[解答] 根据《政府会计准则制度解释第1号》规定，单位（调入方）接受其他政府会计主体无偿调入的固定资产、无形资产、公共基础设施等资产，其成本按照调出方的账面价值加上相关税费确定。但是，无偿调入资产在调出方的账面价值为零（已经按制度规定提足折旧）或者账面余额为名义金额的，单位（调入方）应当将调入过程中其承担的相关税费计入当期费用，不计入调入资产的初始入账成本。

无偿调入资产在调出方的账面价值为零的，单位（调入方）在进行财务会计处理时，应当按照该项资产在调出方的账面余额，借记"固定资产""无形资产"等科目，按照该项资产在调出方已经计提的折旧或摊销金额（与资产账面余额相等），贷记"固定资产累计折旧""无形资产累计摊销"等科目；按照支付的相关税费，借记"其他费用"科目，贷记"零余额账户用款额度""银行存款"等科目。同时，在预算会计中按照支付的相关税费，借记"其他支出"科目，贷记"资金结存"科目。

无偿调入资产在调出方的账面余额为名义金额的，单位（调入方）在进行财务会计处理时，应当按照名义金额，借记"固定资产""无形资产"等科目，贷记"无偿调拨净资产"科目；按照支付的相关税费，借记"其他费用"科目，贷记"零余额账户用款额度""银行存款"等科目。同时，在预算会计中按照支付的相关税费，借记"其他支出"科目，贷记"资金结存"科目。

[案例] A事业单位接受无偿调入的一项固定资产，该项固定资产在调出方B单位账面原值为80 000元，已计提折旧80 000元，A事业单位承担调入过程中运输费1 000元，已用零余额账户用款额度支付。

（1）A事业单位（调入方）账务处理如下：

财务会计	预算会计
借：固定资产　　　　　　　　　　80 000 　　贷：固定资产累计折旧　　　　　　80 000 借：其他费用　　　　　　　　　　 1 000 　　贷：零余额账户用款额度　　　　　 1 000	借：其他支出——财政拨款支出——其他支出　1 000 　　贷：资金结存——零余额账户用款额度　　1 000

（2）B单位（调出方）账务处理如下：

财务会计	预算会计
借：固定资产累计折旧　　80 000 　　贷：固定资产　　　　　　　　80 000	不记账

[**案例**] A事业单位接受无偿调入的一项固定资产，该项固定资产在调出方B单位账面余额为1元，A事业单位承担调入过程中运输费1 000元，已用零余额账户用款额度支付。

（1）A事业单位（调入方）账务处理如下：

财务会计	预算会计
借：固定资产　　　　　　　　1 　　贷：无偿调拨净资产　　　　　　1 借：其他费用　　　　　　　1 000 　　贷：零余额账户用款额度　　1 000	借：其他支出　　　　　　　　　　1 000 　　贷：资金结存——零余额账户用款额度　1 000

（2）B单位（调出方）账务处理如下：

财务会计	预算会计
借：无偿调拨净资产　　　　　1 　　贷：固定资产　　　　　　　　　1	不记账

[**案例**] A事业单位接受无偿调入的一项固定资产，该项固定资产在调出方B单位账面原值为80 000元，已计提折旧30 000元，A事业单位承担调入过程中运输费1 000元，已用零余额账户用款额度支付。

（1）A事业单位（调入方）账务处理如下：

财务会计	预算会计
借：固定资产　　　　　　　　51 000 　　贷：无偿调拨净资产　　　　　50 000 　　　　零余额账户用款额度　　1 000	借：其他支出——财政拨款支出——其他支出　1 000 　　贷：资金结存——零余额账户用款额度　1 000

（2）B事业单位（调出方）账务处理如下：

财务会计		预算会计
借：无偿调拨净资产	50 000	
固定资产累计折旧	30 000	不记账
贷：固定资产	80 000	

[问题49] 单位房屋出租收入应如何进行账务处理？

[解答] 行政单位出租、出借国有资产应缴纳的税款和所发生的相关费用（资产评估费、技术鉴定费、交易手续费等），在收入中抵扣，抵扣后的余额按照政府非税收入收缴管理有关规定上缴财政。

事业单位国有资产出租收入分两种情况：第一种是利用国有资产出租、出借取得的收入应当纳入单位预算，统一核算，统一管理；第二种是根据当地财政部门的规定，国有资产出租收入上缴财政，应当按照政府非税收入管理的规定，实行"收支两条线"管理。

若应当纳入单位预算，统一核算，统一管理的情况：收到租金时，财务会计借记"银行存款"科目，贷记"租金收入"，预算会计借记"资金结存"科目，贷记"其他预算收入"科目。

若是收取的款项需要上缴财政，根据收到的款项抵扣应缴纳的税款和所发生的相关费用后，按净收益，财务会计借记"银行存款"科目，贷记"应缴财政款"科目，预算会计不记账。上缴财政时，财务会计借记"应缴财政款"科目，贷记"银行存款"科目，预算会计不记账。

[案例] C事业单位2020年3月20日，收到一季度房屋租金80 000元，转账存入基本账户。发生的相关税费12 000元，已通过银行转账支付。按当地财政部门规定，收到的房屋租金净收益需要上缴财政，按照政府非税收入管理，且拨给C事业单位时应当作为财政拨款收入。3月30日，C事业单位将应上缴财政的款项通过实有资金账户上缴财政。4月3日，C事业单位收到从财政专户返还的租金收入40 800元（60%返还，纳入单位部门预算），存入单位实有资金账务时，会计处理如下：

(1) 3月20日收到第一季度房屋租金及支付相关税费时：

财务会计		预算会计
借：银行存款	80 000	
贷：应缴财政款	80 000	不记账
借：应缴财政款	12 000	
贷：银行存款	12 000	

（2）3月30日，将应上缴财政的款项通过实有资金账户上缴财政时：

财务会计	预算会计
借：应缴财政款　　　　　　68 000 　　贷：银行存款　　　　　　68 000	不记账

（3）2020年4月，当地财政部门返还C事业单位一季度租金收入40 800元时：

财务会计	预算会计
借：银行存款　　　　　　　40 800 　　贷：财政拨款收入　　　　40 800	借：资金结存——货币资金　　40 800 　　贷：财政拨款预算收入　　　40 800

[案例] A事业单位为一般纳税人，2020年1月1日采用预收款方式对外出租房屋1栋，租期为1年，预收全年租金，租金总额为240 000元，适用13%增值税税率。A事业单位经批准利用国有资产出租取得收入并按照规定纳入本单位预算管理。会计处理如下：

（1）2020年1月1日收到承租人支付的租金时：

财务会计	预算会计
借：银行存款　　　　　　　240 000 　　贷：预收账款　　　　　　240 000	借：资金结存——货币资金　　240 000 　　贷：其他预算收入——租金收入　240 000

（2）2020年每月月末按直线法确认收入时：

财务会计	预算会计
借：预收账款　　　　　　　20 000 　　贷：租金收入　　　　　　17 699.11 　　　　应交增值税——销项税款　2 300.89	不记账

[问题50] 单位在原有固定资产基础上进行改建、扩建、修缮的业务，应如何进行会计处理？

[解答] 在原有固定资产基础上进行改建、扩建的固定资产，其成本按照原固定资产账面价值加上改建、扩建发生的支出，再扣除固定资产被替换部分的账面价值后的金额确定。修缮一般不会改变固定资产使用功能，其发生的修缮费记为当期费用，不计入固定资产原值，因此修缮成本不包括固定资产价值。

通常情况下，将固定资产转入改建、扩建时，按照固定资产的账面价值，财务会计借记"在建工程"科目，按照固定资产已计提折旧，借记"固定资产累计折旧"科目，按照固定资产的账面余额，贷记"固定资产"科目。预算会计不做账务处理。

为增加固定资产使用效能或延长其使用年限而发生的改建、扩建等后续支出，财务会计借记"在建工程"科目，贷记"财政拨款收入""零余额账户用款额度""银行存款"等科目。预算会计借记"行政支出""事业支出""经营支出"等科目，贷记"财政拨款预算收入""资金结存"等科目。固定资产改建、扩建等完成交付使用时，按照在建工程成本，财务会计借记"固定资产"科目，贷记"在建工程"科目。预算会计不记账。

为保证固定资产正常使用发生的日常维修等支出，财务会计借记"业务活动费用""单位管理费用"等科目，贷记"财政拨款收入""零余额账户用款额度""银行存款"等科目。预算会计借记"行政支出""事业支出""经营支出"等科目，贷记"财政拨款预算收入""资金结存"等科目。

固定资产因改建、扩建或修缮等原因而延长其使用年限的，应当按照重新确定的固定资产的成本以及重新确定的折旧年限计算折旧额。

[案例] 2020年1月1日，B事业单位对原有试验室进行扩建。该试验室2017年12月1日开始使用，账面原值为6 000 000元，年限平均法按月计提折旧，预计使用年限为10年。2020年4月1日B事业单位完成对试验室的扩建且已交付使用，共发生支出800 000元，全部以银行存款支付。扩建过程中已替换掉部分固定资产申请上级部门批复，此部分固定资产账面原值为150 000元。2020年4月20日上级主管部门已批复。预计扩建后试验室的使用年限为15年。2020年5月1日，B事业单位对实验室进行日常维护，使用银行存款支付维护费用5 000元。账务处理如下：

（1）将固定资产账面价值转入在建工程时：

财务会计	预算会计
借：在建工程　　　　　　　　4 800 000 　　固定资产累计折旧 　　　　1 200 000（6 000 000÷10×2） 　贷：固定资产　　　　　　　　6 000 000	不记账

（2）发生改建支出时：

财务会计	预算会计
借：在建工程　　　　　　　　　800 000 　贷：银行存款　　　　　　　　　800 000	借：事业支出——其他资金支出——资本性支出 　　　　　　　　　　　　　　　800 000 　贷：资金结存——货币资金　　　800 000

(3) 替换部分的固定资产已申请处置，上级主管部门已批复。终止部分的账面价值为 120 000 元（150 000 - 150 000÷10×2），账务处理为：

财务会计		预算会计
借：待处理财产损溢	120 000	不记账
贷：在建工程	120 000	
借：资产处置费用	120 000	
贷：待处理财产损溢	120 000	

(4) 2020 年 4 月 1 日，扩建工程交付使用转固定资产时：

财务会计		预算会计
借：固定资产	5 480 000	不记账
贷：在建工程	5 480 000	

(5) 2020 年 4 月固定资产计提折旧 30 000 元 {每月计提折旧 = 5 480 000÷[（15 - 2）×12]}：

财务会计		预算会计
借：单位管理费用	35 128.21	不记账
贷：固定资产累计折旧	35 128.21	

(6) 2020 年 5 月 1 日，B 事业单位对实验室进行日常维护，使用银行存款支付维护费用 5 000 元时：

财务会计		预算会计	
借：单位管理费用	5 000	借：事业支出——其他资金支出——商品和服务支出	5 000
贷：银行存款	5 000	贷：资金结存	5 000

[问题 51] 单位取得款项时，对应的科目是相关收入科目，还是列其他应付款或者受托代理负债科目？

[解答] 前者与后两者性质不同：收入类科目属于收入会计要素。收入是非偿还性质的，是经济资源的总流入。收入的发生会导致会计主体资产增加或负债减少，从而导致会计主体净资产的增加。其他应付款和受托代理负债同属于负债类科目。负债是偿还性质的，是指单位承担的现实义务，未来需要单位履行该义务，预期会导致单位

掌握或控制的资源减少。

受托代理负债和其他应付款同属负债科目，两者的区别在于：

受托代理负债伴随接受受托代理资产而产生，是一种受托代理活动，一般具有以下特征：（1）受托代理业务是受托方接受委托方的委托，完成明确的任务或实现特定的目标，代为办理其指定的经济事务的业务。比如，接受委托方委托管理的各项资产，包括受托指定转赠的物资、受托存储保管的物资和罚没物资等。（2）在受托代理业务中，受托方起到中间人的作用，帮助委托人将资产转赠、代为保管或转交给指定的受益人，并没有权力改变受益人和受托代理资产的用途。（3）受托代理业务中不转移资产的控制权，受托方一般是以委托方的名义处理受托事务。（4）受托代理业务具有代理活动的性质，是委托方和受托方之间产生的一种契约关系和法律行为。通常情况下，通过双方签订合同或者签订书面协议，明确规定合同双方权利与义务。

其他应付款科目主要是核算负有偿还义务的暂收款项，一般不限定有明确的任务或实现特定的目标，且不核算受托代理活动。该科目具体是核算单位除应交增值税、其他应交税费、应缴财政款、应付职工薪酬、应付票据、应付账款、应付政府补贴款、应付利息、预收账款以外，其他各项偿还期限在1年内（含1年）的应付及暂收款项，如收取的押金、存入保证金、已经报销但尚未偿还银行的本单位公务卡欠款等。同级政府财政部门预拨的下期预算款和没有纳入预算的暂付款项，以及采用实拨资金方式通过本单位转拨给下属单位的财政拨款，也通过此科目核算。

[案例] B基层卫生医疗机构承担疫情防工作，收到社会捐赠的医用消毒防护用品一批，接收单表明其价值80 000元，已经入库，账务处理如下：

财务会计	预算会计
借：库存物品——消毒防护用品　　　　80 000 　　贷：捐赠收入——疫情防控专项捐赠　　　80 000	不记账

[案例] D事业单位为支持疫情防控工作，号召单位职工捐款。收到员工捐款50 000元，存入单位银行账户。账务处理如下：

财务会计	预算会计
借：银行存款　　　　　　　　　　50 000 　　贷：其他应付款——员工捐款　　　　50 000	不记账

[案例] A事业单位接受委托，将一批疫情防控物资转赠给指定的C医疗机构。该批转赠物资价值160 000元。A事业单位账务处理如下：

(1) 收到转赠物资时：

财务会计	预算会计
借：受托代理资产　　　　　160 000 　　贷：受托代理负债　　　　　160 000	不记账

(2) 将转赠物资送交指定的受赠人时：

财务会计	预算会计
借：受托代理负债　　　　　160 000 　　贷：受托代理资产　　　　　160 000	不记账

实务锦囊

1. 从本单位零余额账户向本单位实有资金账户划转资金的账务处理

附录《政府会计准则制度解释第 2 号》（财会〔2019〕24 号），"二、关于从本单位零余额账户向本单位实有资金账户划转资金的账务处理"中有详细规定。

2. 是否可以用实有资金账户资金垫付支出

账务处理规定：见附录《政府会计准则制度解释第 2 号》（财会〔2019〕24 号）："一、关于归垫资金的账务处理"相关内容。

归垫管理规定：

（一）《财政部关于规范和加强中央预算单位国库集中支付资金归垫管理有关问题的通知》（财库〔2007〕24 号）规定

1. 严格控制归垫资金的范围。一般情况下，中央预算单位必须按照规定程序，以财政直接支付或财政授权支付方式支付财政资金，不得违反规定通过本单位实有资金账户支付财政资金。

发生下列特殊情况之一的，允许垫付资金：

（1）经国务院批准并限时开工的基建投资项目支出。

（2）基建投资项目前期费用支出。

（3）重大紧急突发事项支出。

（4）其他按规定允许垫付的支出。

2. 实行资金垫付事先备案制度。中央预算单位通过本单位实有资金账户垫付资金，实行事先备案制度。

（1）对于经国务院批准并限时开工的基建投资项目支出，基建投资项目前期费用支出，以及其他按规定允许垫付的支出，由基层预算单位在资金垫付之前将拟垫付事项、原因和资金来源等情况逐级上报，并由一级预算单位审核确认后报财政部（国库司）备案。财政部（国库司）收到备案材料 5 个工作日内将是否同意垫付的意见回复一级预算单位，由一级预算单位通知基层预算单位。

（2）对于重大紧急突发事项支出，由基层预算单位在垫付之前将拟垫付的事项、原因和资金来源等情况上报并经一级预算单位审核确认后，报财政部（国库司）备案。财政部（国库司）收到备案材料即时将是否同意垫付的意见回复一级预算单位，由一级预算单位通知基层预算单位。

3. 规范资金归垫的申请、审核和批复程序。

（1）资金归垫申请程序。

基层预算单位收到已垫付资金项目的财政授权支付用款额度或财政直接支付用款计划后，可提出资金归垫申请。

①以财政授权支付方式进行资金归垫的，基层预算单位应将资金归垫申请，以及相关合同、发票、银行结算证明、记录垫付事项发生费用账簿复印件等垫付事项证明材料逐级上报，并由一级预算单位审核确认后报财政部（国库司）。

②以财政直接支付方式进行资金归垫的，基层预算单位应将资金归垫申请，以及相关合同、发票、银行结算证明、记录垫付事项发生费用账簿复印件等垫付事项证明材料，连同财政直接支付申请书，按照财政直接支付的有关程序上报，并由一级预算单位审核确认后随同财政直接支付汇总申请书报财政部（国库司）。

（2）资金归垫审核批复程序。

①以财政授权支付方式进行资金归垫的，财政部（国库司）收到归垫申请和相关材料后，3 个工作日（特殊事项不超过 5 个工作日）内书面批复一级预算单位。一级预算单位接到财政部（国库司）批复文件后，应及时向基层预算单位予以转发，基层预算单位持财政部批复文件到代理银行办理资金归垫业务。

②以财政直接支付方式进行资金归垫的，财政部（国库司）收到归垫申请、相关材料、财政直接支付申请书和财政直接支付汇总申请书后，2 个工作日内通知代理银行进行资金支付。

③对于情况比较复杂，以及需要现场核实相关原始凭证和资料的垫付事项，财政部（国库司）可委托基层预算单位所在省（自治区、直辖市、计划单列市）财政监察专员办事处进行核实，并根据财政专员办核实情况办理批复。

财政专员办收到归垫申请材料 3 个工作日（特殊事项不超过 5 个工作日）内完成

核实工作。财政专员办对归垫申请事项进行核实时，基层预算单位应提供相关原始凭证和证明垫付事项真实性的相关材料。财政部（国库司）收到财政专员办上报的核查材料后，3个工作日内书面批复一级预算单位或通知代理银行进行资金支付。

（二）《财政部关于中央预算单位2019年预算执行管理有关问题的通知》（财库〔2018〕95号）规定

预算单位不得违规从本单位零余额账户向本单位或本部门其他预算单位实有资金账户划转资金。下列支出除外：

（1）依照《财政部 民政部 工商总局关于印发〈政府购买服务管理办法（暂行）〉的通知》（财综〔2014〕96号）等制度规定，按合同约定需向本部门所属事业单位支付的政府购买服务支出；

（2）确需划转的工会经费、住房改革支出、应缴或代扣代缴的税金，以及符合相关制度规定的工资中的代扣事项；

（3）暂不能通过零余额账户委托收款的社会保险缴费、职业年金缴费、水费、电费、取暖费等；

（4）报经财政部审核批准的归垫资金和其他资金。

（三）《财政部关于进一步完善中央财政科技和教育资金预算执行管理有关事宜的通知》（财库〔2018〕96号）规定

提高预算执行效率，允许部分科研项目和教育资金从本单位零余额账户向本单位或本部门其他预算单位实有资金账户划转。具体包括：按照有关制度规定由预算单位与科研项目承担单位签订委托协议或合同，按约定确需将资金支付到科研项目承担单位的；中央高校、科研单位内部机构之间合理的结算支出，如测试化验加工费用、成本分摊费用等；由于零余额账户开户行外币种类不全等原因，确需先转入可提供该币种银行现有实有资金账户的购汇资金；承担中央财政资金安排的事后补助类项目资金；高等学校哲学社会科学繁荣计划专项中的间接费用。

3. 通过支付宝、微信等第三方支付平台结算应如何核算

请查阅附录《政府会计准则制度解释第1号》（财会〔2019〕13号）第八条规定。

4. 行政单位核算的往来款的年末处理及核销规定

年末处理

政府会计制度规定，行政单位仅核算预付账款、其他应收款，不核算应收账款、应收票据、应收股利、应收利息。

（1）预付账款年末处理规定。行政单位应于每年年末对预付账款进行全面检查，如有确凿证据表明预付账款不再符合预付款项性质，或者因供应单位破产、撤销等原因可能无法收到所购货物、服务的，应当先将其转入其他应收款，借记"其他应收款"

科目，贷记"预付账款"科目，再按照规定进行处理。

（2）其他应收款年末处理规定。行政单位应当于每年年末，对其他应收款进行全面检查。对于超过规定年限、确认无法收回的其他应收款，应当按照有关规定报经批准后予以核销。核销的其他应收款应在备查簿中保留登记。行政单位不计提坏账准备，直接报批核销。经批准核销其他应收款时，按照核销金额，财务会计借记"资产处置费用"科目，贷记"其他应收款"科目；预算会计不做账务处理。已核销的其他应收款在以后期间又收回的，按照收回金额，财务会计借记"银行存款"等科目，贷记"其他应收款"科目；预算会计借记"资金结存——货币资金"，贷记"其他预算收入"。

坏账核销规定

根据《行政事业单位资产清查核实管理办法》（财资〔2016〕1号）规定：

第二十九条　坏账损失是指行政事业单位清查出的不能收回的各项应收款项造成的损失。清查出的各项坏账，应当分析原因，对有合法证据证明确实不能收回的应收款项，按照以下方式处理：

（一）因债务人被宣告破产、撤销注销工商登记或者被政府责令关闭等导致无法收回的应收款项，应当根据法院的破产公告、破产清算文件、工商部门的撤销注销证明、政府部门有关文件等进行认定。已经清算的，应当对扣除清偿部分后不能收回的款项认定为损失。

（二）债务人死亡或者依法被宣告失踪、死亡，其财产或者遗产不足清偿且没有继承人的应收款项，应当在取得相关法律文件后认定为损失。

（三）因不可抗力因素（自然灾害、意外事故）无法收回的应收款项，由单位做出专项说明，可以根据社会中介机构出具的经济鉴证证明认定损失。

（四）涉诉的应收款项，已生效的人民法院判决书、裁定书判定、裁定其败诉的，或者虽然胜诉但因无法执行被裁定终止执行的，认定为损失。

（五）逾期3年的应收款项，具有依法催收磋商记录，并且能够确认3年内没有任何业务往来的，应当根据社会中介机构出具的经济鉴证证明，在扣除应付该债务人的各种款项和有关责任人员的赔偿后的余额，认定为损失。

（六）逾期3年的应收款项，债务人在国外及我国香港、澳门、台湾地区的，经依法催收仍未收回，且在3年内没有任何业务往来的，在取得境外社会中介机构出具的终止收款意见书，或者取得我国驻外使（领）馆商务机构出具的债务人逃亡、破产证明后，认定为损失。

（七）逾期3年以上、单笔数额较小、不足以弥补清收成本的，由单位做出专项说明，根据社会中介机构出具的经济鉴证证明认定损失。

5. 待摊费用、长期待摊费用与预提费用的区别

三个科目的对方科目都和费用有关，都计入当期费用。区别在于会计要素归属不同。待摊费用、长期待摊费用属于资产类科目，核算单位已经支付，但应由本期和以后各期分别负担的各项费用。预提费用属于负债类科目，是核算单位预先提取的已经发生但尚未支付的费用。

6. 暂估入账固定资产的计提折旧

根据《政府会计准则第3号——固定资产》第十六条规定，"政府会计主体应当对暂估入账的固定资产计提折旧，实际成本确定后不需调整原已计提的折旧额"。

7. 不计提折旧的固定资产

根据《政府会计准则第3号——固定资产》第十七条规定，"下列各项固定资产不计提折旧：（1）文物和陈列品；（2）动植物；（3）图书、档案；（4）单独计价入账的土地；（5）以名义金额计量的固定资产"。

8. 单位固定资产处置的规定及账务处理

国有资产处置，是指单位对其占有、使用的国有资产，进行产权转移或核销的行为。处置类别包括：无偿转让、有偿转让、置换、报废、报损等。资产处置应当严格履行审批手续。未履行审批手续的，不得处置。资产处置事项的批复和单位内部审批文件，是编制资产配置预算的重要依据。资产处置批复、单位内部审批文件及处置交易凭证，是单位进行相关资产和会计账务处理、相关部门办理资产产权变更和登记手续的依据。

按照政府会计制度的要求，资产处置核算范围分为两大类：一类是通过"待处理财产损溢"科目核算的，包括资产盘亏、报废、毁损；第二类是不通过"待处理资产损溢"科目核算的，包括无偿调拨、出售、出让、转让、置换、对外捐赠。

（一）不通过"待处理财产损溢"科目核算的资产处置

1. 按照规定报经批准处置资产时，按照处置资产的账面价值，借记"资产处置费用"科目［处置固定资产、无形资产、公共基础设施、保障性住房的，还应借记"固定资产累计折旧""无形资产累计摊销""公共基础设施累计折旧（摊销）""保障性住房累计折旧"科目］，按照处置资产的账面余额，贷记"库存物品""固定资产""无形资产""公共基础设施""政府储备物资""文物文化资产""保障性住房""其他应收款""在建工程"等科目。

2. 处置资产过程中仅发生相关费用的，按照实际发生金额，借记"资产处置费用"科目，贷记"银行存款""库存现金"等科目。

3. 处置资产过程中取得收入的，按照取得的价款，借记"库存现金""银行存款"等科目，按照处置资产过程中发生的相关费用，贷记"银行存款""库存现金"等科目，按照其差额，借记"资产处置费用"科目或贷记"应缴财政款"等科目。

(二) 通过"待处理财产损溢"科目核算的资产处置

单位在资产清查中查明的资产盘亏、毁损以及资产报废等，应当先通过"待处理财产损溢"科目进行核算，再将处理资产价值和处理净支出记入"资产处置费用"科目。

1. 单位账款核对中发现的现金短缺，属于无法查明原因的，报经批准核销时，借记"资产处置费用"科目，贷记"待处理财产损溢"科目。

2. 单位资产清查过程中盘亏或者毁损、报废的存货、固定资产、无形资产、公共基础设施、政府储备物资、文物文化资产、保障性住房等，报经批准处理时，按照处理资产价值，借记"资产处置费用"科目，贷记"待处理财产损溢——待处理财产价值"科目。处理收支结清时，处理过程中所取得收入小于所发生相关费用的，按照相关费用减去处理收入后的净支出，借记"资产处置费用"科目，贷记"待处理财产损溢——处理净收入"科目。

9. 报废资产时，如何在全额上缴处置收入的时候结平"待处理财产损溢"科目

依据《政府会计制度》规定，单位报废资产时，一般应当先记入"待处理财产损溢"科目，按照规定报经批准后及时进行账务处理。年末结账前一般应处理完毕。具体账务处理如下：

(1) 转入待处理资产时，借记"待处理财产损溢"科目（待处理财产价值）[盘亏、毁损、报废固定资产、无形资产、公共基础设施、保障性住房的，还应借记"固定资产累计折旧""无形资产累计摊销""公共基础设施累计折旧（摊销）""保障性住房累计折旧"科目]，贷记"库存物品""固定资产""无形资产""公共基础设施""政府储备物资""文物文化资产""保障性住房""在建工程"等科目。涉及增值税业务的，还记入"应交增值税"科目。报经批准处理时，借记"资产处置费用"科目，贷记"待处理财产损溢"科目（待处理财产价值）。

(2) 处理报废实物资产过程中取得的残值或残值变价收入、保险理赔和过失人赔偿等，借记"库存现金""银行存款""库存物品""其他应收款"等科目，贷记"待处理财产损溢"科目（处理净收入）；处理毁损、报废实物资产过程中发生的相关费用，借记"待处理财产损溢"科目（处理净收入），贷记"库存现金""银行存款"等科目。

(3) 处理收支结清，如果处理收入大于相关费用的，按照处理收入减去相关费用后的净收入，借记"待处理财产损溢"科目（处理净收入），贷记"应缴财政款"等科目；如果处理收入小于相关费用的，按照相关费用减去处理收入后的净支出，借记"资产处置费用"科目，贷记"待处理财产损溢"科目（处理净收入）。

例如，某事业单位报废了一批资产，价值 700 元，取得处置现金收入 1 000 元，账务处理如下：

①将清查资产价值转入待处理财产损溢：

财务会计	预算会计
借：待处理财产损溢——待处理财产价值　　700 　　贷：固定资产　　　　　　　　　　　　　　700	不记账

②收到设备拆除收入：

财务会计	预算会计
借：库存现金——非零余额现金　　1 000 　　贷：待处理财产损溢——处理净收入　　1 000	不记账

③结转处理净收入：

财务会计	预算会计
借：待处理财产损溢——处理净收入　　300 　　贷：应缴财政款　　　　　　　　　　　300	不记账

10. 文物文化资产与文物和陈列品的区别

文物和陈列品是指用于教学、科研或收藏、展览、陈列使用的具有历史各时代特征的实物或具有历史、艺术、科学价值的艺术品、工艺美术品、文献、手稿、图书资料等。单位为满足自身开展业务活动或其他活动需要而控制的文物和陈列品，应当通过"固定资产"科目核算。

文物文化资产是指用于展览、教育或研究等目的的历史文物、艺术品以及其他具有文化或历史价值并作长期或永久保存的典藏等。《政府会计准则——基本准则》第二十八条明确将文物文化资产同固定资产、在建工程、无形资产、长期投资、公共基础设施、政府储备资产、保障性住房和自然资源资产等共同作为政府会计主体的非流动资产进行管理，纳入政府财务报告体系。《政府会计制度》中的"文化文物资产"科目解释为：本科目核算单位为满足社会公共需求而控制的文物文化资产的成本。

"文物和陈列品"会计核算的判断前提是政府会计主体控制的目的，即看是满足自身开展业务活动或其他活动需要还是满足社会公共需求目的。单位用于自身开展教育、展览、研究等业务活动和职能运转需要而控制的，并在日常进行管理和维护，具有排他性、竞争性，这些大多属于可移动性文物和陈列品，在会计核算上列为"固定资产——文物和陈列品"，而可移动性文物则大多是满足社会公共需要，则适合纳入"文化文物资产"科目核算。

11. 外购的应用软件用于业务系统是否应计入无形资产

应计入固定资产。根据《政府会计准则第 3 号——固定资产》规定，应用软件构成相关硬件不可缺少的组成部分的，应当将该软件的价值包括在所属的硬件价值中，一并确认为固定资产。

12. 土地使用权与办公用房无法区分时应如何确认

确认固定资产。根据《政府会计准则第 3 号——固定资产》规定，购建房屋及构筑物时，能够分清购建成本中的房屋及构筑物部分与土地使用权部分的，应当将其中的房屋及构筑物部分确认为固定资产，将其中的土地使用权部分确认为无形资产。不能分清购建成本中的房屋及构筑物部分与土地使用权部分的，应当全部确认为固定资产。

13. 基本建设项目会计核算主体的确定

基本建设项目会计核算主体的确定见附录《政府会计准则制度解释第 2 号》（财会〔2019〕24 号）第八条"关于单位基本建设会计有关问题"的相关规定。

14. 如何确认和计量无形资产

根据《政府会计准则第 4 号——无形资产》第三条规定，无形资产同时满足下列条件的，应当予以确认：①与该无形资产相关的服务潜力很可能实现或者经济利益很可能流入政府会计主体；②该无形资产的成本或者价值能够可靠地计量。

政府会计主体在判断无形资产的服务潜力或经济利益是否很可能实现或流入时，应当对无形资产在预计使用年限内可能存在的各种社会、经济、科技因素做出合理估计，并且应当有确凿的证据支持。无形资产的初始计量如表 1 - 2 所示：

表 1 - 2 无形资产的初始计量

取得方式		入账成本			备注
外购	外购	购买价款	相关税费	可归属于该项资产达到预定用途前所发生的其他支出	
	委托软件公司开发	视同外购无形资产确定其成本			
自行开发		自该项目进入开发阶段后至达到预定用途前所发生的支出总额			
置换取得		换出资产的评估价值	加：支付的补价（或减：收到的补价）	换入无形资产发生的其他相关支出	

续表

取得方式		入账成本		备注
接受捐赠	有相关凭据	有关凭据注明的金额	相关税费	确定接受捐赠无形资产的初始入账成本，应当考虑该项资产尚可为政府会计主体带来服务潜力或经济利益的能力
	没有相关凭据可供取得，但按规定经过资产评估的	评估价值	相关税费	
	没有相关凭据可供取得、也未经资产评估的	同类或类似资产的市场价格	相关税费	
	没有相关凭据且未经资产评估、同类或类似资产的市场价格也无法可靠取得的	名义金额1元入账		相关税费、运输费等计入当期费用
无偿调入		调出方账面价值	相关税费	

根据《财政部关于进一步做好政府会计准则制度新旧衔接和加强行政事业单位资产核算的通知》（财会〔2018〕34号）中有关"名义金额计价"的规定，关于按照名义金额计量的资产：

1. 根据政府会计准则制度，可以按照名义金额计量的资产只包括接受捐赠的库存物品、固定资产、无形资产，以及无法确定成本的盘盈库存物品、固定资产和无形资产。

2. 单位在新旧制度转换时，对于原账中在相应资产科目核算的以名义金额计量的库存物品、固定资产和无形资产，应当仍然按名义金额转入新账的相应资产科目；对于原未入账的上述资产，仅当没有相关凭据且未经资产评估、同类或类似资产的市场价格也无法可靠取得时，才能按照名义金额入账。

综上可知，执行政府会计准则制度，土地使用权的计价原则如下：

2019年起新取得的土地使用权，只有接受捐赠和盘盈的情况才可以按名义金额计量（其前提是两个条件同时满足：①没有相关凭据且未经资产评估；②同类或类似资产的市场价格也无法可靠取得的）。

新旧制度转换时，对于在原账中在以名义金额计量的土地使用权，仍然按名义金额转入新账的"无形资产——土地使用权"。

对于在 2018 年 12 月末原未入账的土地使用权，仅当没有相关凭据且未经资产评估、同类或类似资产的市场价格也无法可靠取得时，才能按照名义金额 1 元入账。

15. 政府储备物资和受托代储的政府储备物资在核算处理上的不同

依据《政府会计准则第 6 号——政府储备物资》和《政府会计制度》规定，单位控制的政府储备物资的成本记入"政府储备物资"科目核算；对政府储备物资不负有行政管理职责但接受委托具体负责执行其存储保管等工作的政府会计主体，其受托代储的政府储备物资记入"受托代理资产"科目核算。

16. 行政单位应如何区分政府储备物资与存货

根据《政府会计准则第 6 号——政府储备物资》和《政府会计制度》规定，政府储备物资是政府会计主体为满足特定公共需求而储备的物资，其采购、存储、保管、轮换、发出等都需要根据特定的文件执行，主要是委托存储的方式，按行政管理部门的要求进行实际储存和日常管理。存货是政府会计主体在开展日常性活动中为自身耗用或出售而储存的物资，根据自身储存需要进行管理。

17. 公租房属于保障性住房吗

公租房属于保障性住房。依据《政府会计准则制度解释第 1 号》和《政府会计制度》中规定的"保障性住房"科目，核算单位为满足社会公共需要而控制的保障性住房的原值。此处的保障性住房，主要指地方政府住房保障主管部门持有全部或部分产权份额、纳入城镇住房保障规划和年度计划、向符合条件的保障对象提供的住房。公租房是保障性住房的一种形式。

18. 事业单位出租出借房屋的相关规定

事业单位房屋出租应该履行审批手续，国有资产出租出借收入应该按照财政非税收入管理规定实行"收支两条线管理"。

1. 根据《财政部关于进一步加强和改进行政事业单位国有资产管理工作的通知》（财资〔2018〕108 号）规定，要加强资产处置收入、出租出借收入和对外投资收益管理，规范收支行为。行政事业单位国有资产处置收入和行政单位资产出租出借收入，要按照政府非税收入管理和国库集中收缴制度的有关规定，在扣除相关税费后及时上缴国库，实行"收支两条线"管理。事业单位对外投资和出租出借收入，要纳入单位预算，统一核算、统一管理，严禁形成"账外账"和小金库。

2. 根据《事业单位国有资产管理暂行办法》（财政部令 100 号）规定："第二十三条 除本办法第五十六条及国家另有规定外，事业单位对外投资收益以及利用国有资产出租、出借和担保等取得的收入应当纳入单位预算，统一核算，统一管理。""第二十九条 除本办法第五十六条另有规定外，事业单位国有资产处置收入属于国家所有，应当按照政府非税收入管理的规定，实行'收支两条线'管理。"

19. 事业单位的国有资产是否可以对外投资

根据《财政部关于进一步规范和加强行政事业单位国有资产管理的指导意见》（财资〔2015〕90号）规定，各级行政单位不得利用国有资产对外担保，不得以任何形式利用占有、使用的国有资产进行对外投资。

长期股权投资核算事业单位按规定取得的，持有时间超过1年（不含1年）的股权性质的投资。

长期债券投资核算事业单位按照规定取得的，持有时间超过1年（不含1年）的债券投资。

在法规层面，财政部修订的《事业单位国有资产管理暂行办法》（2006年5月30日财政部令第36号公布，根据2017年12月4日财政部令第90号《财政部关于修改〈注册会计师注册办法〉等6部规章的决定》第一次修改，根据2019年3月29日《财政部关于修改〈事业单位国有资产管理暂行办法〉的决定》第二次修改）第十九条明确规定："事业单位国有资产的使用包括单位自用和对外投资、出租、出借、担保等方式。"

事业单位主管部门审核本部门所属事业单位利用国有资产对外投资、出租、出借和担保等事项，按规定权限审核或者审批有关资产购置、处置事项；财政部门负责按规定权限审批本级事业单位有关资产购置、处置和利用国有资产对外投资、出租、出借和担保等事项。

如果以非货币性资产对外投资还需要委托具有资产评估资质的评估机构对相关国有资产进行评估。

《事业单位财务规则》（财政部令第68号）规定：事业单位应当严格控制对外投资。在保证单位正常运转和事业发展的前提下，按照国家有关规定可以对外投资的，应当履行相关审批程序。事业单位不得使用财政拨款及其结余进行对外投资，不得从事股票、期货、基金、企业债券等投资，国家另有规定的除外。

20. 单位交存的住宅专项维修资金是否增加房产原值

需要根据支出情况判断，如果仅仅用于一般性维修费用，应直接计入损益，如果是后续更新、改造支出，要扣除被替换部分的账面价值计入固定资产。根据建设部和财政部联合发布的《住宅专项维修资金管理办法》（建设部　财政部令165号）（以下简称办法）规定，房屋维修基金亦称为住宅专项维修资金。商品住宅专项维修资金，是指专项用于商品住宅共用部位、共用设施设备保修期满后的维修和更新、改造的资金。

《政府会计准则第3号——固定资产》第九条规定，政府会计主体外购的固定资产，其成本包括购买价款、相关税费以及固定资产交付使用前所发生的可归属于该项资产的运输费、装卸费、安装费和专业人员服务费等。第十条规定，在原有固定资产基础上进行改建、扩建、修缮后的固定资产，其成本按照原固定资产账面价值加上改建、扩建、修缮发生的支出，再扣除固定资产被替换部分的账面价值后的金额确定。住房专项维修资金就性质而言，它是属全体业主共同所有的一项代管基金，具有专用性和特殊性，发生共用部位、共用设备设施维修、更新和改造时可以提取使用，相当于业主提前预存的一笔维修资金，房屋灭失，其结余需要返还业主。如果仅仅用于一般性维修费用，应直接计入损益，如果是后续更新、改造支出，要扣除被替换部分的账面价值计入固定资产。

《政府会计准则制度解释第 1 号》规定，单位集中管理的住宅专项维修资金，属于按规定从本单位售房收入中提取的，中央级行政事业单位应当自 2019 年 1 月 1 日起，将归属于本单位的售房款及其利息收入纳入部门预算管理，并按照《政府会计制度》统一进行会计核算。收到售房款项（售房收入扣除按标准计提的住宅专项维修资金）及其利息收入时，借记"银行存款"科目，贷记"其他收入"科目，同时在预算会计中借记"资金结存"科目，贷记其他预算收入科目。属于本单位职工个人缴存的，应当作为受托代理业务，按照《政府会计制度》的规定进行会计处理。

第二章 负债

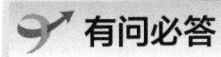有问必答

[问题1] 事业单位银行承兑汇票到期后，无力支付票款应如何进行账务处理？

[解答] 银行承兑汇票到期，单位无力支付票款的，一方面由银行为单位支付了款项，形成了单位的预算支出；另一方面单位对银行形成了短期借款，并且形成了单位的债务预算收入。按照应付票据的账面余额，财务会计应借记"应付票据"科目，贷记"短期借款"科目。预算会计应借记"经营支出"等科目，贷记"债务预算收入"科目。

[案例] A事业单位于2019年5月10日开出的一张金额20 000元的银行承兑汇票，用于支付B公司的委托业务费。汇票到期，A事业单位无力支付票款，按照银行承兑汇票的票面金额，转为短期借款。账务处理为：

财务会计	预算会计
借：应付票据——银行承兑汇票　20 000 　贷：短期借款　　　　　　　　　20 000	借：经营支出——商品和服务支出——委托业务费 　　　　　　　　　　　　　　　　　20 000 　贷：债务预算收入——非专项资金收入　20 000

[问题2] 单位对购进的不动产或不动产在建工程分年抵扣进项税额时，如何进行税款抵扣处理？

[解答] 根据《财政部　税务总局　海关总署关于深化增值税改革有关政策的公告》（财政部　国家税务总局　海关总署公告2019年第39号）规定，自2019年4月1日起，纳税人取得不动产或者不动产在建工程的进项税额不再分2年抵扣。此前按照国家税务总局公告2016年第15号规定纳税人取得不动产或者不动产在建工程的进项税额不再分2年抵扣。尚未抵扣完毕的待抵扣进项税额，可自2019年4月税款所属期起从销项税额中抵扣。取得的不动产，包括以直接购买、接受捐赠、接受投资入股以及抵债等各种形式取得的不动产。纳税人新建、改建、扩建、修缮、装饰不动产，属于

不动产在建工程。

[案例] A事业单位2018年9月取得不动产增值税专用发票，已经过税务机关认证，可抵扣进项税额1 000万元。2018年10月份申报期内抵扣600万元，未抵扣进项税额400万元，可在2019年4月税款所属期起从销项税额中抵扣，即2019年5月纳税申报期内抵扣。

[问题3] 单位在取得进项税额不允许抵扣的资产或服务时如何进行账务处理？

[解答] 当单位购进用于简易计税方法计税、免征增值税或用于集体福利或个人消费的资产或服务，以及小规模纳税人购买资产或服务时，发生进项税额不得从销项税额中抵扣，应计入资产成本或相关成本费用。

[案例] B事业单位为增值税一般纳税人，2019年7月购入一批用于集体福利的物资并验收入库，款项用银行存款支付，且取得增值税专用发票。货物价款为30 000元，增值税额3 900元。8月份经税务机关认证为不可抵扣进项税额。账务处理如下：

（1）7月：

财务会计	预算会计
借：库存物品　　　　　　　　　　30 000 　　应交增值税——待认证进项税额　3 900 　贷：银行存款　　　　　　　　　　33 900	借：事业支出　　　　　　　　　　33 900 　贷：资金结存——货币资金　　　　33 900

（2）8月：

财务会计	预算会计
借：应交增值税——应交税金（进项税额） 　　　　　　　　　　　　　　　　3 900 　贷：应交增值税——待认证进项税额　3 900 借：库存物品　　　　　　　　　　3 900 　贷：应交增值税——应交税金（进项税额转出） 　　　　　　　　　　　　　　　　3 900	不记账

[问题4] 改变资产用途或资产发生非正常损失，原允许抵扣的进项税额不允许抵扣时，单位应如何进行账务处理？

[解答] 单位购进资产后，改变资产用途或资产发生非正常损失，导致原允许抵扣的进项税额转为不允许抵扣时，财务会计应将不允许抵扣的进项税计入资产成本或费用。

[案例] C事业单位为增值税一般纳税人，2019年10月原修建的办公楼改变用途，用作职工活动中心。该办公楼2019年7月已建成，验收合格并已交付使用。办公楼构建成本为1 000万元，增值税进项税额为90万元。原办公楼采用直线法计提折旧，不考虑残值，折旧年限为20年。

2019年10月对该固定资产原值及折旧的账务处理如下：

财务会计	预算会计
借：固定资产　　　　　　　　　900 000 　　贷：应交增值税——应交税金（进项税额转出） 　　　　　　　　　　　　　　　900 000 借：单位管理费用　　　　　　　 45 500 　　贷：固定资产累计折旧　　　　 45 500	不记账

改变用途时办公楼已计提折旧额 = 1 000 ÷ (20 × 12) × 3 = 12.5（万元）
改变用途后办公楼的账面价值 = 1 000 − 12.5 + 90 = 1 077.5（万元）
改变用途后每月应计提折旧金额 = 1 077.5 ÷ (20 × 12 − 3) ≈ 4.55（万元）

[问题5] 单位当期直接减免的增值税应计入其他收入吗？

[解答] 不计入其他收入。对于当期直接减免的增值税，借记"应交增值税——应交税金（减免税款）"科目，贷记"经营费用"等科目。

[案例] A事业单位为增值税一般纳税人，2019年5月初次购买增值税税控系统专用设备，取得的增值税专用发票上注明的价款为3 500元，增值税额为560元，设备款已支付。当地税务局对于初次购买增值税税控专用设备的进项税款给予直接减免。应如何进行账务处理？

对于当期直接减免的增值税：

财务会计	预算会计
借：应交增值税——应交税金（减免税款） 　　　　　　　　　　　　　　　4 060 　　贷：经营费用　　　　　　　　 4 060	不记账

[问题6] 单位替职工代扣的个人所得税跨期代缴时，应如何进行账务处理？

2019年12月单位替职工代扣的个人所得税，在2020年1月代缴时，应如何进行账务处理？

[解答] 可分两种情况考虑：一是在代扣个人所得税时确认被代扣工资的预算支出；二是在代缴个人所得税时确认被代扣工资的预算支出。在2020年1月代缴时，财

务会计借记"其他应交税费",贷记"银行存款"等科目;预算会计不记账。

[案例] A事业单位2019年12月将从工资表中代扣个人所得税56 000元,从零余额账户转至基本户,2020年1月根据单位与银行、税务机关签署的"三方协议"通过银行账户直接划转至税务机关。

第一种情况下:如果在代扣个人所得税时确认被代扣工资的预算支出。

(1) 2019年12月代扣个人所得税56 000元并从零余额账户转至基本户时,账务处理如下:

财务会计	预算会计
借:应付职工薪酬——基本工资　　　　56 000 　　贷:其他应交税费——代缴个人所得税　56 000 借:银行存款——基本户——财政拨款资金 　　　　　　　　　　　　　　　　56 000 　　贷:零余额账户用款额度　　　　　56 000	借:事业支出——财政拨款支出——工资福利支出 　　　　——基本工资　　　　　　　　56 000 　　贷:资金结存——零余额账户用款额度　56 000

(2) 2020年1月,从基本户代缴个人所得税,账务处理如下:

财务会计	预算会计
借:其他应交税费——代缴个人所得税　56 000 　　贷:银行存款——基本户　　　　　56 000	无

第二种情况下:如果在代缴个人所得税时确认被代扣工资的预算支出。

(1) 2019年12月代扣个人所得税56 000元并从零余额账户转至基本户时,账务处理如下:

财务会计	预算会计
借:应付职工薪酬——基本工资　　　　56 000 　　贷:其他应交税费——代缴个人所得税　56 000 借:银行存款——基本户——财政拨款资金 　　　　　　　　　　　　　　　　56 000 　　贷:零余额账户用款额度　　　　　56 000	借:资金结存——货币资金——财政拨款资金 　　　　　　　　　　　　　　　　56 000 　　贷:资金结存——零余额账户用款额度　56 000

(2) 2020年1月,从基本户代缴个人所得税,账务处理如下:

财务会计	预算会计
借:其他应交税费——代缴个人所得税　56 000 　　贷:银行存款——基本户——财政拨款资金 　　　　　　　　　　　　　　　　56 000	借:事业支出——财政拨款支出——工资福利支出 　　　　——基本工资　　　　　　　　56 000 　　贷:资金结存——货币资金——财政拨款资金 　　　　　　　　　　　　　　　　56 000

[问题7] 单位付外部人员讲课费、劳务费等，代扣个人所得税应怎么做账务处理？

[解答]《个人所得税法》第八条规定，个人所得税，以所得人为纳税义务人，以支付所得的单位或者个人为扣缴义务人。单位作为扣缴义务人向个人支付应税所得时，不论其是否属于本单位人员、支付的应税所得是否达到纳税标准，扣缴义务人应当在代扣税款的次月内向主管税务机关报送其支付应税所得个人的基本信息、支付所得项目和数额、扣缴税款数额以及其他相关涉税信息。

[案例] B事业单位为小规模纳税人，7月组织排球比赛，聘请老师组织训练，用实有资金支付税后劳务费为4 000元。假定个人所得税税前劳务费为4 761.9元，2019年6月，单位去当地税务局为老师代开劳务费发票并用实有资金支付相关税费。如何进行账务处理？

（1）支付劳务费时，账务处理如下：

财务会计	预算会计
借：业务活动费用——商品和服务费用——培训费 　　　　　　　　　　　　　　　　　4 761.9 　贷：银行存款　　　　　　　　　　　4 000 　　　其他应交税费——代扣个人所得税　761.9	借：事业支出——其他资金支出——基本支出　4 000 　贷：资金结存——货币资金　　　　　　4 000

（2）缴纳增值税、城建税、个人所得税，账务处理如下：

财务会计	预算会计
借：其他应交税费——代扣个人所得税　761.9 　贷：银行存款　　　　　　　　　　　761.9	借：事业支出——其他资金支出——基本支出　761.9 　贷：资金结存——货币资金　　　　　　761.9

[问题8]"应付职工薪酬"科目应当如何设置明细科目，各明细科目核算的内容是什么？

[解答] 应付职工薪酬科目应当根据国家有关规定按照"基本工资"（含离退休费）、"国家统一规定的津贴补贴""规范津贴补贴（绩效工资）""改革性补贴""社会保险费""住房公积金""其他个人收入"等进行明细科目核算。其中，"社会保险费""住房公积金"明细科目核算内容包括单位从职工工资中代扣代缴的社会保险费、住房公积金，以及单位为职工计算缴纳的社会保险费、住房公积金。

参照《财政部关于印发〈行政事业单位工资和津贴补贴有关会计核算办法〉的通知》（财库〔2006〕48号）和《违规发放津贴补贴行为处分规定》等文件，明细科目具体如下：

基本工资（含离退休费）：包括公务员的职务和级别工资、机关工人的岗位和技术等级工资、事业人员的岗位和薪级工资、离退休费等。对应部门预算支出经济分类科目：30101 基本工资、30301 离休费、30302 退休费。

国家统一规定的津贴补贴：经国务院或人事部、财政部批准设立的津贴补贴，主要包括地区津贴、特殊岗位津贴、艰苦边远地区津贴、公务员（参公）的年终一次性奖金。对应部门预算支出经济分类科目：30102 津贴补贴、30103 奖金。

规范津贴补贴（绩效工资）：包括规范合并后的公务员工作性津贴、生活性补贴、离退休人员补贴、事业人员绩效工资（含基础性绩效工资和奖励性绩效工资）等。对应部门预算支出经济分类科目：30102 津贴补贴、30107 绩效工资、30301 离休费、30302 退休费。

改革性补贴：指通过转化原用于干部职工职务消费和福利待遇的资金，直接发放的货币补贴。比如购房补贴、提租补贴、采暖补贴、物业服务补贴、公务交通补贴等。对应部门预算支出经济分类科目：30102 津贴补贴、30239 其他交通费用。

社会保险费：指单位按国家规定为个人（含长期聘用人员）缴纳的基本养老、职工年金、基本医疗、生育保险、失业保险、工伤保险等。对应部门预算支出经济分类科目：30108 机关事业单位基本养老缴费、30109 职业年金缴费、30110 职工基本医疗保险缴费、30111 公务员医疗补助缴费、30112 其他社会保险缴费、30199 其他工贸福利支出。从职工工资中代扣代缴的社会保险费也在此明细科目核算。

住房公积金：指单位按国家规定比例为职工缴纳的住房公积金。对应部门预算支出经济分类科目：30113 住房公积金。单位从职工工资中代扣代缴的住房公积金也在此明细科目核算。

其他个人收入：除上述项目以外的其他各类收入，包括福利、工作考核性奖金、按规定允许发放的值加班工资、编制外长期聘用人员劳动报酬等。对应部门预算支出经济分类科目：30103 奖金、30199 其他工资福利支出等。

［问题 9］单位劳务派遣人员的福利费等需要通过"应付职工薪酬"科目核算吗？

［解答］事业单位通过政府购买服务方式外聘雇员（劳务派遣人员）的费用，财务会计均不通过"应付职工薪酬"科目核算。因为单位与派遣人员不直接签订劳动合同，派遣人员的工资是通过劳务派遣机构发放，单位直接列费用，劳务公司列应付职工薪酬。

[问题10] 单位付职工差旅费中的伙食补助、交通补助是否要记入"应付职工薪酬"科目？

[解答] 不需要记入。"应付职工薪酬"科目核算按照有关规定应付给职工（含长期聘用人员）及为职工支付的各种薪酬，包括基本工资、国家统一规定的津贴补贴、规范津贴补贴（绩效工资）、社会保险费、住房公积金等，不包括差旅费中的伙食补助和交通补助。

[问题11] 单位以直接支付方式支付下月工资，如何进行账务处理？

[解答] 发放时，财务会计借记"应付职工薪酬"贷记"财政拨款收入"，预算会计借记"行政支出/事业支出"，贷记"财政拨款预算收入"，下个月末财务会计借记"业务活动费用——工资福利费用"，贷记"应付职工薪酬"预算会计不记账。

[案例] 2019年3月28日，C事业单位通过财政支付方式发放4月份工资，财政部门支付了在职人员工资50 000元，退休人员退休费20 000元。单位账务处理如下：

（1）3月28日发放4月工资时的账务处理：

财务会计	预算会计
借：应付职工薪酬——基本工资（含离退休费）——基本工资　　50 000 　　　　　　——退休费　　20 000 贷：财政拨款收入　　70 000	借：事业支出——基本支出——工资福利支出——基本工资　　50 000 　　　——基本支出——对个人和家庭的补助支出 　　　　　——退休费　　20 000 贷：财政拨款预算收入——基本支出——人员经费 70 000

（2）4月末账务处理：

财务会计	预算会计
借：业务活动费用——工资福利费用　　50 000 　　单位管理费用——对个人和家庭的补助费用　　20 000 　　贷：应付职工薪酬——基本工资（含离退休费）——基本工资 　　　　　　　　50 000 　　　　　——退休费 　　　　　　　　20 000	不记账

[问题12] 单位从职工工资中代扣职工个人应负担水电费，应如何进行账务处理？

[解答] 从职工工资中代扣的水电费一般有两种情况：一种是发生时能明确区分单位和个人负担部分；另一种是发生时不能明确区分单位和个人负担部分。

第一种情况：发生时能明确区分单位和个人负担部分。

[案例] 2019年2月1日A事业单位通过财政直接支付方式支付后勤中心负担的水电费45 000元和物业费50 000元，单位以自有资金垫付职工个人负担水电费15 000

元和物业管理费 40 000 元，账务处理如下：

财务会计	预算会计
①借：单位管理费用——商品和服务支出 95 000 　　贷：财政拨款收入——基本支出——日常公用经费　　　　95 000 ②借：其他应收款——应收个人水电费　15 000 　　　　　　　　——应收个人物业管理费　40 000 　　贷：银行存款　　55 000	借：事业支出——基本支出——商品和服务支出 　　　　——水电费　　45 000 　　　　——基本支出——商品和服务支出 　　　　——物业管理费　　50 000 　　贷：财政拨款预算收入——基本支出 　　　　——日常公用经费　　95 000

2019 年 2 月发生本月工资薪酬 170 000 元，其中基本工资 100 000 元，绩效工资 70 000 元。并需要在工资中代扣个人应缴的养老保险费 10 000 元、住房公积金 11 000 元、个人所得税 5 000 元。2019 年 2 月 25 日通过财政直接支付方式发放工资，从工资中代扣个人应缴的养老保险费、住房公积金、个人所得税，并扣回水电费 15 000 元，物业管理费 40 000 元。账务处理如下：

（1）计提工资时：

财务会计	预算会计
借：业务活动费用/单位管理费用　　170 000 　　贷：应付职工薪酬——基本工资　100 000 　　　　　　　　——绩效工资　70 000	不记账

（2）发放工资时：

财务会计	预算会计
①借：应付职工薪酬——基本工资　　81 000 　　贷：应付职工薪酬——社会保险费——养老保险　10 000 　　　　　　　　——住房公积金　11 000 　　　　其他应交税费——代缴个人所得税　5 000 　　　　其他应收款——应收个人水电费　15 000 　　　　　　　　——应收物业管理费　40 000 ②借：应付职工薪酬——基本工资　　19 000 　　　　　　　　——绩效工资　　70 000 　　贷：财政拨款收入——基本支出——人员经费　89 000 ③借：银行存款　　81 000 　　贷：财政拨款收入——基本支出——人员经费　81 000	借：事业支出——基本支出——工资福利支出　170 000 　　贷：财政拨款预算收入——基本支出 　　　　——人员经费　　170 000

第二种情况：发生时不能明确区分单位和个人负担部分。

[案例] B事业单位2019年2月1日通过财政直接支付方式，支付后勤中心水电费60 000元和物业费90 000元，暂无法区分单位和个人实际负担部分，账务处理如下：

财务会计	预算会计
借：单位管理费用——商品和服务支出 　　　　　　　　　　　　150 000 　贷：财政拨款收入——基本支出 　　　　——日常公用经费　150 000	借：事业支出——基本支出——商品和服务支出——水电费60 000 　　　　——基本支出——商品和服务支出——物业管理费 　　　　　　　　　　　　　　　　　　90 000 　贷：财政拨款预算收入——基本支出——日常公用经费　150 000

（1）2019年2月发生本月工资薪酬170 000元，其中基本工资100 000元，绩效工资70 000元。并在工资中代扣个人应缴的养老保险费10 000元、住房公积金11 000元、个人所得税5 000元。从工资中扣回水电费15 000元，物业管理费40 000元，2019年2月25日B事业单位通过财政直接支付方式发放工资，计算出职工个人应负担的水电费15 000元，物业管理费40 000元，从发放的职工工资中扣回。账务处理如下：

①计提工资时：

财务会计	预算会计
借：业务活动费用/单位管理费用　170 000 　贷：应付职工薪酬——基本工资　100 000 　　　　　　——绩效工资　　70 000	不记账

②发放工资时：

财务会计	预算会计
①借：应付职工薪酬——基本工资　　81 000 　贷：应付职工薪酬——养老保险　　10 000 　　　　　　——住房公积金　　11 000 　　　其他应交税费——个人所得税　5 000 　　　其他应收款——代扣个人水电费　15 000 　　　　　　——代扣物业管理费　40 000 ②借：应付职工薪酬——基本工资　　19 000 　　　　　　——绩效工资　　70 000 　贷：财政拨款收入——基本支出——人员经费　89 000 ③借：银行存款　　　　　　　　　81 000 　贷：财政拨款收入——基本支出——人员经费　81 000	借：事业支出——基本支出——工资福利支出 　　　　　　　　　　　　　170 000 　贷：财政拨款预算收入——基本支出 　　　　——人员经费　　170 000

（2）职工工资中的水电费等扣款已在单位支付水电费和物业管理费用时垫付，故在发放职工工资时，需要调整原计入"单位管理费用"金额，账务处理如下：

财务会计	预算会计
借：财政拨款收入——基本支出——日常公用经费　　55 000 　　贷：单位管理费用——商品和服务支出　55 000 同时， 借：其他应收款——代扣个人水电费　15 000 　　　　　　——代扣个人物业管理费　40 000 　　贷：银行存款　　　　　　　　　　55 000	借：财政拨款预算收入——基本支出——日常公用经费　　55 000 　　贷：事业支出——基本支出——水电费　15 000 　　　　　　——基本支出——物业管理费　40 000

［问题 13］ 单位收到上级单位拨付的专项经费，收到后未使用，通过往来科目核算正确吗？

B 省公安厅收到公安部拨付的安全保卫专项经费，用于党的十九大期间安全保卫工作。此款项 B 省公安厅收到后未使用，财务会计记入"其他应付款"科目正确吗？

［解答］ 不正确，B 省公安厅收到的公安部拨付的安全保卫专项经费属于非偿还性质的资金，应当确认收入。假如 B 省公安厅将此笔款项记入了"其他应付款"科目，应进行会计差错更正调整。需根据《政府会计准则第 7 号——会计调整》第十四条规定，进行会计差错更正。

［问题 14］ 单位长期挂账的其他应付款，应如何进行账务处理？

［解答］ 单位年末应及时清理往来款项，查明原因后及时处理。无法偿付或债权人豁免偿还的其他应付款项，应当按照规定报经批准核销后进行账务处理。核销的其他应付款应在备查簿中保留登记。

［案例］ 某事业单位 2019 年末清理其他应付款，发现一笔多年前收取的质量保证金 5 000 元长期挂账。经查明债权人已经注销工商营业执照，事业单位无法偿付此笔款项，报批后予以核销处理。账务处理为：

财务会计	预算会计
借：其他应付款——存入保证金　5 000 　　贷：其他收入——无法偿付的应付及预收款项　　　　　　　　　　　　　　5 000	借：资金结存——货币资金　5 000 　　贷：其他预算收入　　　　5 000

［问题 15］ 单位的工会经费是在日常大账中核算吗？

［解答］ 不是。工会业务应根据《工会会计制度》的要求进行处理。单位应开设工会单独账户和设置单独的账簿进行核算。县级及以上总工会和基层工会组织应当执

行《工会会计制度》（财会〔2009〕7号），工会所属事业单位应当执行政府会计准则制度，工会所属企业应当执行企业类会计准则制度，挂靠工会管理的社会团体应当按规定执行《民间非营利组织会计制度》（财会〔2004〕7号）。

[**案例**] A行政单位在2019年3月之前，没有单独设置工会账户，工会经费由单位代为管理且在日常经费大账中核算。2019年3月1日之后，按要求开设了工会账户和单独设置了工会账。2019年1月5日单位代收职工个人工会会费20 000元，转存单位实有资金账户。2019年1月12日，A市行政单位用工会经费购买了职工联欢活动的电影票共花费10 000元。2019年3月15日通过财政直接支付方式，按工资总额2%划转经费100 000元至工会账户。2019年3月20日市总工会按规定转拨工会经费中归属于返还工会留成部分80 000元至工会账户。2019年12月27日代收职工个人工会会费20 000元，转存工会账户。

（1）2019年1月5日代收职工个人工会会费20 000元，账务处理如下：

财务会计	预算会计
借：银行存款——受托代理资产　　20 000 　　贷：受托代理负债——工会会费　　20 000	不记账

（2）2019年1月12日，购买电影票10 000元，账务处理如下：

财务会计	预算会计
借：受托代理负债——工会会费　　10 000 　　贷：银行存款——受托代理资产　　10 000	不记账

（3）2019年3月15日，财政直接支付方式，按工资总额2%划转经费100 000元。账务处理如下：

财务会计	预算会计
借：业务活动费用——商品服务费用　　100 000 　　贷：财政拨款收入　　100 000	借：行政支出——商品和服务支出——工会经费 　　　　　　　　　　　　　　　　　　100 000 　　贷：财政拨款预算收入　　100 000

工会账务处理：
借：银行存款　　　　　　　　　　　　　　　　100 000
　　贷：拨缴经费收入　　　　　　　　　　　　　　100 000

（4）2019年3月20日工会账户收到归属于返还留成部分80 000元。单位大账不记账，工会账的账务处理如下：

借：银行存款 80 000
　　贷：拨缴经费收入 80 000

（5）2019 年 12 月 27 日将代收职工个人工会会费 20 000 元，转存工会账户。

单位大账的账务处理：

借：其他应付款——代收职工个人工会会费 20 000
　　贷：银行存款——基本户 20 000

工会账的账务处理：

借：银行存款 20 000
　　贷：会费收入 20 000

[问题 16] 事业单位非独立核算食堂的餐费充值、购买食材和支付员工工资等业务通过往来科目核算是否正确？

[解答] 不正确。事业单位的非独立核算食堂发生的收支需全部纳入单位预算，不能通过往来科目列收列支。

[案例] C 事业单位的非独立核算食堂主要开展员工用餐、会议接待等用餐业务。2020 年 6 月发生餐费充值、购买食材等业务活动，账务处理如下：

（1）2020 年 6 月 2 日食堂销售餐票或充值卡，收到职工预交伙食费 3 750 元时：

财务会计		预算会计	
借：银行存款	3 750	借：资金结存——货币资金	3 750
贷：预收账款——预收伙食费	3 750	贷：事业预算收入	3 750

（2）2020 年 6 月 3 日食堂使用个人预交伙食费购买食材等 3 600 元时：

财务会计		预算会计	
借：单位管理费用	3 600	借：事业支出——商品和服务支出	3 600
贷：银行存款	3 600	贷：资金结存——货币资金	3 600

（3）2020 年 6 月 4 日工作午餐职工个人使用餐票或就餐卡用餐 5 500 元：

财务会计		预算会计
借：预收账款——预收伙食费	5 500	不记账
贷：事业收入	5 500	

(4) 2020 年 6 月 6 日，食堂承办会议接待用餐，按工作午餐费每人 50 元，一共 60 人的结算标准，在控制的额度 3 000 元范围购买食材等支出事项。通过财政直接支付方式支付到供货商账户：

财务会计	预算会计
借：单位管理费用——商品和服务费用　　3 000 　　贷：财政拨款收入　　　　　　　　　　3 000	借：事业支出——商品和服务支出　　3 000 　　贷：财政拨款预算收入　　　　　　3 000

[问题 17] 单位购买固定资产时，扣留的质保金应如何进行账务核算？

[解答] 购入固定资产扣留质量保证金的，应当在取得固定资产时，按照确定的固定资产成本，财务会计借方记入"固定资产/在建工程"科目，按照实际支付或应付的金额，贷记"财政拨款收入""零余额账户用款额度""应付账款"（不含质量保证金）、"银行存款"等科目，按照扣留的质量保证金数额，贷记"其他应付款"[扣留期在 1 年以内（含 1 年）]或"长期应付款"（扣留期超过 1 年）科目。预算会计，按实际支付的金额，借方记入"行政支出/事业支出"等科目，贷方记入"资金结存"科目。质保期满支付质量保证金时，财务会计借记"其他应付款""长期应付款"等科目，贷记"财政拨款收入""零余额账户用款额度""银行存款"等科目。预算会计借方记入"行政支出/事业支出"，贷方记入"资金结存"科目。

[案例] C 事业单位通过政府采购方式向 A 公司购买一台大型专用设备，合同总价款 100 万元，按合同约定工程完成安装调试工作并通过验收后，一次性支付价款 97 万元，扣留 3 万元的质量保证金。两年后大型专用设备没有质量问题，支付给对方。2020 年 6 月 20 日大型专用设备交付且安装调试完毕，已验收入库。C 事业单位通过财政直接支付了价款，A 公司开具了发票。账务处理如下：

第一种情况：C 事业单位全额支付款项 100 万元，A 公司交回质量保证金 3 万元。

（1）2020 年 6 月 20 日，C 事业单位全额支付款项 100 万元，账务处理为：

财务会计	预算会计
借：固定资产　　　　　　　　1 000 000 　　贷：财政拨款收入　　　　　1 000 000	借：事业支出——财政拨款支出——项目支出——资本性支出　　　　　　　　　　　　　　　1 000 000 　　贷：财政拨款预算收入　　　　　　1 000 000

（2）2020 年 6 月 25 日，A 公司交回质量保证金 3 万元到 C 事业单位实有资金账户，账务处理为：

财务会计	预算会计
借：银行存款　　　　　　　30 000 　　贷：长期应付款——A 公司质保金　　30 000	不记账

（3）两年后质保期满，大型专用设备没有质量问题，C 事业单位归还对方质量保证金，账务处理为：

财务会计	预算会计
借：长期应付款——A 公司质保金　　30 000 　　贷：银行存款　　　　　　　30 000	不记账

第二种情况：C 事业单位支付款项 97 万元，预扣 3 万元质量保证金。

（1）付款并预扣质量保证金时，账务处理为：

财务会计	预算会计
借：固定资产　　　　　　　1 000 000 　　贷：财政拨款收入　　　　　　970 000 　　　　长期应付款——A 公司质保金　　30 000	借：事业支出——财政拨款支出——项目支出——资本性支出　　　　970 000 　　贷：财政拨款预算收入　　　970 000

（2）两年后质保期满，归还对方质量保证金，账务处理为：

财务会计	预算会计
借：长期应付款——A 公司质保金　　30 000 　　贷：财政应返还额度　　　　30 000	借：事业支出——财政拨款支出——项目支出——资本性支出　　　　30 000 　　贷：资金结存——财政应返还额度　　30 000

［问题 18］单位发生预计负债如何进行账务处理？

［解答］政府会计主体在确认预计负债时，需要同时满足以下条件：（1）履行现时义务很可能导致含有服务潜力或者经济利益的经济资源流出政府会计主体；（2）该义务的金额能够可靠地计量。

预计负债在计量时，需要通过计算来确定最佳估计数的金额，最佳估计数是指政府主体在报告日履行现时义务或将该义务转移给第三方而支出的最合理的金额：

（1）支出的可能结果存在一个连续区间的，且该期内每一点和其他各点的可能性相同，最佳估计数应当按照该期间内的中间值来确定：

最佳估计数 =（上限 + 下限）÷2

(2) 其他情况。如果只涉及一个项目时，最佳估计数按最可能发生的金额确定。涉及多个项目时，对各种可能的结果通过加权来进行估计，最佳估计数根据各种可能发生额及其概率计算。

[案例] A 高校与学生公寓管理中心王某因劳动关系问题产生纠纷。2019 年 5 月 21 日王某向法院提起诉讼，A 高校收到法院的应诉通知。截至 2019 年 12 月 31 日，法院尚未对王某提起的诉讼进行审理。如无特殊情况，A 高校因没有按照规定履行其应尽的义务，很可能败诉且支付赔偿及诉讼费等费用。假定估计赔偿及诉讼费用在 100 000 元至 160 000 元之间。其中，对方的诉讼费用为 5 000 元。如何进行账务处理？

（1）2019 年 12 月 31 日，A 高校预计负债的金额为 130 000 元[（100 000 + 160 000）÷2]，账务处理如下：

财务会计	预算会计
借：单位管理费用——诉讼费　　　5 000 　　其他费用——罚款支出　　　125 000 　贷：预计负债——未决诉讼　　　130 000	不记账

（2）2020 年 7 月 10 日，法院最终判决：A 高校需要赔偿 120 000 元，诉讼费 5 000 元。双方服从判决，单位通过银行存款转账支付。账务处理如下：

财务会计	预算会计
借：预计负债——未决诉讼　　　130 000 　贷：银行存款　　　120 000 　　其他费用　　　10 000	借：其他支出——罚款支出　　　120 000 　贷：资金结存——货币资金　　　120 000

[案例] 2019 年 12 月 10 日，A 高校在建设新校区过程中，由于工程质量和付款问题，与建筑公司发生纠纷，被建筑公司提起诉讼，截至 2019 年 12 月 31 日，高校尚未收到人民法院的判决，高校的法律事务办认为胜诉的可能性为 20%，败诉的可能性为 80%；如果败诉，需要赔偿 50 000 元，账务处理如下：

财务会计	预算会计
借：其他费用　　　50 000 　贷：预计负债　　　50 000	不记账

[问题 19] **单位预计负债预期可获得补偿，应如何进行账务处理？**

[解答] 政府会计主体清偿预计负债所需支出预期全部或部分由第三方补偿的，补

偿金额只有在基本确定能够收到时才能作为资产单独确认。确认的补偿金额不应当超过预计负债的账面余额。

[**案例**] B 高校于 2019 年 8 月 6 日开展学生校外实习,在学校车队派车将学生送往实习基地途中发生交通事故,导致 1 名学生死亡。学生家属要求学校进行赔偿,经与学校多次协商均未达成一致的情况下,2019 年 11 月学生家属向法院起诉,要求 B 高校赔偿 2 000 000 元。高校于 2019 年 12 月 10 日收到法院通知。经核实,学生在上车前,学校司机并未告知其应当系上安全带,学校确实未尽到安全提醒责任。学校为学生购买了保险,预期可以从保险公司获得保险赔款,高校法律事务办认为对学生家属赔偿的可能性在 80% 以上,最有可能发生的赔偿金额为 1 200 000 元至 1 600 000 元之间,其中承担诉讼费用 60 000 元。另外,从保险公司得到的赔偿基本上可以确定,B 高校实际支付学生家属赔偿款 1 320 000 元。

第一种情况下:如果基本确定获得保险公司的补偿金额为 800 000 元。

(1) B 高校 2019 年 12 月应确认的预计负债为 1 400 000 元[(120 000 + 1 600 000) ÷ 2],账务处理如下:

财务会计		预算会计
借:单位管理费用——诉讼费　　　　60 000 　　其他应收款——保险公司　　　800 000 　　其他费用——赔偿支出　　　　540 000 　贷:预计负债　　　　　　　　　　1 400 000		不记账

(2) 实际支付赔偿时,账务处理如下:

财务会计	预算会计
借:预计负债　　　　　　1 320 000 　贷:银行存款　　　　　　1 320 000	借:其他支出　　　　　　1 320 000 　贷:资金结存　　　　　　1 320 000

(3) 收到保险公司补偿金时,账务处理如下:

财务会计	预算会计
借:银行存款　　　　　　　　　800 000 　贷:其他应收款——保险公司　　800 000	借:资金结存　　　　　　800 000 　贷:其他支出　　　　　　800 000

第二种情况下:如果基本确定获得保险公司的补偿金额为 1 340 000 元。

(1) 确认预计负债:

财务会计	预算会计
借：其他应收款——保险公司　　1 340 000 　　　单位管理费用——诉讼费　　　60 000 　　贷：预计负债　　　　　　　　1 400 000	不记账

（2）实际支付赔偿时，账务处理如下：

财务会计	预算会计
借：预计负债　　　　　　　1 400 000 　　贷：银行存款　　　　　　1 320 000 　　　　其他费用　　　　　　　80 000	借：其他支出　　　　　　　1 320 000 　　贷：资金结存　　　　　　1 320 000

（3）收到补偿金时，账务处理如下：

财务会计	预算会计
借：银行存款　　　　　　　1 340 000 　　贷：其他应收款——保险公司　1 340 000	借：资金结存　　　　　　　1 340 000 　　贷：其他支出　　　　　　1 340 000

第三种情况下：如果很可能从保险公司得到的补偿款为 600 000 元，则不能将补偿金额确认为资产。

（1）确认预计负债，账务处理如下：

财务会计	预算会计
借：单位管理费用　　　　　　60 000 　　　其他费用　　　　　　1 340 000 　　贷：预计负债　　　　　　1 400 000	不记账

（2）实际支付时，账务处理如下：

财务会计	预算会计
借：预计负债　　　　　　　1 400 000 　　贷：银行存款　　　　　　1 320 000 　　　　其他费用　　　　　　　80 000	借：其他支出　　　　　　　1 320 000 　　贷：资金结存　　　　　　1 320 000

（3）实际收到保险公司赔偿时，账务处理如下：

财务会计		预算会计	
借：银行存款	600 000	借：资金结存	600 000
贷：其他费用	600 000	贷：其他支出	600 000

[问题20] 单位当年收到应当纳入下一年度部门预算管理的暂收款项，应如何进行账务处理？

[解答]《政府会计准则制度解释第1号》规定："三、关于单位年末暂收暂付非财政资金的会计处理中（二）对于应当纳入下一年度部门预算管理的暂收款项，单位在收到款项时，借记'银行存款'等科目，贷记'其他应付款'科目；本年度不做预算会计处理。待下一年初，单位应当按照上年暂收的款项金额，借记'其他应付款'科目，贷记有关收入科目；同时在预算会计中，按照暂收款项的金额，借记'资金结存'科目，贷记有关预算收入科目。"

[案例] 2019年12月25日，C事业单位实用资金账户收到预拨2020年公共基础设施款项8 000 000元。

（1）2019年12月25日收到资金时，账务处理如下：

财务会计		预算会计
借：银行存款	8 000 000	不记账
贷：其他应付款——预拨下期款——项目经费		
	8 000 000	

（2）2019年12月28日，C事业单位购买用于公共基础设施的工程物资10 000元，款项通过实有资金账户支付，账务处理如下：

财务会计		预算会计
借：工程物资——工程材料	10 000	不记账
贷：银行存款	10 000	

（3）2020年1月1日，C事业单位收到财政下达预算指标的通知，2019年预拨款8 000 000元纳入2020年预算，账务处理如下：

财务会计		预算会计	
借：其他应付款——预拨下期款	8 000 000	借：资金结存——货币资金	7 990 000
贷：财政拨款收入	8 000 000	事业支出——财政拨款支出——项目支出——资本性支出	10 000
		贷：财政拨款预算收入——项目经费	8 000 000

实务锦囊

1. 应付职工薪酬核算的重点

一般来说,应付职工薪酬科目核算重点概括起来为"三提、两扣、一缴"。

"三提",指计提工资、计提应由单位代扣代缴的职工个人所得税、计提应由单位承担的社会保险以及住房公积金;

"两扣",指代扣个人承担的个人所得税、代扣个人承担的社会保险以及住房公积金;

"一缴",缴纳个人所得税,单位和个人负担的社保及公积金。

2. 政府举借债务借款利息费用化还是资本化

根据《政府会计准则第 8 号——负债》规定,政府举借债务的主体包括政府和其他政府会计主体,政府举借的债务的利息是不允许资本化的,只能费用化。其他政府会计主体为购建符合资本化条件资产而专门借入的款项,可以资本化,其他政府会计主体的非专门借款所发生的借款费用,应当计入当期费用,不允许资本化。专门借款和非专门借款是通过贷款合同的用途来划分的,如合同用途是流动资金贷款,就属于非专门借款,所产生的借款费用不能资本化,而应当费用化处理。

第三章　收入

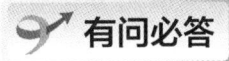 有问必答

[问题1] 财务会计的收入与预算会计的预算收入有何区别？

[解答] 财务会计的收入以是否有经济资源流入作为确认的标准。收入是资产增加或者负债减少导致的净资产增加；预算会计的收入以纳入预算管理的现金流入作为确认的标准。预算管理的对象是现金资源，预算收入是纳入预算管理现金资产增加形成的。预算中的"收入"是指预计在预算期内筹集到的、可以使用的现金。对收入预算基本采用收付实现制编制，如借入的资金、投资的资金、提供服务收到的资金等。

财务会计收入与预算会计收入的区别在于：

第一，核算基础不同：预算收入的确认基础是收付实现制，收入的确认基础是权责发生制。

第二，表现形式不同：预算收入指纳入预算管理的现金流入。财务会计收入是指经济资源的流入，经济资源既包括货币资金，也可以表现为未来会产生的债权和非货币资产等。

第三，确认时点不同：预算收入是在预算年度内政府会计主体依法取得并纳入预算管理的现金流入时确认。收入要在同时满足三个条件的情况下确认：与收入相关的含有服务潜力或者经济利益的经济资源很可能流入政府会计主体；含有服务潜力或经济利益的经济资源流入会导致政府会计主体资产增加或者负债减少；流入金额能够可靠地计量。财务会计的"收入"与预算会计的"预算收入"并不存在一一对应关系。因为行政事业单位有的现金流入既属于"收入"，又属于"预算收入"，如收到同级财政拨款收入等；有的现金流入不属于"收入"，但属于"预算收入"，如事业单位经批准从银行借入的短期借款、长期借款等；有的业务虽无现金流入不属于"预算收入"，却属于"收入"，如事业单位采用应收款方式按合同完成进度确认的"事业收入"等。"收入"与"预算收入"的关系如图3-1所示：

■ 收入 = 预算收入 + 不属于预算收入的收入 – 不属于收入的预算收入

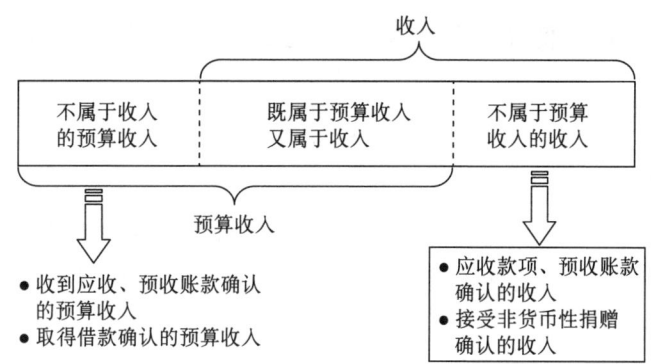

图 3-1　"收入"与"预算收入"的关系

[问题 2]　单位收到何种收入应确认为"财政拨款收入"?

[解答]　"财政拨款收入"科目核算单位从同级政府财政部门取得的各类财政拨款。判断的两个标准：一是取得拨款单位是否为同级政府财政部门；二是单位是否为财政资金的财政预算执行单位（财政资金领报单位）。"同级政府财政部门"是根据直接或预算隶属关系进行判断。中央级单位对应的是财政部，省、自治区、直辖市属单位对应的是本省（自治区）财政厅或直辖市财政局，设区的市、自治州，县、自治县，不设区的市、市辖区所属单位对应的是本行政辖区财政局，乡、民族乡、镇单位对应的是本行政辖区财政所。

单位在收到来自同级政府财政部门的拨款时，应当判断其是否符合纳入单位当期财政拨款收入的标准。以下两种特殊情形需要注意：

（1）同级政府财政部门预拨的下期预算款和没有纳入预算的暂付款项，虽然拨款来自同级政府财政部门，但其不属于单位当期的预算拨款，因此在收到时不确认为财政拨款收入，应通过"其他应付款"科目核算，在进入对应的下一预算期或批准纳入预算时，再将其确认为财政拨款收入，借记"其他应付款"科目，贷记"财政拨款收入"科目。

（2）同级政府财政部门采用实拨资金方式通过本单位转拨给下属单位的财政拨款，不属于单位的预算收入，因此不能确认为财政拨款收入，应通过"其他应付款"科目核算。

[问题 3]　单位收到上级单位转拨的财政资金，是否应计入财政拨款收入?

A 市海事局为国家海事局三级预算单位，从 A 省海事局（国家海事局的二级预算单位），取得的中央财政拨款收入是否应计入财政拨款收入（A 市海事局为此笔财政拨款的财政资金预算执行单位）?

[解答]　应计入财政拨款收入。A 市海事局属于中央级预算单位，从省属主管单位

取得的财政性资金属于财政拨款收入。

［问题 4］ 单位取得非同级财政部门的项目拨款，是否应计入财政拨款收入？

某市气象局为中国气象局的垂直管理单位，从该财政局取得的项目拨款是否应计入财政拨款收入？

［解答］不应计入财政拨款收入。该气象局为中国气象局垂直管理的中央级单位，预算级次对应中央级。从该财政局取得的拨款，属于下级财政部门取得的财政性资金，故计入非同级财政拨款收入。

［问题 5］ 单位收到下一年度预拨的财政资金，如何进行账务处理？

A 市某事业单位 2019 年末预收到当地财政部门以实有资金形式拨付的下年度财政拨款 20 万元，是否应计入 2019 年财政拨款收入？年末使用预拨经费购买一批办公用品 8 000 元，应如何进行账务处理？

［解答］A 市事业单位不应确认 2019 年财政拨款收入。同级政府财政部门预拨的下期预算款和没有纳入预算管理的暂付款项，不确认财政拨款收入。依据《政府会计准则制度解释第 2 号》规定，单位收到同级财政部门以实拨资金形式预拨的下期预算款，按收到的金额，借记"银行存款——财政拨款资金"科目，贷记"其他应付款"科目；预算会计不做处理。待到下个预算期时，借记"其他应付款"科目，贷记"财政拨款收入"科目；同时，在预算会计中按照预收的款项金额，借记"资金结存——货币资金"科目，贷记"财政拨款预算收入"科目。账务处理为：

（1）单位 2019 年底收到的 2020 年预拨经费 20 万元账务处理：

财务会计	预算会计
借：银行存款——财政拨款资金　　200 000 　　贷：其他应付款　　　　　　　　　　200 000	不记账

（2）该单位于 12 月 21 日使用预拨经费 8 000 元购买一批办公用品，账务处理：

财务会计	预算会计
借：其他应收款　　　　　　　　　　8 000 　　贷：银行存款——财政拨款资金　　8 000	不记账

（3）年底注销额度，由于该预拨经费为实有资金形式下拨，不涉及零余额账户额度，不需要注销额度：

财务会计	预算会计
不记账	不记账

(4) 2020 年确认财政拨款收入，账务处理：

财务会计		预算会计	
借：其他应付款	200 000	借：资金结存——货币资金	200 000
贷：财政拨款收入	200 000	贷：财政拨款预算收入	200 000

(5) 2020 年确认支出，账务处理：

财务会计		预算会计	
借：业务活动费用	8 000	借：事业支出	8 000
贷：其他应收款	8 000	贷：资金结存——货币资金	8 000

[问题 6] 单位收到当地财政部门拨付下属单位的财政拨款应如何进行账务处理？

A 单位年底收到从当地财政部门拨付的下属 B 单位的财政拨款 10 万元，A 单位是否应计入财政拨款收入？A 单位或 B 单位如何进行账务处理？

[解答] 此种情形属于实拨资金方式拨款。A 单位不确认财政拨款收入。B 单位应确认财政拨款收入。上级行政事业单位收到的同级财政部门拨款中包含下级单位的财政拨款，不在收到拨款的上级单位预算之中。所以，上级行政事业单位不能作为本单位收入，财务会计通过往来科目核算，预算会计不记账。下级单位收到的款项应确认财政拨款收入。

(1) A 单位收到此款项，账务处理为：

财务会计		预算会计
借：银行存款	100 000	不记账
贷：其他应付款	100 000	

(2) A 单位转拨此款项，账务处理为：

财务会计		预算会计
借：其他应付款	100 000	不记账
贷：银行存款	100 000	

(3) B 单位收到此款项，账务处理为：

财务会计		预算会计	
借：银行存款	100 000	借：资金结存——货币资金	100 000
贷：财政拨款收入	100 000	贷：财政拨款预算收入	100 000

[问题 7] 单位收到当地财政部门拨入的项目建设征地拆迁补偿费是列往来款项，还是确认收入？

某市交通局收到的当地财政厅拨入的项目建设征地拆迁补偿费，2% 作为工作经费做其他收入入账，其余资金应做什么科目核算，是列往来款项，还是确认收入？

[解答] 该笔款项属于建设征地用款，应纳入单位预算，确认财政拨款收入。

[问题 8] 单位通过财政直接支付或发放职工工资，应如何进行账务处理？

A 事业单位通过财政直接支付方式发放职工工资，应如何进行账务处理？

[解答] 财政直接支付方式下，根据收到的"财政直接支付入账通知书"及相关原始凭证，财务会计借记"应付职工薪酬"，贷记"财政拨款收入"；同时预算会计借记"事业支出"，贷记"财政拨款预算收入"。

[案例] A 事业单位 201×年 5 月收到财政拨款直接支付发放工资单据一张，金额 1 万元，账务处理为：

财务会计		预算会计	
借：应付职工薪酬	10 000	借：事业支出	10 000
贷：财政拨款收入	10 000	贷：财政拨款预算收入	10 000

[问题 9] 单位使用财政资金通过单位基本户缴纳社保，应如何进行账务处理？

[解答] 根据《政府会计准则制度解释第 2 号》，单位按规定从本单位零余额账户向本单位实有资金账户划转资金用于后续相关支出的，应当在"银行存款"科目下设置"财政拨款资金"明细科目，并按照以下规定进行账务处理：

（1）从本单位零余额账户向实有资金账户划转资金时，按照划转的资金金额，借记"银行存款——财政拨款资金"科目，贷记"零余额账户用款额度"科目；同时，在预算会计中借记"资金结存——货币资金"科目，贷记"资金结存——零余额账户用款额度"科目。

（2）将本单位实有资金账户中从零余额账户划转的资金用于相关支出时，按照实际支付的金额，借记"应付职工薪酬""其他应交税费"等科目，贷记"银行存款——财政拨款资金"科目；同时，在预算会计中借记"行政支出""事业支出"等支出科目下的"财政拨款支出"明细科目，贷记"资金结存——货币资金"科目。

[案例] 某事业单位 201×年 5 月需要缴社保费 1 600 元（单位缴费 900 元、个人缴费 700 元），单位负担的社保费用部分由财政资金支出，因与银行签署委托收款协议的为本单位的基本户，需要将单位部分的 900 元转到基本户用来缴纳社保。账务处理为：

（1）从本单位零余额账户向实有资金账户划转资金时，按照划转的资金金额：

财务会计		预算会计	
借：银行存款——财政拨款资金	900	借：资金结存——货币资金	900
贷：零余额账户用款额度	900	贷：资金结存——零余额账户用款额度	900

（2）将本单位实有资金账户中从零余额账户划转的资金用于缴纳社保时：

财务会计		预算会计	
借：应付职工薪酬	900	借：事业支出	900
贷：银行存款——财政拨款资金	900	贷：资金结存——货币资金	900
借：其他应付款	700	借：事业支出	700
贷：银行存款	700	贷：资金结存——货币资金	700

[问题10] 单位收到下年预拨经费及支付预拨经费时，如何进行会计处理？

北京市 B 镇政府，2019 年底收到 2020 年预拨经费，收到钱时，财务会计记入借方"零余额账户用款额度"，贷方"其他应付款"，预算会计不记账；2019 年 12 月 21 日支用 2020 年额度时，财务会计记入借方"其他应收款"，贷方"零余额账户用款额度"，预算会计不记账；年底额度注销时，花剩下的预拨经费，财务会计记入借方"财政应返还额度"，贷方"零余额账户用款额度"，预算会计不做账。这三套分录对吗？

[解答] 同级政府财政部门预拨的下期预算款在收到时，不确认为财政拨款收入，应通过"其他应付款"科目核算。在进入对应的下一预算期或批准纳入预算时，再将其确认为财政拨款收入，借记"其他应付款"科目，贷记"财政拨款收入"科目，所以这三套分录是对的。

[问题11] 单位收到的财政拨款中包括下属单位的拨款，如何进行账务处理？

某行政单位收到财政拨款 50 万元，其中 40 万元确定为下属事业单位预算拨款，10 万元为本单位的财政拨款，如何进行账务处理？

[解答] 账务处理为：

财务会计		预算会计	
借：银行存款	500 000	借：资金结存——货币资金	100 000
贷：财政拨款收入	100 000	贷：财政拨款预算收入	100 000
其他应付款——下属单位	400 000		

[问题12] 单位采用财政拨款直接支付的支出或货物发生退回，如何进行账务处理？

[解答] 因差错更正、购货退回等发生国库直接支付款项退回的，属于本年度支付

的款项，按照退回金额，财务会计借记"财政拨款收入"科目，贷记"库存物品""业务活动费用""单位管理费用"等科目；预算会计借记"财政拨款预算收入"或"资金结存（零余额账户用款额度、货币资金）"，贷记"行政支出""事业支出"等科目。属于以前年度支付的款项，按照退回金额，财务会计借记"财政应返还额度——财政直接支付"科目，贷记"库存物品""以前年度盈余调整"等科目；预算会计借记"资金结存（财政应返还额度、零余额账户用款额度、货币资金）"科目，贷记"财政拨款结转——年初余额调整""财政拨款结余——年初余额调整"等科目。

[案例] 某事业单位 2019 年 12 月 20 日通过财政直接支付采购一批物品，12 月 22 日入库时发现质量问题，向供货商发出退货申请且货物已退回。2020 年 1 月 5 日接到代理银行转来的"财政直接支付退款通知书"，退回相关货款 3.6 万元，账务处理为：

财务会计	预算会计
借：财政应返还额度——财政直接支付　36 000　　贷：库存物品　36 000	借：资金结存——财政应返还额度　36 000　　贷：财政拨款结转——年初余额调整　36 000

[问题 13] 单位以前年度已经支付的工程款由于审减，部分资金需要退还财政，应如何进行账务处理？

[解答] 财务会计借记"累计盈余"，贷记"财政应返还额度"；预算会计借记"财政拨款结转——累计结转"或"财政拨款结余——累计结余"，贷记"资金结存——财政应返还额度"。

[问题 14] 单位通过授权支付方式转拨某下属单位的预算款，应如何进行账务处理？

[解答] 中间单位转拨给下属单位的财政拨款不属于中间单位的预算收入，因此不能确认为财政拨款收入，应通过"其他应付款"科目核算。预算会计不记账。

[问题 15] 单位收到财政直接支付入账通知书，根据基建项目工程进度支付建设款，应如何进行账务处理？

[解答] 财政直接支付方式下，根据收到的"财政直接支付入账通知书"及相关原始凭证，财务会计借记"在建工程"，贷记"财政拨款收入"；同时预算会计借记"事业支出"，贷记"财政拨款预算收入"。

[案例] 201×年 2 月 3 日某单位的 A 基建工程收到财政直接支付 1 000 万元的入账通知书，根据工程进度支付建设款 1 000 万元。账务处理为：

财务会计	预算会计
借：在建工程——建筑安装工程　10 000 000　　贷：财政拨款收入　10 000 000	借：事业支出　10 000 000　　贷：财政拨款预算收入　10 000 000

3月31日，以财政直接支付方式支付按照进度结算的工程款900万元，并于当日收到财政直接支付900万元入账通知书，账务处理为：

财务会计	预算会计
借：在建工程——建筑安装工程投资　9 000 000 　　贷：财政拨款收入　9 000 000	借：事业支出　9 000 000 　　贷：财政拨款预算收入　9 000 000

该项工程款年末剩余的100万元未支付，账务处理为：

财务会计	预算会计
借：财政应返还额度　1 000 000 　　贷：财政拨款收入　1 000 000	借：资金结存——财政应返还额度　1 000 000 　　贷：财政拨款预算收入　1 000 000

第二年年初，财政将未支付的100万元收回，账务处理为：

财务会计	预算会计
借：累计盈余——中央财政拨款结转　1 000 000 　　贷：财政应返还额度　1 000 000	借：财政拨款结转——累计结转　1 000 000 　　贷：资金结存——财政应返还额度　1 000 000

［问题16］ 单位基建项目当年直接支付额度未全部使用，年底对剩余额度应如何进行账务处理？

［解答］年末，单位根据本年度财政直接支付预算指标数大于当年财政直接支付实际发生数的差额，借记"财政应返还额度"科目，贷记"财政拨款收入"科目。

［案例］年末，"问题16"中的基建项目竣工，该项目材料款500万元因供应商的原因未能在年底前支付，故财政直接支付预算指标数有500万元未执行，账务处理为：

财务会计	预算会计
借：财政应返还额度　5 000 000 　　贷：财政拨款收入　5 000 000	借：资金结存——财政应返还额度　5 000 000 　　贷：财政拨款预算收入　5 000 000

［问题17］ 单位在年末以财政直接支付方式发放下年度1月职工薪酬，应如何进行账务处理？

［解答］根据《政府会计准则制度解释第2号》，单位在本年末以财政直接支付方式发放下年度1月职工薪酬的，应当按照以下规定进行账务处理：

（1）年末，单位应当按照收到的"财政直接支付入账通知单"中直接支付的入账金额，借记"其他应收款"科目，贷记"其他应付款"科目；预算会计不做处理。

（2）下年度1月，单位在确认本月职工薪酬时，借记"业务活动费用"等科目，贷记"应付职工薪酬"科目，按照上年末直接支付的金额，借记"应付职工薪酬"科目，贷记"财政拨款收入"科目，并按相同金额借记"其他应付款"科目，贷记"其他应收款"科目；同时，在预算会计中借记相关支出科目，贷记"财政拨款预算收入"科目。

单位发生其他不纳入本年度部门预算管理的财政直接支付业务的，比照上述规定进行账务处理。

[问题 18] 事业单位通过财政直接支付方式发工资，如何进行账务处理？

某单位通过财政直接支付方式发放职工工资，201×年 12 月，该单位发放下年度 1 月职工工资 43 万元，账务处理为：

[解答]（1）收到财政直接支付入账通知单：

财务会计	预算会计
借：其他应收款　　　　　430 000 　　贷：其他应付款　　　　430 000	不记账

（2）下年度 1 月：

财务会计	预算会计
借：业务活动费用　　　　430 000 　　贷：应付职工薪酬　　　430 000 借：应付职工薪酬　　　　430 000 　　贷：财政拨款收入　　　430 000 借：其他应付款　　　　　430 000 　　贷：其他应收款　　　　430 000	借：事业支出　　　　　　430 000 　　贷：财政拨款预算收入　430 000

[问题 19] 事业单位收到同级政府的其他部门转拨的项目经费，应计入事业收入还是非同级财政拨款收入？

省属学校收到省教育厅转拨的科研课题项目经费，应计入事业收入还是非同级财政拨款收入？

[解答] 应计入"事业收入"。事业收入和非同级财政拨款收入来源都是同级政府的其他部门单位或非同级政府的财政部门或业务部门，区别是事业预算收入要求接受资金的行政事业单位为这种拨款提供对等专项服务，非同级财政拨款预算收入则没有对等交换要求。事业单位因开展科研及其辅助活动从非同级政府财政部门取得的经费拨款应当通过"事业收入——非同级财政拨款"科目核算。

[问题 20] 事业单位收到上级主管部门划拨的资金，应该确认非同级财政拨款收入，还是计入上级补助收入？

[解答] 上级补助收入是指事业单位从主管部门和上级单位取得的非财政性资金。非同级财政拨款收入是指核算单位从非同级政府财政部门取得的经费拨款，包括从同

级政府其他部门取得的横向转拨财政款、从上级或下级政府财政部门取得的经费拨款等。二者最主要的区别在于资金性质。上级补助收入为非财政性资金，非同级财政拨款收入核算的则为财政性资金。上级主管部门拨的是财政部门转拨的财政性资金，应确认非同级财政拨款收入；如果是用自有资金拨付的补助款，非财政性资金，应确认上级补助收入。

[问题21] 事业单位收到非同级财政部门拨来的经费，应确认财政拨款收入吗？

某省气象局是中国气象局垂直管理单位，收到该省财政厅拨来的人员经费，应确认财政拨款收入吗？

[解答] 某省气象局为中国气象局垂直管理事业单位，预算级次对应中央级，收到的该省财政厅拨来的经费是地方财政拨款，此笔款项应确认"非同级财政拨款收入"。

[问题22] 事业单位收到上级部门拨入的专项经费，应计入非同级财政拨款收入吗？

北京某事业单位收到中科院拨来的科研项目经费，应计入非同级财政拨款收入吗？

[解答] 收到的中科院拨来的科研项目经费不应计入"非同级财政拨款收入"，应计入"事业收入——非同级财政拨款收入"。

根据《关于进一步做好政府会计准则制度新旧衔接和加强行政事业单位资产核算的通知》（财会〔2018〕34号），单位取得的非同级财政拨款收入包括两大类：一类是从同级财政以外的同级政府部门取得的横向转拨财政款，另一类是从上级或下级政府（包括政府财政和政府部门）取得的各类财政拨款。在具体核算时，事业单位对于因开展专业业务活动及其辅助活动取得的非同级财政拨款收入，应当通过"事业收入——非同级财政拨款"科目核算；对于其他非同级财政拨款收入，应当通过"非同级财政拨款收入"科目核算。

[问题23] 行政单位收到上级主管拨来的专项经费，是否应确认收入？

某街道办事处收到市委宣传部拨来的培训经费和第一书记驻村经费等，是否应确认收入？

[解答] 应确认"非同级财政拨款收入"。非同级财政拨款收入是指核算单位从非同级政府财政部门取得的经费拨款，包括从同级政府其他部门取得的横向转拨财政款、从上级或下级政府财政部门取得的经费拨款等。街道办事处不属于市级预算单位，因此收到市委宣传部转拨的项目经费属于非同级财政部门拨款，计入非同级财政拨款收入。

[问题24] 行政单位通过实拨资金方式拨付下级单位财政拨款，应如何进行账务处理？

某主管行政单位A，通过实拨资金的方式拨付下级行政单位B财政拨款，主管单位 A 和下级单位 B 如何进行账务处理？

[解答] A 单位采用实拨资金方式通过本单位转拨给下属单位的财政拨款，通过"其他应付款"科目核算。下属单位 B 收到上级部门 A 拨来的财政拨款，分为两种情况：一种是属于同级财政部门拨款，应确认财政拨款收入；另一种属于非同级财政部门拨款，计入非同级财政拨款收入。

[案例]

（1）在"问题 24"的第一种情况下：某事业单位 B 为市属预算单位，201×年 3 月 2 日收到上级部门 A 以实拨资金方式拨来财政资金 20 万元，账务处理为：

①A 单位收到此笔款项：

财务会计	预算会计
借：银行存款　　　　200 000 　贷：其他应付款　　　　200 000	不记账

②A 单位拨款：

财务会计	预算会计
借：其他应付款　　　　200 000 　贷：银行存款　　　　　200 000	不记账

③下属单位 B 收到拨款：

财务会计	预算会计
借：银行存款　　　　200 000 　贷：财政拨款收入　　　200 000	借：资金结存　　　　200 000 　贷：财政拨款预算收入　200 000

（2）在"问题 24"的第二种情况下：某事业单位 B 为市属预算单位，201×年 4 月 20 日收到上级部门 A 拨来财政资金 20 万元，此笔款项属于 A 单位的财政拨款收入。账务处理为：

①A 单位收到拨款：

财务会计	预算会计
借：银行存款　　　　200 000 　贷：财政拨款收入　　　200 000	借：资金结存　　　　200 000 　贷：财政拨款预算收入　200 000

②A 单位拨付款项：

财务会计	预算会计
借：业务活动费用/单位管理费用　200 000 　贷：银行存款　　　　　　　　200 000	借：行政支出/事业支出　200 000 　贷：资金结存　　　　　200 000

③下属单位 B 收到拨款：

财务会计		预算会计	
借：银行存款	200 000	借：资金结存	200 000
贷：财政拨款收入	200 000	贷：财政拨款预算收入	200 000

［问题 25］单位收到政府特殊津贴，应如何进行账务处理？

某单位收到人力资源和社会保障部政府特殊津贴后分拨给各直属单位，应如何进行账务处理？

［解答］凡是发放给本单位人员的工资、奖金、津贴、补贴，不论其资金来源如何，都要作为本单位预算收入和预算支出核算。除了直接从财政部门取得发放本单位职工的财政拨款以外，其资金源头单位（从财政部门取得拨款的单位）做财政拨款收入和支出处理及预算会计记账；发放本单位职工款项的单位做非同级财政拨款收入和支出处理及预算会计记账；中间转拨款单位只做财务会计的往来款处理，预算会计不记账。因此，要区分该单位是否为资金源头单位或者转拨款单位处理。

［案例］某事业单位代管政府特殊津贴，201×年1月人力资源和社会保障部将该月的政府特殊津贴2万元下拨到该事业单位，由该单位再分拨给各直属单位，由各单位再发给个人，账务处理为：

（1）收到政府特殊津贴时：

财务会计		预算会计
借：银行存款	20 000	不记账
贷：其他应付款	20 000	

（2）分拨给各直属单位：

财务会计		预算会计
借：其他应付款	20 000	不记账
贷：银行存款	20 000	

（3）某直属单位收到1万元政府特殊津贴：

财务会计		预算会计	
借：银行存款	10 000	借：资金结存——银行存款	10 000
贷：非同级财政拨款收入	10 000	贷：非同级财政拨款预算收入	10 000

［问题 26］单位收到捐赠的固定资产，是否计入捐赠收入？

［解答］收入的表现形式是产生经济资源的流入，经济资源既包括货币资金，也可以表现为未来会产生的债权和非货币资产等，所以接受捐赠或无偿调入的实物资产财

务会计应确认捐赠收入。预算会计仅对捐赠过程中发生的相关税费支出涉及现金变化的做账务处理。

[案例] 某事业单位接受其他单位的实物捐赠，收到 10 套办公桌椅，已作为固定资产入账，评估价值为 5 万元，支付了税费 1 000 元，账务处理为：

财务会计		预算会计	
借：固定资产	51 000	借：其他支出	1 000
贷：捐赠收入	50 000	贷：资金结存	1 000
银行存款	1 000		

[问题 27] 单位对外出租房产，采取预收租金方式，租金纳入单位预算，应如何进行账务处理？

[解答] 采用预收租金方式，预收租金时，财务会计按照收到的金额，借记"银行存款"等科目，贷记"预收账款"科目；预算会计借记"资金结存——货币资金"科目，贷记"其他预算收入"科目。每期确认租金收入时，按照各期租金金额，财务会计借记"预收账款"科目，贷记"租金收入"科目；预算会计不做账务处理。

[案例] 某事业单位将经营性招待所对外出租，每年租金为 12 万元，采用预收租金方式，年初一次性收取本年租金。不考虑增值税的影响，账务处理为：

（1）收到预付租金时：

财务会计		预算会计	
借：银行存款	120 000	借：资金结存——货币资金	120 000
贷：预收账款	120 000	贷：其他预算收入	120 000

（2）按照直线法分期（按全年分月）确认租金收入时：

财务会计		预算会计
借：预收账款	10 000	不记账
贷：租金收入	10 000	

[问题 28] 单位对外出租采取后付租金的方式，租金不需要上缴财政，而是留归单位使用，应如何进行账务处理？

[解答] 采用后付租金方式，每期确认租金收入时，按照各期租金金额，财务会计借记"应收账款"科目，贷记"租金收入"科目；预算会计不做账务处理。

收到租金时，按照实收金额，财务会计借记"银行存款"等科目，贷记"应收账款"科目；预算会计借记"资金结存——货币资金"科目，贷记"其他预算收入"科目。

[案例] 某事业单位将经营性招待所对外出租，每年租金为 12 万元，采用后付租金方式，租期为 1 年，年底收到租金总额 12 万元，账务处理为：

（1）每个月末确认租金收入时：

财务会计		预算会计
借：应收账款	10 000	不记账
贷：租金收入	10 000	

（2）年底收到租金时：

财务会计		预算会计	
借：银行存款	120 000	借：资金结存——货币资金	120 000
贷：应收账款	120 000	贷：其他预算收入——租金收入	120 000

[问题29] 单位对外出租采取分期收取租金的方式，应如何进行账务处理？

[解答] 采用分期收取租金方式，每期按照实际收取的租金金额，财务会计借记"银行存款"等科目，贷记"租金收入"科目；预算会计借记"资金结存——货币资金"科目，贷记"其他预算收入"科目。

[案例] 某事业单位将经营性招待所对外出租，每年租金为12万元，采用分期收取租金方式，每月末收租金1万元，账务处理为：

财务会计		预算会计	
借：银行存款	10 000	借：资金结存——货币资金	10 000
贷：租金收入	10 000	贷：其他预算收入——租金收入	10 000

[问题30] 事业单位收到代征代扣个税手续费返还，应如何进行账务处理？

[解答] 个税返还即个税手续费返还，是指单位代扣代缴员工个税时可以相应地从税务机关按2%比例取得返还的手续费。《中华人民共和国个人所得税法》第九条规定，"个人所得税，以所得人为纳税义务人，以支付所得的单位或者个人为扣缴义务人"。《中华人民共和国个人所得税法》《关于进一步加强代扣代收代征税款手续费管理的通知》（财行〔2019〕11号）规定，"对扣缴义务人按照所扣缴的税款，付给百分之二的手续费"。单位实际收到个人所得税返还款时，财务会计应借记"银行存款"科目，并将个人所得税返还款作为含税收入进行价税分离后，贷记"其他收入""应交税金——应交增值税——销项税金"等科目；预算会计借记"资金结存——货币资金"科目，贷记"其他预算收入"科目。

[案例] 某事业单位为增值税一般纳税人（适用增值税率为6%），2019年收到2018年1—12月个人所得税返还款270.0883万元，银行已收到该款项，账务处理为：

财务会计		预算会计	
借：银行存款	2 700 883	借：资金结存——银行存款	2 700 883
贷：其他收入	2 548 002.83	贷：其他预算收入	2 700 883
应交税金——应交增值税	152 880.17		

[问题 31] 事业单位上缴财政专户资金何时进行预算收入确认？是否记入"事业预算收入"？

[解答] 对于实行收支两条线管理、差额上缴的资金，单位要对此类收入进行划分，分为应上缴财政部分和留在单位使用部分，单位在没有划分之前，不确认预算收入，划清楚后，将留在单位使用部分确认预算收入。上缴财政专户部分，在财政部门按照单位预算拨回单位时，确认预算收入。

[案例] 某高校收到计划内学生的学费和住宿费 35 万元，款项已经存入银行。此款项纳入财政专户管理，按规定应该全部上缴财政专户。该事业单位将收到的事业服务费 35 万元上缴财政专户，收到财政专户返还的事业收入 35 万元，账务处理为：

（1）收到事业服务费款项存入银行时：

财务会计		预算会计
借：银行存款	350 000	不记账
贷：应缴财政款	350 000	

（2）将收到的事业服务费上缴财政专户时：

财务会计		预算会计
借：应缴财政款	350 000	不记账
贷：银行存款	350 000	

（3）事业单位收到财政专户返还的事业收入时：

财务会计		预算会计	
借：银行存款	350 000	借：资金结存——货币资金	350 000
贷：事业收入	350 000	贷：事业预算收入	350 000

[问题 32] 事业单位收到款项，是确认"事业收入"，还是确认"非同级财政拨款收入"？

省质监局为增值税一般纳税人，收到计量检定费收入 3 000 元（含增值税），收到上级政府部门拨付的财政资金 5 万元，是否应确认事业收入？

[解答]"计量检定收入"应确认事业收入。收到上级政府部门拨付财政资金 5 万元不应确认"事业收入"。事业收入是指事业单位通过开展专业业务活动及其辅助活动取得的现金流入,包括因开展专业业务活动及其辅助活动而取得的本级政府横向转拨财政款和非本级政府的财政专项拨款。计量检定收入是要求接受资金的行政事业单位为这种拨款提供对等专项服务,应记入"事业收入"。收到上级政府部门拨付财政资金 5 万元不一定有对等交换专项服务要求,所以不计入"事业收入",账务处理为:

财务会计		预算会计	
借:银行存款	3 000	借:资金结存——银行存款	3 000
贷:事业收入——计量检定收入	2 830.19	贷:事业预算收入	3 000
应交税金——应交增值税	169.81	借:资金结存——银行存款	50 000
借:银行存款	50 000	贷:非同级财政拨款预算收入	50 000
贷:非同级财政拨款收入	50 000		

[问题 33] 单位开展业务活动/管理活动/经营活动取得收入而发生增值税税金,预算会计如何处理?

[解答] 事业单位开展业务活动/管理活动/经营活动时,取得收入发生的增值税财务会计按照价税分离方式确认收入,财务会计贷记相关收入的同时确认"应交税金——应交增值税——销项税金";预算会计按照价税合一的方式确认事业预算收入,预算会计不单独确认销项税金,而是全部确认为"事业预算收入/经营预算收入"。

[案例] 某事业单位 2019 年 11 月开展计量检定服务,取得含税收入 1 万元,单位为增值税一般纳税人,账务处理为:

财务会计		预算会计	
借:银行存款	10 000	借:资金结存——银行存款	10 000
贷:事业收入	9 433.96	贷:事业预算收入	10 000
应交增值税	566.04		

[问题 34] 单位向金融机构借款资金应如何进行账务处理?

[解答] 事业单位借款是指事业单位按照规定从银行和其他金融机构等借入的、纳入部门预算管理的、不以财政资金作为偿还来源的款项,包括短期借款和长期借款。《政府会计制度——行政事业单位会计科目和报表》规定,事业单位发生借款时,在财务会计中确认为负债,在预算会计中确认为预算收入,通过"债务预算收入"科目进行核算。

事业单位借入各项短期或长期借款时,按照实际借入金额,借记"资金结存——货币资金"科目,贷记"债务预算收入"科目。

年末，将"债务预算收入"科目本年发生额中的专项资金收入转入非财政拨款结转，借记"债务预算收入"科目下各专项资金收入明细科目，贷记"非财政拨款结转——本年收支结转"科目；将"债务预算收入"科目本年发生额中的非专项资金收入转入其他结余，借记"债务预算收入"科目下各非专项资金收入明细科目，贷记"其他结余"科目。

[案例] 201×年某事业单位到建设银行某支行取得短期借款300万元，将资金存入银行，账务处理为：

财务会计		预算会计	
借：银行存款	3 000 000	借：资金结存——货币资金	3 000 000
贷：短期借款——建设银行	3 000 000	贷：债务预算收入	3 000 000

年末结转时为：

财务会计		预算会计	
不记账		借：债务预算收入	3 000 000
		贷：其他结余	3 000 000

[问题35] 事业单位工程建设项目的借款如何计提利息？

[解答] 事业单位借款是指事业单位按照规定从银行和其他金融机构等借入的、纳入部门预算管理的、不以财政资金作为偿还来源的款项，包括短期借款和长期借款。《政府会计制度——行政事业单位会计科目和报表》规定，事业单位发生借款时，不仅需要在财务会计中确认为负债，也需要在预算会计中确认为预算收入，通过"债务预算收入"科目进行核算。

属于工程项目建设期间发生的计提利息，财务会计借记"在建工程"，贷记"应付利息（分期付息、到期还本）"或"长期借款——应计利息（到期一次还本付息）"，预算会计不作处理；属于工程项目完工交付使用后发生的计提利息，财务会计借记"其他费用"，贷记"应付利息（分期付息、到期还本）"或"长期借款——应计利息（到期一次还本付息）"，预算会计不作处理。

[案例] 某事业单位201×年7月1日从银行借入为期2年的贷款10万元用于工程建设，贷款年利息率为6%；每年7月1日用银行存款支付利息；两年后该单位用银行存款支付偿还的贷款本金和第二贷款年度的利息。账务处理为：

（1）借入贷款10万元时：

财务会计		预算会计	
借：银行存款	100 000	借：资金结存——货币资金	100 000
贷：长期借款——本金	100 000	贷：债务预算收入	100 000

（2）每月末计提计息 [100 000 × 0.06 ÷ 12 = 500（元）] 时：

财务会计		预算会计
借：在建工程	500	不记账
贷：应付利息	500	

（3）第一次支付贷款利息［500×12＝6 000（元）］时：

财务会计		预算会计	
借：应付利息	6 000	借：其他支出	6 000
贷：银行存款	6 000	贷：资金结存——货币资金	6 000

（4）归还贷款本金10万元和第二次利息6 000元时：

财务会计		预算会计	
借：长期借款——本金	100 000	借：债务还本支出	100 000
应付利息	6 000	其他支出	6 000
贷：银行存款	106 000	贷：资金结存——货币资金	106 000

［问题36］债务预算收入明细核算有何具体要求？

［解答］在预算会计中对事业单位借款进行核算时，需要注意的是，为满足事业单位专项资金单独核算的要求，应该将事业单位借款按资金用途区分为专项资金和非专项资金，并将专项资金按具体项目进行明细核算。在年末，应将具有专项用途的债务预算收入按项目转入非财政拨款结转，而将非专项用途的债务预算收入转入其他结余。此外，还应将"债务预算收入"科目按照贷款单位、贷款种类、《政府收支分类科目》中"支出功能分类科目"的项级科目等进行明细核算。

［问题37］事业单位处置以科技成果转化形成的长期股权投资，按规定所取得的收入全部留归本单位，应如何进行账务处理？

［解答］根据《政府会计准则制度解释第1号》，事业单位处置以科技成果转化形成的长期股权投资，按规定所取得的收入全部留归本单位的，应当按照实际取得的价款，借记"银行存款"等科目，按照被处置长期股权投资的账面余额，贷记"长期股权投资"科目，按照尚未领取的现金股利或利润，贷记"应收股利"科目，按照发生的相关税费等支出，贷记"银行存款"等科目，按照借贷方差额，借记或贷记"投资收益"科目；同时，在预算会计中，按照实际取得的价款，借记"资金结存——货币资金"科目，按照处置时确认的投资收益金额，贷记"投资预算收益"科目，按照贷方差额，贷记"其他预算收入"科目。

［案例］201×年11月，某事业单位处置一项长期股权投资，该投资以科技成果转化形成，账面余额为10.6万元，当年宣告未发放的现金股利为2万元，处置共取得银

行存款 20.1 万元，账务处理为：

财务会计		预算会计	
借：银行存款	201 000	借：资金结存——货币资金	201 000
贷：长期股权投资	106 000	贷：投资预算收益	75 000
应收股利	20 000	其他预算收入	126 000
投资收益	75 000		

［问题 38］ 单位进行现金盘点，发生现金溢余，应如何进行预算会计账务处理？

［解答］ 单位应当设置"库存现金日记账"，由出纳人员根据收付款凭证，按照业务发生顺序逐笔登记。每日终了，应当计算当日的现金收入合计数、现金支出合计数和结余数，并将结余数与实际库存数相核对，做到账款相符。

每日账款核对发现现金溢余的，按照实际溢余的金额，财务会计借记"库存现金"科目，贷记"待处理财产损溢"科目；预算会计借记"资金结存——货币资金"科目，贷记"其他预算收入"科目。

查明原因属于应支付给有关人员或单位的，财务会计借记"待处理财产损溢"科目，贷记"其他应付款"科目；预算会计不做账务处理。实际支付时，财务会计借记"其他应付款"科目，贷记"库存现金"科目；预算会计借记"其他预算收入"科目，贷记"资金结存——货币资金"科目。

无法查明原因的，报经批准后，借记"待处理财产损溢"科目，贷记"其他收入"科目；预算会计不进行账务处理。

［案例］ 事业单位 10 月 8 日进行现金盘点时发生现金溢余 900 元，10 月 9 日查明原因是应支付给某职工的金额，报经批准后，10 月 10 日将溢余现金支付给某职工，账务处理为：

（1）10 月 8 日发生现金溢余时：

财务会计		预算会计	
借：库存现金	900	借：资金结存——货币资金	900
贷：待处理财产损溢	900	贷：其他预算收入	900

（2）10 月 9 日查明原因时：

财务会计		预算会计
借：待处理财产损溢	900	不记账
贷：其他应付款	900	

（3）10 月 10 日将溢余现金支付给某职工时：

财务会计		预算会计	
借：其他应付款	900	借：其他预算收入	900
贷：库存现金	900	贷：资金结存——货币资金	900

[案例] 事业单位 10 月 8 日进行现金盘点时发生现金溢余 900 元，经工作人员核实后属于无法查明原因的溢余，10 月 15 日报经批准后，账务处理为：

（1） 10 月 8 日发生现金溢余时：

财务会计		预算会计	
借：库存现金	900	借：资金结存——货币资金	900
贷：待处理财产损溢	900	贷：其他预算收入	900

（2） 10 月 15 日报经批准时：

财务会计		预算会计
借：待处理财产损溢	900	不记账
贷：其他收入	900	

[问题 39] 事业单位承接外单位委托研究的课题经费，如何进行账务处理？

事业单位 2019 年 9 月 1 日承接某单位委托研究的科研课题，按合同规定预收对方单位款项 26 万元，款项已存入银行，如何进行账务处理？该单位 9 月底完成课题的 50%，根据完成进度确认收入 13 万元，如何进行账务处理？2020 年 1 月，按合同规定任务完成并接受验收，最终确认收入 26 万元，如何进行账务处理？

[解答]（1）单位以合同完成进度确认事业收入时，应当根据业务实质，选择累计实际发生的合同成本占合同预计总成本的比例、已经完成的合同工作量占合同预计总工作量的比例、已经完成的时间占合同期限的比例、实际测定的完工进度等方法，合理确定合同完成进度。

财务会计		预算会计	
借：银行存款	260 000	借：资金结存——货币资金	260 000
贷：预收账款	260 000	贷：事业预算收入	260 000

（2） 9 月底完成课题 50% 时的账务处理为：

财务会计		预算会计
借：预收账款	130 000	不记账
贷：事业收入	130 000	

[解答]（3）2020年1月完成任务并接受验收时的账务处理为：

财务会计	预算会计
借：预收账款　　　　　　130 000 　　贷：事业收入　　　　　　130 000	不记账

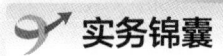 实务锦囊

收到财政拨款资金但不确认财政拨款收入的情况有哪些

《政府会计制度》规定，"财政拨款收入"科目核算单位从同级政府财政部门取得的各类财政拨款。因此，确认财政拨款收入的前提条件是同级政府财政部门和拨款，实务中行政事业单位收到的财政拨款资金有些是不确认财政拨款收入的。分为两种情况：

情况一，同级政府财政部门拨付的财政资金不确认财政拨款收入的情况。

（1）不属于本单位当期预算内，具有转拨性质的，虽是财政拨款资金，但不确认财政拨款收入，通过"其他应付款"科目核算。比如同级政府财政部门预拨的下期预算款和没有纳入预算的暂付款项，以及采用实拨资金方式通过本单位转拨给下属单位的财政拨款。

（2）以政府购买服务方式拨付的财政拨款，因资金未纳入本单位年初预算，不确认为单位的"财政拨款收入"，通过"事业收入——非同级财政拨款"或"非同级财政拨款收入"科目核算。

情况二，非同级政府财政部门拨付的财政资金不确认财政拨款收入的情况。

（1）主管部门或上级单位，以政府购买服务方式拨付的财政拨款，因资金未纳入本单位年初预算，不确认为单位的"财政拨款收入"，通过"事业收入——非同级财政拨款"或"非同级财政拨款收入"科目核算。

（2）从同级财政以外的同级政府部门取得的横向转拨财政款，或从上级或下级政府（包括政府财政和政府部门）取得的各类财政款，通过"事业收入——非同级财政拨款"或"非同级财政拨款收入"科目核算，不确认财政拨款收入。事业单位因开展专业业务活动及其辅助活动的，通过"事业收入——非同级财政拨款"科目核算，其余非专业业务活动及其辅助活动和行政单位从非同级政府、非同级财政部门取得的经费拨款通过"非同级财政拨款"科目核算。

（3）事业单位上缴财政专户后返还的收入，虽属于财政性资金，但不属于同级政府的财政部门拨款，不确认为财政拨款收入，通过"事业收入——财政专户返还收入（财政专户核拨资金收入）"科目核算。

第四章 费用与支出

 有问必答

[问题1] 费用与支出有什么区别与联系？

[解答] 费用是会计主体的经济资源的总流出。流出的经济资源包括现金资源和各种非现金资源。费用的发生会导致会计主体资产减少或者负债增加，从而导致会计主体净资产减少。预算支出是指政府会计主体在预算年度内依法发生并纳入预算管理的现金流出，是预计在预算期内使用、分配而耗费的现金。预算支出以收付实现制为基础，一般在实际支付时予以确认，以实际支付的金额计量。图4-1列示了两者的关系：

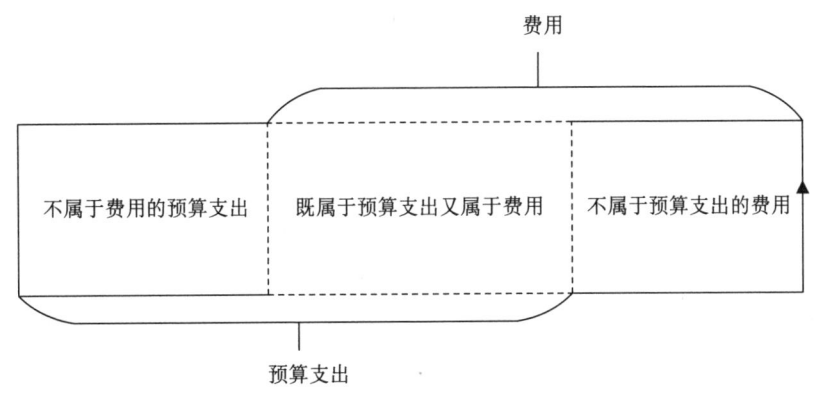

图4-1 费用与支出的区别与联系

预算支出与费用确认不一致的情形分为两类：第一类为确认预算支出但不同时确认费用，如归还借入款的本金支出、购买固定资产的现金支出等。第二类为确认费用但不同时确认预算支出。如在计提固定资产折旧和无形资产摊销时确认的费用、确认借入款应计利息时确认的利息费用等。图4-1中间既属于预算支出又属于费用的部分，指既是按照收付实现制确认的预算支出，也是按照权责发生制确认的费用，如单位支付当期消耗的水电费、工资薪酬、办公费等。

[案例]

第一种情况：确认为预算支出但不同时确认为费用。

201×年4月10日某事业单位与某物业公司签订绿植供应合同，约定在5月份提供"五一"劳动节庆典花卉一批，合计5 000元。合同约定4月30日前先预付合同款50%的费用（5 000×50% = 2 500），使用银行存款支付。账务处理为：

财务会计		预算会计	
借：预付账款	2 500	借：事业支出	2 500
贷：银行存款	2 500	贷：资金结存——货币资金	2 500

第二种情况：确认为费用但不同时确认为预算支出。

5月7日，"五一"劳动节庆典花卉撤展，用银行存款支付合同尾款2 500元，并确认费用。账务处理为：

财务会计		预算会计	
借：业务活动费用	5 000	借：事业支出	2 500
贷：银行存款	2 500	贷：资金结存——货币资金	2 500
预付账款	2 500		

某事业单位为201×年12月开展业务活动领用实验材料一批，该批试验材料账面价值为25 000元，采用一次转销法核销，账务处理为：

财务会计		预算会计
借：业务活动费用	25 000	不记账
贷：库存物品	25 000	

[问题2] 业务活动费用和单位管理费用如何区分？

[解答]《政府会计准则制度解释第1号》规定，"业务活动费用"科目核算单位为实现其职能目标、依法履职或开展专业业务活动及其辅助活动所发生的各项费用。"单位管理费用"科目核算事业单位本级行政及后勤管理部门开展管理活动发生的各项费用，包括单位行政及后勤管理部门发生的人员经费、公用经费、资产折旧（摊销）等费用，以及由单位统一负担的离退休人员经费、工会经费、诉讼费、中介费等。

行政单位不适用"单位管理费用"科目，为实现其职能目标、依法履职发生的各项费用均计入"业务活动费用"科目；事业单位同时适用"业务活动费用"和"单位管理费用"科目，开展专业业务活动及其辅助活动的各业务部门发生的各项费用记入"业务活动费用"科目，本级行政及后勤管理部门发生的各项费用以及由单位统一负担的费用记入"单位管理费用"科目。因事业单位规模较小或业务单一等原因难以拆分业务活动费用和单位管理费用的，可以不单独设置"单位管理费用"科目，"单位管理费用"科目所规定的核算内容一并在"业务活动费用"科目核算。

[案例] A 行政单位 2019 年 10 月 1 日采购了一批办公用品，开具发票 3 200 元，通过财政授权方式支付，该批办公用品购入后没有入库管理，直接发给 A 行政单位的各部门使用，如何进行账务处理？

行政单位不适用"单位管理费用"科目，其为实现其职能目标、依法履职发生的各项费用均记入"业务活动费用"科目：

财务会计		预算会计	
借：业务活动费用	3 200	借：行政支出	3 200
贷：零余额账户用款额度	3 200	贷：资金结存——零余额账户用款额度	3 200

[问题 3] 事业单位的工资需要分为管理人员和业务人员分别核算吗？

[解答] 是的，事业单位的工资需要分为管理人员和业务人员进行核算。应将开展专业业务活动及其辅助活动的各业务部门发生的工资记入"业务活动费用"科目，本级行政及后勤管理部门发生的工资以及由单位统一负担的工资记入"单位管理费用"科目。

[问题 4] 事业单位离退休办公室发生的办公费用、组织离退休人员活动费用等，财务会计是计入"业务活动费用"还是"单位管理费用"？

[解答] 应计入"单位管理费用"科目核算。该单位离退休办公室属于行政后勤管理部门，《政府会计制度》规定，"单位管理费用"科目核算事业单位本级行政及后勤管理部门开展管理活动发生的各项费用，包括单位行政及后勤管理部门发生的人员经费、公用经费、资产折旧（摊销）等费用，以及由单位统一负担的离退休人员经费、工会经费、诉讼费、中介费等。

[问题 5] 事业单位以经营租赁方式租入的固定资产，在租赁期间发生了改良支出，是否计入业务活动费用？

[解答] 发生时不应确认"业务活动费用"，而应通过"长期待摊费用"核算。长期待摊费用是单位已经支出，但应由本期和以后各期负担的分摊期限在 1 年以上（不含 1 年）的各项费用，以经营租赁方式租入的固定资产发生的改良支出属于这种情况。

（1）单位发生长期待摊费用时，财务会计借记"长期待摊费用"科目，贷记"财政拨款收入""零余额账户用款额度""银行存款"等科目；预算会计借记"行政支出""事业支出""经营支出"等科目，贷记"财政拨款预算收入""资金结存"科目。

（2）单位按照受益期间摊销长期待摊费用时，应将当期摊销的金额确认为当期费用。如果某项长期待摊费用已经不能使单位受益，应当将其摊余金额一次全部转入当期费用。单位应按当期摊销的金额或全部转为当期费用的摊余金额，借记"业务活动费用""单位管理费用""经营费用"等科目，贷记"长期待摊费用"科目，预算会计不进行账务处理。

[案例] 某医院以经营租赁方式租入一台医疗设备，在租赁期某年度医院用银行存款为该设备支付改良支出 50 000 元，该设备改良完工后的剩余使用年限为 5 年，账务处理为：

（1）医院发生改良支出时：

财务会计		预算会计	
借：长期待摊费用	50 000	借：事业支出	50 000
贷：银行存款	50 000	贷：资金结存——货币资金	50 000

（2）改良完工后按剩余使用年限在相应会计年度进行摊销，医院每年应摊销的改良费用为 10 000 元（50 000÷5）：

财务会计		预算会计
借：业务活动费用	10 000	不记账
贷：长期待摊费用	10 000	

[问题 6] 费用类科目是否需要与预算支出一样，按照经济分类设置明细科目核算？

[解答] 不需要。《政府会计制度》规定，业务活动费用应当按照项目、服务或者业务类别、支付对象等进行明细核算；单位管理费用应当按照项目、费用类别、支付对象等进行明细核算。为了满足成本核算和编制会计报表需要，还可按照"工资福利费用""商品和服务费用""对个人和家庭的补助费用""固定资产折旧费""无形资产摊销"等项目设置明细科目，归集能够直接计入业务活动（或单位管理活动）或采用一定方法计算后计入业务活动（或单位管理活动）的费用。财务会计费用类科目不强制要求按照经济分类设置明细科目，可根据成本核算等需要视情况设置。

预算支出应当分别按照"财政拨款支出""非财政专项资金支出"和"其他资金支出"，"基本支出"和"项目支出"等进行明细核算，并按照《政府收支分类科目》中"支出功能分类科目"的项级科目进行明细核算；"基本支出"和"项目支出"明细科目下应当按照《政府收支分类科目》中"部门预算支出经济分类科目"的款级科目进行明细核算，同时在"项目支出"明细科目下按照具体项目进行明细核算。有一般公共预算财政拨款、政府性基金预算财政拨款等两种或两种以上财政拨款的事业单位，还应当在"财政拨款支出"明细科目下按照财政拨款的种类进行明细核算。

[问题 7] 单位开展业务活动是否需要按规定计提印花税？

[解答] 不需要。单位开展业务活动不需要计提印花税，实际缴交时直接通过"业

务活动费用"科目核算,财务会计借记"业务活动费用"科目,贷记"银行存款"等科目。预算会计:按照实际支付的金额,借记"行政支出"或"事业支出"科目,贷记"财政拨款预算收入""资金结存"科目。

[案例] 2019 年底某事业单位缴纳印花税 5 000 元,以银行转账方式支付给相关部门,账务处理为:

财务会计		预算会计	
借:业务活动费用/单位管理费用	5 000	借:事业支出	5 000
贷:银行存款	5 000	贷:资金结存——货币资金	5 000

[问题 8] 事业单位从横向课题(项目)经费提取项目间接费或管理费如何进行账务处理?

[解答] 横向课题(项目)一般都是具体部门为了解决工作中的难题和技术难关而制定的项目,通过提供项目经费与研发酬劳而实现的项目委托方与受托方的直接合作。做课题的单位和企事业单位是平等协商的合同关系。横向课题(项目)经费来源性质一般为非财政性质的资金。

按规定提取项目间接费用或管理费时,按照提取的金额,财务会计借记"单位管理费用"科目,贷记"预提费用"科目(项目间接费用或管理费)。预算会计借记"非财政拨款结转——项目间接费用或管理费"科目,贷记"非财政拨款结余——项目间接费用或管理费"科目。

实际使用计提的项目间接费用或管理费时,按照实际支付的金额,财务会计借记"预提费用"科目(项目间接费用或管理费),贷记"银行存款""库存现金"等科目。预算会计借记"事业支出"等科目,贷记"资金结存——货币资金"科目。

[案例] A 市农业科学研究院从某大学取得一项农业技术规划项目课题收入(横向课题),B 按单位规定提取项目管理费 40 000 元,账务处理为:

财务会计		预算会计	
借:业务活动费用/单位管理费用	40 000	借:非财政拨款结转——项目间接费用或管理费	40 000
贷:预提费用——项目间接费用或管理费	40 000	贷:非财政拨款结余——项目间接费用或管理费	40 000

[问题 9] 事业单位从财政科研项目(课题)中提取项目间接费用或管理费的如何进行账务处理?

[解答] 根据《政府会计准则制度解释第 2 号》"三、关于从财政科研项目中提取项目间接费用或管理费的账务处理",单位按规定从财政科研项目中计提项目间接费用

或管理费的，应当按照以下规定进行账务处理：

（1）从财政科研项目中提取项目间接费用或管理费时，按照计提的金额，财务会计借记"业务活动费用""单位管理费用"等科目，贷记"预提费用——项目间接费用或管理费"科目；预算会计不作处理。

（2）将计提的项目间接费用或管理费从本单位零余额账户划转到实有资金账户时，按照划转的资金金额：财务会计借记"银行存款"科目，贷记"零余额账户用款额度"科目；预算会计借记"资金结存——货币资金"科目，贷记"资金结存——零余额账户用款额度"科目。

（3）使用计提的项目间接费用或管理费时，按照实际支付的金额，财务会计借记"预提费用——项目间接费用或管理费"科目，贷记"银行存款——财政拨款资金"科目；预算会计借记"行政支出""事业支出"等科目，贷记"资金结存——货币资金"科目。

［案例］某气象规划设计院2019年6月24日收到中央财政拨来的计划课题大气检测科研项目经费100 000元，单位按照规定的比例5%提取项目管理费5 000元用于单位管理活动，2019年12月21日使用项目管理费支付院内水电费4 000元。账务处理为：

（1）收到项目资金时：

财务会计	预算会计
借：零余额账户用款度　　　　100 000 　贷：财政拨款收入　　　　　　100 000	借：资金结存——零余额账户用款额度　100 000 　贷：财政拨款预算收入　　　　　　　100 000

（2）计提项目管理费时：

财务会计	预算会计
借：单位管理费用　　　　　　　5 000 　贷：预提费用——项目间接费用或管理费　5 000	不记账

（3）划转资金：

财务会计	预算会计
借：银行存款　　　　　　　　　5 000 　贷：零余额账户用款额度　　　　5 000	借：资金结存——货币资金　　　　　　5 000 　贷：资金结存——零余额账户用款额度　5 000

（4）使用项目管理费时：

财务会计	预算会计
借：预提费用——项目间接费用或管理费　4 000 　贷：银行存款　　　　　　　　　4 000	借：事业支出　　　　　　　　　　　　4 000 　贷：资金结存——货币资金　　　　　4 000

[问题 10] 事业单位提取专用基金,是否都计入费用科目?如何提取、设置和使用专用基金?

[解答] 不一定都计入费用科目。专用基金是指事业单位按照规定提取或者设置的有专门用途的资金,包括职工福利基金和其他基金等。形成专用基金有三种来源渠道:一是从年度非财政拨款结余或经营结余中提取的,如职工福利基金;二是从收入中按一定比例提取并计入当期费用的,如科技成果转化基金;三是根据特殊目的按规定设置的,如高校设置的留本基金。

(1) 年末,根据有关规定从本年度非财政拨款结余或经营结余中提取专用基金的,按照预算会计下计算的提取金额,财务会计借记"本年盈余分配"科目,贷记"专用基金"科目;预算会计借记"非财政拨款结余分配",贷记"专用结余"科目。

(2) 根据有关规定,从收入中提取专用基金并计入费用的,一般按照预算会计下以预算收入的一定比例计算提取的金额,财务会计借记"业务活动费用"等科目,贷记"专用基金"科目;预算会计不进行账务处理。

(3) 根据有关规定设置的其他专用基金,按照实际收到的基金金额,财务会计借记"银行存款"等科目,贷记"专用基金"科目;预算会计不进行账务处理。

使用专用基金时,按照使用的金额,财务会计记入借方"专用基金"科目,贷方"银行存款"等科目。购置固定资产/无形资产的,财务会计记入借方"固定资产/无形资产"科目,贷方"银行存款"等科目,借方"专用基金"科目,贷方"累计盈余"科目;预算会计记入借方"事业支出"(使用从收入中提取并列入费用的基金)或"专用结余"(使用从非财政拨款结余/经营结余中提取的基金)科目,贷方"资金结存"科目。

[案例] 2019 年末,A 科研院所从非财政拨款结余中按比例提取职工福利基金 50 000 元,同时从事业收入中提取科技成果转化基金 8 000 元。2020 年 2 月 21 日,单位购进 200 只医用外科口罩,从职工福利基金支付 900 元。2020 年 5 月 20 日从科技成果转化基金中支付科研用途的设备款 2 000 元。账务处理为:

(1) 计提时:

财务会计		预算会计	
借:本年盈余分配	50 000	借:非财政拨款结余分配	50 000
业务活动费用	8 000	贷:专用结余	50 000
贷:专用基金	58 000		

(2) 2020 年 2 月 21 日购买口罩:

财务会计		预算会计	
借:专用基金	900	借:专用结余	900
贷:库存现金	900	贷:资金结存——货币资金	900

(3) 2020 年 5 月 20 日购买设备：

财务会计		预算会计	
借：固定资产	2 000		
贷：银行存款	2 000	借：事业支出	2 000
借：专用基金	2 000	贷：资金结存——货币资金	2 000
贷：累计盈余	2 000		

[问题 11] 事业单位需计提应付福利费吗？原账留有的应付福利费余额怎么办？

[解答] 不计提。根据《关于进一步做好政府会计准则制度新旧衔接和加强行政事业单位资产核算的通知》（财会〔2018〕34 号）"（十一）关于应付福利费"规定，新制度未设置"应付福利费"科目，单位按规定发生福利费开支时，应当在计提标准内据实计入费用（同时计入预算支出）。单位在新旧制度转换时，应当对原账的"应付福利费"科目余额进行分析：在财务会计下，将其中属于职工福利基金的金额转入新账的"专用基金——职工福利基金"科目，将其他余额转入新账的"累计盈余"科目。在预算会计下，对于其中属于从财政拨款中提取的金额，应当在确定新账的"财政拨款结余"科目余额时作为调增项处理，对于其中属于职工福利基金（从非财政拨款结余中提取形成）的金额，应当在确定新账的"专用结余"科目余额时作为调增项处理，对于其他余额，应当在确定新账的"非财政拨款结余"科目余额时作为调增项处理，同时按照相同的金额登记新账的"资金结存——货币资金"科目借方。

[案例] A 事业单位 2020 年 6 月 15 日使用零余额账户支付单位自办食堂职工工作餐购蔬菜、米、油等支出 50 000 元，账务处理为：

财务会计		预算会计	
借：业务活动费用	50 000	借：事业支出	50 000
贷：零余额账户用款额度	50 000	贷：资金结存	50 000

[问题 12] 疫情期间单位购买防疫物资、支付相关费用、支付奖励，如何进行账务处理？

关于上述问题，我们用以下 3 个案例加以说明：

[案例] 2020 年 2 月 B 疾控中心使用中央财政拨款资金购买一批防护服用于疫情防控，金额为 50 000 元，防护服于当日入库。次日，工作人员领用防护服 3 000 元。账务处理为：

（1）购买防护服：

财务会计		预算会计	
借：库存物品	50 000	借：事业支出	50 000
贷：零余额账户用款额度	50 000	贷：资金结存	50 000

(2) 领用防护服：

财务会计	预算会计
借：业务活动费用　　　　　　　3 000 　　贷：库存物品　　　　　　　　　　3 000	不记账

[案例] 某医院为奋斗在一线救治新冠肺炎患者的医护人员发放临时性补助，按照发放标准，2020年3月应发放补助250 000元。该笔补助于4月5日通过财政直接支付形式发放，进行账务处理时应考虑：

发放给医护人员的临时性补助为国家规定的津补贴，应按照发放职工薪酬进行账务处理，计算确认当期应付职工薪酬，财务会计借记"业务活动费用""单位管理费用"科目，贷记"应付职工薪酬"科目，预算会计不需要进行账务处理；向职工支付工资、津贴补贴等薪酬时，按照实际支付的金额，财务会计借记"应付职工薪酬"科目，贷记"财政拨款收入""零余额账户用款额度""银行存款"等科目，预算会计借记"事业支出"科目，贷记"财政拨款预算收入""资金结存"等科目。因此，具体账务处理为：

(1) 3月底计提时：

财务会计	预算会计
借：业务活动费用——工资福利费用　250 000 　　贷：应付职工薪酬——国家统一津补贴　250 000	不记账

(2) 4月5日发放时：

财务会计	预算会计
借：应付职工薪酬——国家统一津补贴　250 000 　　贷：财政拨款收入　　　　　　　　　250 000	借：事业支出——工资福利支出　　250 000 　　贷：财政拨款预算收入　　　　　　250 000

[案例] C事业单位对在疫情防控中做出贡献的工作人员进行奖励，对获得嘉奖、记功、记大功表彰的工作人员给予一次性奖金共计100 000元，计提后予以发放。采用财政授权支付方式支付。进行账务处理时应考虑：发放给工作人员的一次性奖金应按照发放职工薪酬进行账务处理，计算确认当期应付职工薪酬，财务会计借记"业务活动费用""单位管理费用"科目，贷记"应付职工薪酬"科目，预算会计不需要进行账务处理。向职工支付工资、津贴补贴等薪酬时，按照实际支付的金额，财务会计借记"应付职工薪酬"科目，贷记"财政拨款收入""零余额账户用款额度""银行存款"等科目，预算会计借记"事业支出"科目，贷记"财政拨款预算收入""资金结存"等科目。具体账务处理为：

（1）计提时：

财务会计	预算会计
借：业务活动费用——工资福利费用　100 000 　　贷：应付职工薪酬——规范性津补贴　100 000	不记账

（2）发放时：

财务会计	预算会计
借：应付职工薪酬——规范性津补贴　100 000 　　贷：零余额账户用款额度　100 000	借：事业支出——工资福利支出　100 000 　　贷：资金结存——零余额账户用款额度　100 000

[问题13] 事业单位按照规定使用售房款发放购房补贴应如何进行账务处理？

[解答] 根据《政府会计准则制度解释第1号》"十、关于单位售房款的会计处理"，中央级行政事业单位应当自2019年1月1日起，将归属于本单位的售房款及其利息收入纳入部门预算管理，并按照《政府会计制度》统一进行会计核算。按规定使用售房款发放购房补贴的，计提购房补贴费用时，借记"业务活动费用""单位管理费用"等科目，贷记"应付职工薪酬"科目的相关明细科目；发放购房补贴时，借记"应付职工薪酬"科目的相关明细科目，贷记"银行存款"等科目，同时在预算会计中借记"行政支出""事业支出"等科目，贷记"资金结存"科目。

[案例] 某事业单位为中央级事业单位，2019年2月按照规定使用售房款发放行政后勤人员的购房补贴340 000元，账务处理为：

（1）计提时：

财务会计	预算会计
借：单位管理费用　340 000 　　贷：应付职工薪酬　340 000	不记账

（2）发放时：

财务会计	预算会计
借：应付职工薪酬　340 000 　　贷：银行存款　340 000	借：事业支出　340 000 　　贷：资金结存　340 000

[问题14] 单位在本年末以财政直接支付方式发放下年度1月职工薪酬应如何进行账务处理？

[解答] 根据《政府会计准则制度解释第1号》"三、关于单位年末暂收暂付非财政资金的会计处理"的规定，（一）对于纳入本年度部门预算管理的暂付款项，按照《政府会计制度》规定，单位在支付款项时可不进行预算会计处理，待结算或报销时，

按照结算或报销的金额,借记相关预算支出科目,贷记"资金结存"科目。但是,在年末结账前,对于尚未结算或报销的暂付款项,单位应当按照暂付的金额,借记相关预算支出科目,贷记"资金结存"科目。以后年度,实际结算或报销金额与已计入预算支出的金额不一致的,单位应当通过相关预算结转结余科目"年初余额调整"明细科目进行处理。(二)对于应当纳入下一年度部门预算管理的暂收款项,单位在收到款项时,借记"银行存款"等科目,贷记"其他应付款"科目;本年度不进行预算会计处理。待下一年初,单位应当按照上年暂收的款项金额,借记"其他应付款"科目,贷记有关收入科目;同时在预算会计中,按照暂收款项的金额,借记"资金结存"科目,贷记有关预算收入科目。对于应当纳入下一年度部门预算管理的暂付款项,单位在付出款项时,借记"其他应收款"科目,贷记"银行存款"等科目,本年度不做预算会计处理。待下一年实际结算或报销时,单位应当按照实际结算或报销的金额,借记有关费用科目,按照之前暂付的款项金额,贷记"其他应收款"科目,按照退回或补付的金额,借记或贷记"银行存款"等科目;同时,在预算会计中,按照实际结算或报销的金额,借记有关支出科目,贷记"资金结存"科目。下一年度内尚未结算或报销的,按照上述(一)中的规定处理。"

[**案例**] 2019 年 12 月 25 日,A 单位预支 2020 年度 1 月职工工资 600 000 元,通过财政直接支付方式支付,账务处理为:

(1) 2019 年 12 月 25 日:

财务会计		预算会计
借:其他应收款	600 000	不记账
贷:其他应付款	600 000	

(2) 2020 年 1 月确认职工薪酬:

财务会计		预算会计	
借:业务活动费用	600 000		
贷:应付职工薪酬	600 000		
借:应付职工薪酬	600 000	借:事业支出	600 000
贷:财政拨款收入	600 000	贷:财政拨款预算收入	600 000
借:其他应付款	600 000		
贷:其他应收款	600 000		

[**问题 15**] 单位代发由社保负担的退休人员养老金,应如何进行账务处理?

[**解答**] 单位收到拨付的养老金时,财务会计借记"银行存款"科目,贷记"其他应付款"科目。实际发放时,借记"其他应付款"科目,贷记"银行存款"科目。因为这部分资金是不纳入单位预算管理的资金,所以预算会计不记账。

[案例] 某事业单位3月5日收到社保局转来退休人员养老金47 000元，该事业单位退休人员养老金由社保局统一负担，并于3月7日发放至退休人员储蓄卡中。账务处理为：

（1）收到资金时：

财务会计		预算会计
借：银行存款——基本账户存款	47 000	不记账
贷：其他应付款	47 000	

（2）发放时：

财务会计		预算会计
借：其他应付款	47 000	不记账
贷：银行存款——基本账户存款	47 000	

[问题16] 单位向工会提供经费补助，资金划入工会独立账户，应如何进行账务处理？

[解答] 按照安排的工会经费金额，财务会计借记"单位管理费用"科目，贷记"银行存款"等科目，预算会计借记"事业支出""行政支出"等科目，贷记"资金结存"科目。

[案例] B事业单位向划转工会提供补助24 000元，资金转入工会独立账户，账务处理为：

财务会计		预算会计	
借：单位管理费用	24 000	借：事业支出	24 000
贷：银行存款——基本账户存款	24 000	贷：资金结存——货币资金	24 000

[问题17] 单位支付的审计费用应如何进行账务处理？

B事业单位委托会计师事务所对单位2019年度财政收支进行审计，支付的审计费用应如何进行账务处理？

[解答] 审计费用应列入单位管理费用中核算。单位管理费用财务会计应为借记"单位管理费用"科目，贷记"银行存款"科目。预算会计借记"事业支出——基本支出——商品和服务支出——委托业务费"科目，贷记"资金结存——货币资金"科目。

[案例] 某单位委托会计师事务所对201×年度财政收支进行审计，签订合同金额为20 000元，并于签订合同次日支付，账务处理为：

财务会计		预算会计	
借：单位管理费用	20 000	借：事业支出——基本支出——商品和服务支出——	
贷：银行存款	20 000	委托业务费	20 000
		贷：资金结存——货币资金	20 000

[问题 18] 事业单位为了开展经营活动长期聘用职工，发生的职工薪酬、代扣住房公积金、养老保险、个人所得税等应如何进行账务处理？

[解答] 业务活动费用是单位实现自身职能开展的专业业务活动及其辅助活动所发生的各项费用。经营费用核算事业单位在专业业务活动及其辅助活动之外开展非独立核算经营活动发生的各项费用。事业单位为了开展经营活动长期聘用职工，发生的职工薪酬、代扣住房公积金、养老保险、个人所得税等应归集到经营费用中。为经营活动人员计提的薪酬，按照计算确定的金额，财务会计借记"经营费用"科目，贷记"应付职工薪酬"科目。为经营活动人员支付薪酬时，按照实际支付的金额，预算会计借记"经营支出"科目，贷记"资金结存"科目。按照规定代扣代缴个人所得税以及代扣代缴或为职工缴纳职工社会保险费、住房公积金时，按照实际缴纳的金额，预算会计借记"经营支出"科目，贷记"资金结存"科目。

[案例] 某事业单位为了开展经营活动长期聘用3名职工，201×年3月发生本月工资薪酬25 000元（其中基本工资10 000元，绩效工资15 000元），并在工资中代扣个人应缴的养老保险费2 000元、住房公积金2 100元、个人所得税1 500元。基本养老保险单位负担部分为3 000元，单位负担的住房公积金为2 100元。账务处理为：

（1）计提时：

财务会计	预算会计
借：经营费用——工资福利费用 　　　　　　　　30 100（25 000 + 5 100） 　贷：应付职工薪酬——基本工资　　10 000 　　　　　　　　　　——社会保险费　3 000 　　　　　　　　　　——住房公积金　2 100 　　　　　　　　　　——绩效工资　　15 000	不记账

（2）实际发放工资时：

财务会计	预算会计
①借：应付职工薪酬——基本工资（基本离退休费） 　　　　　　　　　　　　　　　　5 600 　贷：应付职工薪酬——机关事业单位基本养老 　　　　　　　　　　保险缴费　　　2 000 　　　　　　　　——住房公积金　　2 100 　　　其他应交税费——代扣代缴的个人所得税 　　　　　　　　——工资薪金个税　1 500 ②借：应付职工薪酬——基本工资（基本离退休费） 　　　　　　　　　　　　　　　　4 400 　　　应付职工薪酬——绩效工资　15 000 　贷：银行存款——基本账户存款　　19 400	借：经营支出——工资福利支出——其他工资福利支出——编外长期聘用人员工资福利支出——编外长聘人员基本工资　　　　　　10 000 　　　　　　——工资福利支出——其他工资福利支出——编外长期聘用人员工资福利支出——编外长聘人员津贴补贴　　　　　　15 000 　贷：资金结存——货币资金——银行存款　25 000

(3) 缴纳个人所得税时：

财务会计	预算会计
借：其他应交税费——代扣代缴的个人所得税——工资薪金个税　1 500 　　贷：银行存款——基本账户存款　1 500	不记账

(4) 缴纳养老保险和住房公积金和个人部分 4 100 元：

财务会计	预算会计
借：应付职工薪酬——机关事业单位基本养老保险缴费　5 000（3 000＋2 000） 　　　　　　　　——住房公积金　4 200（2 100＋2 100） 　　贷：银行存款——基本账户存款　9 200	借：经营支出——工资福利支出——其他工资福利支出——编外长期聘用人员　5 100 　　贷：资金结存——货币资金　5 100

[问题19] 单位报废固定资产、取得保险理赔、发生相关处置费用，应如何进行账务处理？

[解答] 对处置过程中相关收入、赔偿、费用等的账务处理：

(1) 发生相关收入、赔偿、费用等时：处置过程中取得的残值或残值变价收入、保险理赔和过失人赔偿等，财务会计借记"库存现金""银行存款""库存物品""其他应收款"等科目，贷记"待处理财产损溢"科目；发生的相关费用，借记"待处理财产损溢"科目，贷记"库存现金""银行存款"等科目。预算会计不进行账务处理。

(2) 处理收支结清时的账务处理，按照规定经批准处理时：

①如果处理收入大于相关费用，按照处理收入减去相关费用后的净收入，财务会计借记"待处理财产损溢"科目，贷记"应缴财政款"等科目；预算会计不进行账务处理。

②如果处理收入小于相关费用，按照相关费用减去处理收入后的净支出，财务会计借记"资产处置费用"科目，贷记"待处理财产损溢"科目；预算会计借记"其他支出"科目，贷记"资金结存"等科目。

[案例] 某事业单位发生固定资产报废，报废的固定资产原值 200 000 元，已计提折旧 100 000 元，以银行存款方式取得保险理赔 50 000 元，发生相关处置费用 600 元，用现金支付，对报废资产账面价值的账务处理为：

(1) 转入待处理财产损溢时：

财务会计	预算会计
借：待处理财产损溢——待处理财产价值　100 000 　　固定资产累计折旧　100 000 　　贷：固定资产　200 000	不记账

(2) 取得保险理赔时：

财务会计		预算会计
借：银行存款　　　　　　　　　　　50 000		不记账
贷：待处理财产损溢——处理净收入　　50 000		

(3) 发生处置费用时：

财务会计		预算会计
借：待处理财产损溢——处理净收入　　600		不记账
贷：库存现金　　　　　　　　　　　600		

(4) 按照规定经批准处理时：

财务会计		预算会计
借：资产处置费用　　　　　　　　　　100 000		
贷：待处理财产损溢——待处理财产价值　100 000		不记账
借：待处理财产损溢——处理净收入　　49 400		
贷：应缴财政款　　　　　　　　　　49 400		

[**问题 20**] 疫情防控期间，单位将库存的一批防疫物资捐赠给社区志愿者，应如何进行账务处理？

[**解答**] 以实物形式捐赠产生的费用通过"资产处置费用"进行核算。按照处置资产的账面价值，财务会计借记"资产处置费用"科目，贷记"库存物品"科目。不涉及现金收支的，预算会计不需要进行账务处理。

[**案例**] 疫情防控期间，A 单位将库存的一批防疫物资捐赠给社区志愿者，该批物资价值 30 000 元。账务处理为：

财务会计		预算会计
借：资产处置费用　　　　　　　　　　30 000		不记账
贷：库存物品　　　　　　　　　　　30 000		

[**问题 21**] 事业单位经批准对外出售一批库存的防疫物品，应如何进行账务处理？

[**解答**] 单位经批准对外出售库存物品，按照出售发出库存物品的账面余额，财务会计借记"资产处置费用"科目，贷记"库存物品"科目；同时，按照收到的价款，借记"银行存款"等科目，按照处置过程中发生的相关费用，贷记"银行存款"等科目，按照其差额，借记"资产处置费用"科目或贷记"应缴财政款"等科目。

[案例] 某医院经批准对外出售一批库存的防疫物品，账面余额为 50 000 元，销售价格（不含税）为 60 000 元，增值税销项税为 7 800 元，应如何进行账务处理？

（1）出售库存物品：

财务会计		预算会计
借：资产处置费用　　　　　50 000		不记账
贷：库存物品　　　　　　　　　50 000		

（2）取得货款：

财务会计		预算会计
借：银行存款　　　　　　　67 800		不记账
贷：应缴财政款——应缴国库款　　60 000		
应交增值税——应交销项税　　7 800		

（3）上缴财政：

财务会计		预算会计
借：应缴财政款——应缴国库款　60 000		不记账
贷：银行存款　　　　　　　　　60 000		

[问题 22] 单位对外捐赠固定资产，应如何进行账务处理？

[解答] 按照捐赠固定资产的账面价值，财务会计借记"资产处置费用"科目，按照累计折旧的数额，借记"固定资产累计折旧"科目，按照处置资产的账面余额，贷记"固定资产"科目。按照实际发生的费用金额，借记"资产处置费用"科目，贷记"银行存款""库存现金"等科目。预算会计借记"其他支出"科目，贷记"资金结存"科目。

[案例] B 单位捐给当地希望小学一批新电脑（该批电脑当月刚入库未计提折旧），价值 600 000 元，运输期间发生运输费用 500 元，使用银行存款支付，账务处理为：

财务会计		预算会计	
借：资产处置费用	600 500	借：其他支出	500
贷：固定资产	600 000	贷：资金结存——货币资金	500
银行存款	500		

[问题 23] 事业单位暂时不上缴按要求需上缴上级部门的统筹款，应如何进行账务处理？

[解答] 单位发生上缴上级支出的，按照实际上缴的金额或者按照规定计算出应当上缴上级单位的金额，财务会计借记"上缴上级费用"科目，贷记"银行存款""其他应付款"等科目。预算会计：按照规定将款项上缴上级单位的，按照实际上缴的金

额，借记"上缴上级支出"科目，贷记"资金结存"科目。

[案例] 某事业单位按照事业收入的20%上缴集中统筹款100 000元，因年底资金困难，暂时不上缴。账务处理为

（1）发生上缴时：

财务会计	预算会计
借：上缴上级费用　　　　　100 000 　贷：其他应付款——其他　　　　100 000	不记账

（2）实际上缴时：

财务会计	预算会计
借：其他应付款——其他　　　100 000 　贷：银行存款——基本账户存款　100 000	借：上缴上级支出　　　　　100 000 　贷：资金结存——货币资金　　100 000

[问题24] 事业单位收到上年度企业所得税退税，如何进行会计处理？

[解答] 收到上年退回的所得税时，财务会计借记"银行存款"，贷记"累计盈余"，预算会计借记"资金结存"，贷记"非财政拨款结余——累计结余"。

[案例] 某事业单位2020年4月30日收到税务机关退回上年所交的所得税1 000元，当月发生增值税减免了1 000元，由于当月收入小于10万元减免相应城市维护建设税120元，账务处理为：

（1）收到当年退回的所得税时：

财务会计	预算会计
借：银行存款　　　　　　　1 000 　贷：累计盈余　　　　　　　　1 000	借：资金结存——货币资金　　1 000 　贷：非财政拨款结余——累计结余　1 000

（2）增值税及附加税减免：

财务会计	预算会计
借：应交税金——应交增值税（减免税款）1 000 　　其他应交税费——城市维护建设税　　120 　贷：经营费用　　　　　　　　　　　1 120	不记账

[问题25] 事业单位汇算清缴需要补缴上年度企业所得税，应如何进行账务处理？

[解答] 申报补缴税额时，调整增加以前年度所得税费用时，按照调整增加的金额，财务会计借记"累计盈余"科目，贷记"其他应交税费——企业所得税"科目。

不涉及现金收支，不需要进行预算会计账务处理。

实际补缴时，财务会计借记"其他应交税费——企业所得税"科目，贷记"银行存款"等科目。预算会计借记"非财政拨款结余——年初余额调整"科目，贷记"资金结存"科目。

[案例] 2020年3月某事业单位委托税务师事务所对上一年度应缴企业所得税进行汇缴清算，税审报告反映，该单位上年度已缴企业所得税 300 000 元，清算后应缴企业所得税 310 000 元。据此，该单位会计人员进行了税务申报。2020年4月5日，银行转来税务局的托收单，补缴上年度应缴未缴的企业所得税 10 000 元。账务处理为：

（1）申报时：

财务会计	预算会计
借：累计盈余　　　　　　　　　　10 000 　贷：其他应交税费——企业所得税　　10 000	不记账

（2）实际缴纳时：

财务会计	预算会计
借：其他应交税费——企业所得税　　10 000 　贷：银行存款——基本账户存款　　　10 000	借：非财政拨款结余——年初余额调整　　10 000 　贷：资金结存——货币资金——银行存款　10 000

[问题26] 事业单位汇算清缴时，对于上年度多缴纳的企业所得税需要退税，应如何进行账务处理？

[解答] 调整减少以前年度所得税费用时，财务会计按照调整减少的金额，借记"其他应交税费——企业所得税"科目，贷记"累计盈余"科目。不涉及现金收支，预算会计不进行账务处理。实际退税时，财务会计借记"银行存款"科目，贷记"其他应交税费——企业所得税"科目。预算会计借记"资金结存——货币资金"科目，贷记"非财政拨款结余——年初余额调整"科目。

[案例] 2020年3月经过税务师事务所对某事业单位上一年度应缴企业所得税的清算，发现该单位会计自己计算的应缴所得税额有误，多计了 10 000 元。根据税务审计报告，该单位进行了纳税调整申报。

（1）2020年4月20日，实际退税 10 000 元。账务处理为：

财务会计	预算会计
借：其他应交税费——企业所得税　　10 000 　贷：累计盈余　　　　　　　　　　　10 000	不记账

（2）实际退税时：

财务会计		预算会计	
借：银行存款	10 000	借：资金结存——货币资金	10 000
贷：其他应交税费——企业所得税	10 000	贷：非财政拨款结余——年初余额调整	10 000

[问题 27] 单位为支持疫情防控工作，使用自有资金购买医用口罩一批捐赠给医院，该批防控物资直接由生产商供货给医院，应如何进行账务处理？

[解答] 单位将用货币资金购买的疫情防控物资（未入库）直接捐出，视同货币资金捐出。财务会计：按照实际捐赠的金额，借记"其他费用"科目，贷记"银行存款""库存现金"等科目。预算会计：按照捐赠金额，借记"其他支出"科目，贷记"资金结存——货币资金"科目。

[案例] 某事业单位为支持疫情防控工作，使用单位的自有资金购买医用口罩一批捐赠给某医院，价值 50 000 元。该批防控物资直接由生产商供货给医院。账务处理为：

财务会计		预算会计	
借：其他费用	50 000	借：其他支出	50 000
贷：银行存款	50 000	贷：资金结存——货币资金	50 000

[问题 28] 单位接到上级部门通知下沉至社区开展防疫工作，因财政资金未到位用单位实有资金垫付，应如何进行账务处理？

[解答] 根据《政府会计准则制度解释第 2 号》"二、关于归垫资金的账务处理"规定，单位按规定在财政授权支付用款额度或财政直接支付用款计划下达之前，用本单位实有资金账户资金垫付相关支出，再通过财政授权支付方式或财政直接支付方式将资金归还原垫付资金账户的，应当按照以下规定进行账务处理：

（1）用本单位实有资金账户资金垫付相关支出时，按照垫付的资金金额，借记"业务活动费用"等科目，贷记"银行存款"科目；同时，在预算会计中借记"行政支出""事业支出"等支出科目下的"非财政专项资金支出""其他资金支出"明细科目，贷记"资金结存——货币资金"科目。

（2）通过财政直接支付方式将资金归还原垫付资金账户时，按照归垫的资金金额，借记"银行存款"科目，贷记"财政拨款收入"科目，并在预算会计中借记"资金结存——货币资金"科目，贷记"财政拨款预算收入"科目，同时借记"行政支出""事业支出"等支出科目下的"财政拨款支出"明细科目，贷记相关支出科目下的"非财政专项资金支出""其他资金支出"明细科目（归还以前年度垫付资金的，应当借记非财政拨款结转结余相关明细科目，贷记财政拨款结转结余相关明细科目）。

（3）通过财政授权支付方式将资金归还原垫付资金账户时，按照归垫的资金金额，借记"银行存款"科目，贷记"零余额账户用款额度"科目，并在预算会计中借记

"资金结存——货币资金"科目，贷记"资金结存——零余额账户用款额度"科目，同时，借记"行政支出""事业支出"等支出科目下的"财政拨款支出"明细科目，贷记相关支出科目下的"非财政专项资金支出""其他资金支出"明细科目（归还以前年度垫付资金的，应当借记非财政拨款结转结余相关明细科目，贷记财政拨款结转结余相关明细科目）。

[案例] 某街道办事处2月份接到上级部门通知，下沉至社区开展防疫工作，期间发生支出30 700元，因财政资金未到位，用单位实有资金垫付，3月初财政资金到账，以授权支付方式归垫。账务处理为：

（1）垫付资金时：

财务会计		预算会计	
借：业务活动费用	30 700	借：行政支出——其他资金支出	30 700
贷：银行存款	30 700	贷：资金结存——货币资金	30 700

（2）通过财政授权支付方式归垫资金：

财务会计		预算会计	
		借：资金结存——货币资金——财政拨款资金	30 700
借：银行存款——财政拨款资金	30 700	贷：资金结存——零余额账户用款额度	30 700
贷：零余额账户用款额度	30 700	借：行政支出——财政拨款支出	30 700
		贷：行政支出——其他资金支出	30 700

[问题29] 公车改革后，行政单位向在职人员发放的公车补贴如何进行账务处理？

[解答] 财务会计借记"业务活动费用"科目，贷记"财政拨款收入""零余额账户用款额度"等科目。公务交通补贴并非个人福利，而是弥补公务出行的补助，具有商品和服务支出的性质。因此，按照实际发生的金额，公务交通补贴，预算会计借记"行政支出——基本支出——商品和服务支出——其他交通费用"科目，贷记"财政拨款预算收入""资金结存——零余额账户用款额度"等科目。

[案例] 某行政单位2015年公车改革后，每月向在职人员发放公车补贴20 000元，以授权支付方式。账务处理为：

财务会计		预算会计	
借：业务活动费用	20 000	借：行政支出——基本支出——商品和服务支出——	
贷：零余额账户用款额度	20 000	其他交通费用	20 000
		贷：资金结存——零余额账户用款额度	20 000

[问题30] 单位支付的离休人员特需费，支出的经济分类科目是否应列入"对个人和家庭补助支出——离休费"明细科目核算？

[解答] 特需经费主要用于解决离休干部的特殊困难和必要的活动经费开支，不得平均发给个人或挪作他用，当年节余可以跨年度使用。因此，离休人员特需费不能列入"对个人和家庭补助支出——离休费"科目核算。支付离休人员特需费时，财务会计借记"业务活动费用"科目，贷记"财政拨款收入""零余额账户用款额度"等科目。预算会计应在支出科目下的"基本支出——商品和服务支出——其他商品和服务支出"科目核算。贷记"财政拨款预算收入""资金结存——零余额账户用款额度"等科目。

[案例] 某行政单位2019年授权支付离退休人员特需费200 000元。账务处理为：

财务会计	预算会计
借：业务活动费用　　　　　200 000 　贷：零余额账户用款额度　　　　200 000	借：行政支出——基本支出——商品和服务支出—— 　　其他商品和服务支出　　　200 000 　贷：资金结存——零余额账户用款额度　200 000

[问题31] 对单位在职职工发放未休假补贴，支出的经济分类科目是否应列入"对个人和家庭补助支出"明细科目核算？

[解答] 不可以。对在职职工发放未休假补贴，不属于单方面无偿的补助，不能列入"对个人和家庭的补助"科目核算。应在支出科目下"基本支出——工资福利支出——其他工资福利支出"科目核算。财务会计借记"业务活动费用"科目，贷记"财政拨款收入""零余额账户用款额度"等科目。按照实际发生的金额，预算会计应在支出科目下"基本支出——工资福利支出——其他工资福利支出"科目核算，贷记"财政拨款预算收入""资金结存——零余额账户用款额度"等科目。

[案例] 某行政单位2019年对上年未休完年假的在职职工发放未休假补贴200 000元，以授权支付方式支付。账务处理为：

财务会计	预算会计
借：业务活动费用　　　　　200 000 　贷：零余额用款额度　　　　　200 000	借：行政支出——基本支出——工资福利支出——其 　　他工资福利支出　　　　　200 000 　贷：资金结存——零余额账户用款额度　200 000

[问题32] 单位通过预付账款购买货物，是在支付款项时确认支出，还是在结算或报账时确认支出？如何进行账务处理？

[解答] 应在支付款项时预算会计确认支出。单位采用预付款方式购买货物，按照合同协议规定支付款项时，支付的货款是纳入部门预算管理的现金流出，因此应在支付时进行确认。

(1) 预付相关款项：

根据购货合同或协议规定预付款项时，按照预付金额，财务会计借记"预付账款"科目，贷记"财政拨款收入""零余额账户用款额度""银行存款"等科目；预算会计借记"行政支出""事业支出""经营支出"等科目，贷记"财政拨款预算收入""资金结存"等科目。

(2) 收到所购货物：

收到所购货物时，按照购入货物的成本，借记"库存物品"等科目，按照相关预付账款的账面余额，贷记"预付账款"科目，按照实际补付的金额，贷记"财政拨款收入""零余额账户用款额度""银行存款"等科目（涉及增值税业务的，相关账务处理还需要通过"应交增值税"科目核算）。按照合同或协议预付款项以及后续补付款项时，借记"行政支出""事业支出""经营支出"等科目，贷记"财政拨款预算收入""资金结存"等科目。预算会计不进行账务处理。

[案例] B事业单位2020年4月23日向某公司购买3套办公柜，签订购买合同并以财政直接支付方式支付货款2 700元，2020年5月5日货物已收到且入库。账务处理为：

(1) 预付货款时：

财务会计		预算会计	
借：预付账款	2 700	借：事业支出	2 700
贷：财政拨款收入	2 700	贷：财政拨款预算收入	2 700

(2) 收到货物且入库时：

财务会计		预算会计
借：库存物品	2 700	不记账
贷：预付账款	2 700	

[问题33] 单位年末的暂付款，如何进行账务处理？

[解答] 年末结账前，单位应当对暂收暂付款项进行全面清理，并对于纳入本年度部门预算管理的暂收暂付款项进行预算会计处理，确认相关预算收支，确保预算会计信息能够完整反映本年度部门预算收支执行情况。一是财政资金性质的暂付款，根据部门预算管理的要求年末应当清理完毕，所有的财政预算应全部执行完，不应产生跨年事项。二是年末非财政资金性质的暂付款，按《政府会计准则制度解释第1号》"三、关于单位年末暂收暂付非财政资金的会计处理"相关要求处理。

(1) 对于纳入本年度部门预算管理的暂付款项，按照《政府会计制度》规定，单位在支付款项时可不进行预算会计处理，待结算或报销时，按照结算或报销的金额，借记相关预算支出科目，贷记"资金结存"科目。但是，在年末结账前，对于尚未结算或报销的暂付款项，单位应当按照暂付的金额，借记相关预算支出科目，贷记"资金结存"科目。以后年度，实际结算或报销金额与已计入预算支出的金额不一致的，单位应当通过相关预算结转结余科目"年初余额调整"明细科目进行处理。

（2）对于应当纳入下一年度部门预算管理的暂收款项，单位在收到款项时，借记"银行存款"等科目，贷记"其他应付款"科目；本年度不进行预算会计处理。待下一年初，单位应当按照上年暂收的款项金额，借记"其他应付款"科目，贷记有关收入科目；同时在预算会计中，按照暂收款项的金额，借记"资金结存"科目，贷记有关预算收入科目。

对于应当纳入下一年度部门预算管理的暂付款项，单位在付出款项时，借记"其他应收款"科目，贷记"银行存款"等科目，本年度不进行预算会计处理。待下一年实际结算或报销时，单位应当按照实际结算或报销的金额，借记有关费用科目，按照之前暂付的款项金额，贷记"其他应收款"科目，按照退回或补付的金额，借记或贷记"银行存款"等科目；同时，在预算会计中，按照实际结算或报销的金额，借记有关支出科目，贷记"资金结存"科目。下一年度内尚未结算或报销的，按照上述（1）中的规定处理。

（3）对于不纳入部门预算管理的暂收暂付款项（如应上缴、应转拨或应退回的资金），单位应当按照《政府会计制度》规定，仅进行财务会计处理，不进行预算会计处理。

[案例] 某事业单位采用暂付款报销时预算会计列支方式，2019 年 11 月 30 日暂付应由单位负担的职工李红住院费 20 000 元，以零余额账户支付，年底李红未到财务进行结算报销。2020 年 1 月 15 日，李红到财务报销医药费 17 800 元，退回零余额账户 2 200 元。该单位应如何进行账务处理？

（1）11 月 30 日暂付款项时：

财务会计	预算会计
借：其他应收款——李红　　20 000 　　贷：零余额账户用款额度　　20 000	不记账

（2）年末对暂付款项清理：

财务会计	预算会计
不记账	借：事业支出——基本支出——对个人和家庭补助支出——医疗费　　20 000 　　贷：资金结存——零余额账户用款额度　　20 000

（3）2020 年 1 月 15 日结算报销：

财务会计		预算会计	
借：业务活动费用	17 800	借：资金结存——零余额账户用款额度	2 200
零余额账户用款额度	2 200	贷：财政拨款结余——年初余额调整	2 200
贷：其他应收款——李红	20 000		

[案例] 某事业单位采用暂付款报销时预算会计列支方式，2019年5月30日用自有资金暂付职工李红住院费20 000元，此笔医疗费纳入下一年度预算。年末未进行报销结算。2020年2月21日，李红到财务实际报销21 500元，补交1 500元的款项。该单位如何进行账务处理？

（1）5月30日发生时，预算会计暂不处理：

财务会计		预算会计
借：其他应收款——李红	20 000	不记账
贷：银行存款	20 000	

（2）年末对暂付款项清理，预算会计不记账。

（3）2020年2月21日实际结算21 500元：

财务会计		预算会计	
借：业务活动费用	21 500	借：事业支出——基本支出——对个人和家庭补助支出——医疗费	21 500
贷：其他应收款——李红	20 000	贷：资金结存——货币资金	21 500
库存现金	1 500		

[案例] 某行政单位实行暂付款报销时预算会计列支方式，2019年12月职工张三差旅费借款5 000元，银行存款支付，年底张三未到财务报销。2020年3月10日，张三因新冠肺炎疫情未能出差，退回5 000元借款。账务处理为：

（1）12月支付时：

财务会计		预算会计
借：其他应收款——张三	5 000	不记账
贷：银行存款	5 000	

（2）2019年12月：

财务会计	预算会计	
不记账	借：行政支出——基本支出——公用经费	5 000
	贷：资金结存——货币资金	5 000

（3）2020年3月10日结算时：

财务会计		预算会计	
借：银行存款	5 000	借：资金结存——货币资金	5 000
贷：其他应收款——张三	5 000	贷：非财政拨款结余——年初余额调整	5 000

[问题34] 单位预付账款发生退款，预算会计应如何进行账务处理？

[解答] 单位发生预付账款退回时，需要注意区分是当年预付账款退回还是以前年度预付账款退回，并进行相应的账务处理。

发生预付账款退回的，按照实际退回金额，财务会计借记"财政拨款收入"（本年直接支付）、"财政应返还额度"（以前年度直接支付）、"零余额账户用款额度""银行存款"等科目，贷记"预付账款"科目；属于当年预付账款退回的，预算会计借记"财政拨款预算收入""资金结存"等科目，贷记"行政支出""事业支出""经营支出"等科目；属于以前年度预付账款退回的，借记"资金结存"科目，贷记"财政拨款结余——年初余额调整""财政拨款结转——年初余额调整"等科目。

[案例] 某事业单位2020年4月30日收到1月预付账款的退款6 000元，该款项采用财政直接支付方式支付，同时收到2019年11月预付账款退款19 000元，该款项采用财政直接支付方式支付，属于上年度财政拨款专项资金，该项目剩余资金已转入财政拨款结转。账务处理为：

（1）收到1月预付账款退回：

财务会计		预算会计	
借：财政拨款收入	6 000	借：财政拨款预算收入	6 000
贷：预付账款	6 000	贷：事业支出	6 000

（2）收到上年度11月预付账款退回：

财务会计		预算会计	
借：财政应返还额度	19 000	借：资金结存——财政应返还额度	19 000
贷：预付账款	19 000	贷：财政拨款结转——年初余额调整	19 000

[问题35] 事业单位开展专业业务活动缴纳的城市维护建设税、教育费附加、地方教育费附加、车船税、房产税、城镇土地使用税等，每月需要计提吗？

[解答] 需要。发生城市维护建设税、教育费附加、地方教育费附加、车船税、房产税、城镇土地使用税等纳税义务的，财务会计按照税法规定计算的应缴税费金额，借记"业务活动费用""单位管理费用""经营费用"等科目，贷记"其他应交税费"科目（应交城市维护建设税、应交教育费附加、应交地方教育费附加、应交车船税、应交房产税、应交城镇土地使用税等）。

实际缴纳上述各种税费时,财务会计借记"其他应交税费"科目(应交城市维护建设税、应交教育费附加、应交地方教育费附加、应交车船税、应交房产税、应交城镇土地使用税、应交个人所得税、单位应交所得税等),贷记"财政拨款收入""零余额账户用款额度""银行存款"等科目。预算会计按照实际缴纳的税费,借记"事业支出"等科目,贷记"资金结存"科目。

[案例] B 事业单位属于增值税一般纳税人,2020 年 1 月末计提城市维护建设税、教育费附加、地方教育费附加共 8 456.97 元,2020 年 2 月 10 日上缴应交税费,账务处理为:

(1) 2020 年 1 月底计提其他应交税费 8 456.97 元(应缴增值税为 70 474.65 元,假设按城市维护建设税 7%、教育费附加 3%、地方教育费附加 2% 计提)

财务会计	预算会计
借:业务活动费用　　　　　　　8 456.97 　贷:其他应交税费——应交城市维护建设税 　　　　　　　　　　　　　　4 933.23 　　　　　——应交教育费附加　2 114.24 　　　　　——应交地方教育费附加 　　　　　　　　　　　　　　1 409.50	不记账

(2) 2020 年 2 月 10 日缴纳税款:

财务会计	预算会计
借:其他应交税费——应交城市维护建设税 　　　　　　　　　　　　　　4 933.23 　　　　　——应交教育费附加　2 114.24 　　　　　——应交地方教育费附加 　　　　　　　　　　　　　　1 409.50 　贷:银行存款　　　　　　　　8 456.97	借:事业支出——其他资金支出——城市维护建设税 　　　　　　　　　　　　　　4 933.23 　　　——其他资金支出——教育费附加 　　　　　　　　　　　　　　2 114.24 　　　——其他资金支出——地方教育费附加 　　　　　　　　　　　　　　1 409.50 　贷:资金结存——货币资金　　8 456.97

[问题 36] 事业单位按照规定向在职人员发放的供暖补贴、物业补贴,预算会计应放在"事业支出——基本支出——对个人和家庭补助"科目还是"事业支出——基本支出——工资福利支出"科目核算?

[解答] 应在"事业支出——基本支出——工资福利支出"科目核算。2018 年实行支出经济分类改革后,将机关事业单位在职人员的采暖费补贴、物业补贴由"对个人和家庭的补助"调整到"工资福利支出"下的"津贴补贴"科目。预算会计账务处理为借记"事业支出——基本支出——工资福利支出"科目,贷记"资金结存""财

政拨款预算收入"等科目。财务会计账务处理借记"业务活动费用""单位管理费用"等科目，贷记"零余额账户用款额度""财政拨款收入"等科目。

[问题37] 按照规定由单位负担的在职人员住房公积金，预算会计核算时应通过哪个明细科目核算？

[解答] 事业单位应记入"事业支出——工资福利支出——住房公积金"科目核算。行政单位应记入"行政支出——工资福利支出——住房公积金"科目。预算会计账务处理借记"事业支出——工资福利支出——住房公积金""行政支出——工资福利支出——住房公积金"等科目，贷记"资金结存""财政拨款预算收入"等科目。财务会计账务处理借记"业务活动费用""单位管理费用"等科目，贷记"零余额账户用款额度""财政拨款收入"等科目。

[问题38] 按照规定单位向在职人员发放的购房补贴、提租补贴，预算会计核算时应使用哪个明细科目核算？

[解答] 事业单位应记入"事业支出——基本支出——工资福利支出——津贴补贴"科目。行政单位应记入"行政支出——基本支出——工资福利支出——津贴补贴"科目。预算会计账务处理为借记"事业支出——基本支出——工资福利支出——津贴补贴""行政支出——基本支出——工资福利支出——津贴补贴"等科目，贷记"资金结存""财政拨款预算收入"等科目。财务会计账务处理借记"业务活动费用""单位管理费用"等科目，贷记"零余额账户用款额度""财政拨款收入"等科目。

[问题39] 事业单位为了开展业务活动聘用三类非在职人员：签订了正式劳动合同的外聘人员、临时聘用的人员、劳务派遣人员。预算会计核算时，这三类人员的工资待遇应放在哪个明细科目？

[解答] 长期聘用人员与单位签订劳动合同，享受同工同酬待遇，支出以工资表的形式列支，长期聘用人员工资在"事业支出——基本支出——工资福利支出——其他工资福利支出"科目核算。预算会计账务处理为借记"事业支出——基本支出——工资福利支出——其他工资福利支出"科目，贷记"资金结存""财政拨款预算收入"等科目。

临时聘用人员应与单位签订劳务合同，支出须取得税务发票列支，不允许以工资表形式列支，临时聘用人员在"事业支出——基本支出——商品和服务支出——劳务费"科目核算。预算会计账务处理为借记"事业支出——基本支出——商品和服务支出——劳务费"科目，贷记"资金结存""财政拨款预算收入"等科目。

劳务派遣人员为单位与劳务派遣单位签订合同，支付给劳务派遣公司的费用，在"事业支出——基本支出——商品和服务支出——劳务费"科目核算。预算会计账务处理为借记"事业支出——基本支出——商品和服务支出——劳务费"科目，贷记"资金结存""财政拨款预算收入"等科目。

以上三类人员工资待遇核算，财务会计账务处理均为借记"业务活动费用""单位管理费用"等科目，贷记"零余额账户用款额度""财政拨款收入"等科目。

［问题 40］事业单位发生出租车费用，预算会计应在哪个科目核算？

［解答］租车费用列"事业支出——基本支出（项目支出）——商品和服务支出——其他交通费用"科目核算。"其他交通费用"反映单位除公务用车运行维护费以外的其他交通费用，如公务交通补贴、租车费用、出租车费用等。预算会计账务处理为借记"事业支出——基本支出（项目支出）——商品和服务支出——其他交通费用"科目，贷记"资金结存"科目；财务会计账务处理为借记"业务活动费用""单位管理费用"等科目，贷记"零余额账户用款额度""银行存款"等科目。

［问题 41］事业单位按月向生活困难的在职职工和困难遗属发放补助，预算会计应在哪个科目核算？

［解答］生活困难的在职职工的生活补助，预算会计应在"事业支出——基本支出——工资福利支出——其他工资福利支出"科目核算。预算会计账务处理为借记"事业支出——基本支出——工资福利支出——其他工资福利支出"科目，贷记"资金结存"科目。

职工遗属补助，预算会计应在"事业支出——基本支出——对个人和家庭的补助——生活补助"科目核算。预算会计账务处理为借记"事业支出——基本支出——对个人和家庭的补助——生活补助"科目，贷记"资金结存"科目。

财务会计账务处理均为借记"业务活动费用""单位管理费用"等科目，贷记"零余额账户用款额度""银行存款"等科目。

［问题 42］事业单位在职人员加班产生的餐费、误餐支出，预算会计应在哪个明细科目核算？

［解答］在职人员因加班发生的餐费支出，预算会计应列入"事业支出——基本支出——商品和服务支出——其他商品和服务支出"科目核算。疫情防控期间发放的误餐补助也应列入"事业支出——基本支出——商品和服务支出——其他商品和服务支出"科目核算。预算会计账务处理为借记"事业支出——基本支出——商品和服务支出——其他商品和服务支出"科目，贷记"资金结存"等科目。财务会计账务处理均为借记"业务活动费用""单位管理费用"等科目，贷记"零余额账户用款额度""银行存款"等科目。

［问题 43］单位购买图书，应如何进行账务处理？

［解答］单位以建图书阅览室、图书室名义购买的图书，预算会计应列入"事业支出——基本支出（项目支出）——资本性支出——其他资本性支出"科目核算，并按

固定资产进行管理。

对于业务人员购买的一般业务用书,预算会计一般列为"事业支出——基本支出(项目支出)——商品和服务支出——办公费"科目。财务会计账务处理均为借记"业务活动费用""单位管理费用"等科目,贷记"零余额账户用款额度""银行存款"等科目。

[案例] 某事业单位为了加强职工专业知识的学习,专门建立了图书阅览室,并以 6 000 元购置了一批书,使用财政授权支付,账务处理为:

财务会计		预算会计	
借:固定资产——图书	6 000	借:事业支出——基本支出——资本性支出——其他资本性支出	6 000
贷:零余额账户用款额度	6 000	贷:资金结存	6 000

[问题 44] 单位发生公务接待费用,同时收到来访人员交来的餐费并开具资金往来票据,应如何进行账务处理?

[解答] 根据《政府会计准则制度解释第 2 号》"五、关于收取差旅伙食费和市内交通费的账务处理"相关内容,接待单位按规定收取出差人员差旅伙食费和市内交通费并出具相关票据的,应当按照以下规定进行账务处理:

(1) 单位不承担支出责任的,应当按照收到的款项金额,借记"库存现金"等科目,贷记"其他应付款"科目或"其他应收款"科目(前期已垫付资金的);向其他会计主体转付款时,借记"其他应付款"科目,贷记"库存现金"等科目。预算会计不进行处理。

(2) 单位承担支出责任的,应当按照收到的款项金额,借记"库存现金"等科目,贷记相关费用科目;同时在预算会计中借记"资金结存"科目,贷记相关支出科目。

[案例] 某事业单位 2019 年 10 月发生一笔公务接待费用 1 200 元,同时收到 2 名来访人员交来的餐费 50 元,该事业单位承担支出责任,并开具资金往来票据。账务处理为:

财务会计		预算会计	
借:业务活动费用——商品和服务费用	1 200	借:事业支出——其他资金支出——商品和服务支出	1 200
贷:银行存款——基本账户存款	1 200	贷:资金结存——货币资金	1 200
同时:		同时:	
借:库存现金	50	借:资金结存——货币资金	50
贷:业务活动费用——商品和服务费用	50	贷:事业支出——其他资金支出——商品和服务支出	50

[问题 45] 事业单位在食堂进行公务接待，同时收到来访人员交来的餐费并开具资金往来票据。食堂职工工作餐的费用从职工福利基金列支。单位应如何对交来的餐费进行账务处理？

[解答] 因食堂职工工作餐的费用从职工福利基金列支，故该公务接待费用应增加职工福利基金。

[案例] 某事业单位 2019 年 11 月发生一笔公务接待，同时收到来访人员交来的餐费 50 元，并开具资金往来票据。由于接待餐与职工工作餐无法严格区分，经办人员只能凭公函、公务接待审批单填写公务接待清单入账。账务处理为：

财务会计		预算会计	
借：库存现金	50	借：资金结存——货币资金	50
贷：专用基金——职工福利基金	50	贷：专用结余——职工福利基金	50

[问题 46] 事业单位慰问因公负伤住院的职工，使用福利费购买了营养品，应如何进行账务处理？

[解答] 慰问因公负伤职工，使用福利费购买营养品 1 000 元，分两种情况进行账务处理：

第一种情况，从职工福利基金中使用的：

财务会计		预算会计	
借：专用基金——职工福利基金	1 000	借：专用结余	1 000
贷：银行存款——基本账户存款	1 000	贷：资金结存——货币资金——银行存款	1 000

第二种情况，据实列支的：

财务会计		预算会计	
借：业务活动费用——计提专用基金	1 000	借：事业支出——基本支出——商品和服务支出——福利费	1 000
贷：银行存款——基本账户存款	1 000	贷：资金结存——货币资金——银行存款	1 000

[问题 47] 事业单位科研项目发放劳务费代扣个人所得税时，应如何进行账务处理？

[解答] 发放科研项目劳务费用时，预算会计按应支付劳务费用总金额借记"事业支出——项目支出——劳务费（××项目）"，按代扣代缴个人所得税额借记"事业支出——项目支出——税金及附加费用（借方红字）"，按实际发放金额贷记"资金结存"。财务会计账务处理为，按应支付劳务费用总金额借记"业务活动费用""单位管

理费用"等科目，按实际发放金额贷记"银行存款""零余额账户用款额度"等科目，按照代扣代缴的个人所得税贷记"其他应交税费"科目。实际缴纳个人所得税时，按代扣代缴的金额，预算会计借记"事业支出——项目支出——税金及附加费用"，贷记"资金结存"，财务会计借记"其他应交税费"科目，贷记"银行存款""零余额账户用款额度"等科目。

[问题48] 事业单位在进行企业所得税汇算清缴时，财政补贴收入、纳入财政预算管理的行政事业性收费、附属单位从经营单位税后利润中上缴款项、上级拨入专款等，可以进行税前扣除吗？

[解答] 可以。事业单位对财政补贴收入、纳入财政预算管理的行政事业性收费、附属单位从经营单位税后利润中上缴款项、上级拨入专款等都可以在税前扣除，或者说这些收入都是免征所得税的。

[问题49] 对附属单位补助支出属于事业单位长期股权投资核算内容吗？

[解答] 不属于。"对附属单位补助支出"科目核算事业单位用财政拨款预算收入之外的收入对附属单位补助发生的现金流出。"长期股权投资"是资产类科目，核算事业单位依法取得的持有时间超过1年（不含1年）的股权和债权性质的投资。

[问题50] 事业单位偿还借款本金和利息是否都记入"债务还本支出"？

[解答] 本金计入，利息不计入。事业单位偿还短期或长期借款时，按照偿还的借款本金，借记"债务还本支出"科目。偿还债务利息时应通过"其他支出"科目进行核算。

[问题51] 事业单位从银行取得借款用于工程建设，每年支付利息是否都应计入当期费用？

[解答] 为建造固定资产、公共基础设施等应支付的专门借款利息，按期计提利息时，分别按下列情况处理：

（1）工程项目建设期间（不含工程暂停期间，工程暂停是指工程发生非正常中断且中断时间超过3个月）发生的利息，计入工程成本，按照计算确定的应支付的利息金额，借记"在建工程"科目，贷记"应付利息"科目。

（2）工程项目完工交付使用后发生的利息（包括工程暂停期间发生的利息），计入当期费用，按照计算确定的应支付的利息金额，借记"其他费用"科目，贷记"应付利息"科目。

[案例] C事业单位2019年7月1日从银行借入为期3年的贷款10 000 000元用于工程建设，贷款年利息率为6%，每年7月1日用银行存款支付完贷款年度利息。3年后，该单位用银行存款支付偿还的贷款本金和第三贷款年度的利息，账务处理为：

（1）取得借款时：

财务会计		预算会计	
借：银行存款	10 000 000	借：资金结存——货币资金	10 000 000
贷：长期借款——本金	10 000 000	贷：债务预算收入	10 000 000

（2）每月末计提计息［10 000 000×0.06÷12＝50 000（元）］时：

财务会计		预算会计
借：在建工程	50 000	不记账
贷：应付利息	50 000	

（3）第一、二次支付贷款利息［50 000×12＝600 000（元）］时：

财务会计		预算会计	
借：应付利息	600 000	借：其他支出	600 000
贷：银行存款	600 000	贷：资金结存——货币资金	600 000

（4）归还贷款本金10 000 000元和第三次利息600 000元时：

财务会计		预算会计	
借：长期借款——本金	10 000 000	借：债务还本支出	10 000 000
应付利息	600 000	其他支出	600 000
贷：银行存款	10 600 000	贷：资金结存——货币资金	10 600 000

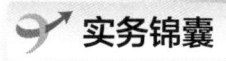

实务锦囊

1. 如何区分研发支出中的研究支出和开发支出

根据《政府会计准则第4号——无形资产》规定，"研究"是指为获取并理解新的科学或技术知识而进行的独创性的有计划调查。"开发"是指在进行生产或使用前，将研究成果或其他知识应用于某项计划或设计，以生产出新的或具有实质性改进的材料、装置、产品等。两者的区别在于前者为研究调查阶段，后者为研究成果应用阶段。

2. 权责发生制政府综合财务报告

权责发生制政府综合财务报告通常也称为政府综合财务报告，是指反映各级政府整体财务状况、运行情况和财政中长期可持续性的报告。报告内容主要包括政府资产负债表、收入费用表等财务报表和报表附注，以及以此为基础进行的综合分析等。

3.《政府会计准则——基本准则》对行政事业单位的影响

《政府会计准则——基本准则》（以下简称《基本准则》）对行政事业单位的影响主要有：

（1）规范会计核算标准和模式，强化管理会计职能。

《基本准则》的颁布，建立了政府预算会计和财务会计适度分离又相互衔接的政府会计核算模式。新型核算体系中收付实现制、权责发生制共同运行，以及决算报告、财务报告的相互结合，能全面反映政府财务信息和政府预算执行情况。《基本准则》中的核算模式、核算基础的变化，对会计核算提出了新的要求，为行政事业单位财务管理的发展指明方向，会计工作重心由原本的重视核算到重视管理决策，促使行政事业单位建立以财务信息为基准，预算管理为主体的会计体系，强化管理会计职能，全面、真实的反映预算收支；强化财会职能，真实反映财务现状；发挥管理会计作用，从财务会计、预算会计中提取有利信息，加工处理后用于单位决策、规划中，推动政府会计改革。

（2）强化财务监督，防范财务风险。

《基本准则》对各个会计要素的确认、计量和列示等提出了原则性要求，对会计信息质量提出了明确的标准，有助于行政事业单位对各项经济业务或事项进行全面、规范地会计处理，不断提升单位会计信息质量。行政事业单位根据《基本准则》标准和要求完善内控制度，优化内部环境，健全内外部的控制制度，建立规范、合理的风险评估机制，能提升单位的财务监督水平，预防财务风险的发生，促进行政事业单位发展。

（3）规范资产管理，提升资产管理水平。

《基本准则》的出台，重新定义了资产，加大了非流动资产的核算范围，强调将权责发生制作为基础进行核算。行政事业单位将《基本准则》作为基准，基于资产界定范围，规范资产的记录和核算，保证实际账目和预算相符；完善资产管理机制，加大资产管理力度；明确资产管理职责，科学、合理地设置岗位，有助于行政事业单位严格落实有关国有资产管理的规定，全面、真实反映增量和存量资产的状况，夯实单位资产管理的基础，提升资产管理水平，实现资金、资产和资源的科学合理配置，促进行政事业单位持续健康发展。

4. 预算会计和财务会计的比较

预算会计是以收付实现制为基础对政府会计主体预算执行过程中发生的全部收入和全部支出进行会计核算，主要反映和监督预算收支执行情况的会计。收付实现制是指以现金的实际收付为标志来确定本期收入和支出的会计核算基础，凡在当期实际发生的现金收入和支出，均应作为当期发生的收入和支出；凡是不属于当期发生的现金收入和支出，均不应当作为当期的收入和支出。

财务会计是以权责发生制为基础对政府会计主体发生的各项经济业务或者事项进行会计核算，主要反映和监督政府会计主体财务状况、运行情况和现金流量等的会计。权责发生制以取得收取款项的权利或支付款项的义务为标志来确定本期收入和费用的会计核算基础，凡是当期已经实现的收入和已经发生的或应当负担的费用，不论款项是否收付，都应当作为当期的收入和费用；凡是不属于当期的收入和费用，即使款项已在当期收付，也不应当作为当期的收入和费用。

5. 会计政策及其变更的确认

1. 会计政策确认：政府会计主体应当对相同或者相似的经济业务或者事项采用相同的会计政策进行会计处理。但是，其他政府会计准则制度另有规定的除外。

2. 会计政策变更的确认：政府会计主体采用的会计政策，在每一会计期间和前后各期应当保持一致。但是，满足下列条件之一的，可以变更会计政策：

（1）法律、行政法规或者政府会计准则制度等要求变更。

（2）会计政策变更能够提供有关政府会计主体财务状况、运行情况等更可靠、更相关的会计信息。

3. 不属于会计政策变更的情形：

（1）本期发生的经济业务或者事项与以前相比具有本质差别而采用新的会计政策。

（2）对初次发生的或者不重要的经济业务或者事项采用新的会计政策。

6. 什么是追溯调整法

1. 政府会计主体应当按照政府会计准则制度规定对会计政策变更进行处理。

2. 政府会计准则制度对会计政策变更未做出规定的，通常情况下，政府会计主体应当采用追溯调整法进行处理。采用追溯调整法时，政府会计主体应当将会计政策变更的累积影响调整最早前期有关净资产项目的期初余额，其他相关项目的期初数也应一并调整；涉及收入、费用等项目的，应当将会计政策变更的影响调整受影响期间的各个相关项目。

（1）会计政策变更的累积影响，是指按照变更后的会计政策对以前各期追溯计算的最早前期各个受影响的净资产项目以及其他相关项目的期初应有金额与现有金额之间的差额。

（2）会计政策变更的影响，是指按照变更后的会计政策对以前各期追溯计算的各个受影响的项目变更后的金额与现有金额之间的差额。

3. 政府会计主体按规定编制比较财务报表的：

（1）对于比较财务报表可比期间的会计政策变更影响，应当调整各该期间的收入或者费用以及其他相关项目，视同该政策在比较财务报表期间一直采用。

（2）对于比较财务报表可比期间以前的会计政策变更的累积影响，政府会计主体应当调整比较财务报表最早期间所涉及的期初净资产各项目，财务报表其他相关项目的期初数也应一并调整。

7. 什么是未来适用法

指将变更后的会计政策应用于变更当期及以后各期发生的经济业务或者事项，或者在会计估计变更当期和未来期间确认会计估计变更的影响的方法。会计政策变更的影响或者累积影响不能合理确定的，政府会计主体应当采用未来适用法对会计政策变更进行处理。采用未来适用法时，政府会计主体不需要计算会计政策变更产生的影响或者累积影响，也无需调整财务报表相关项目的期初数和比较财务报表相关项目的金额。

8. 会计估计变更和未来适用法适用的情况

1. 会计估计变更确认，政府会计主体据以进行估计的基础发生了变化，或者由于取得新信息、积累更多经验以及后来的发展变化，可能需要对会计估计进行修订。

会计估计变更应以掌握的新情况、新进展等真实、可靠的信息为依据。

2. 未来适用法在会计估计变更中的应用：

（1）政府会计主体应当对会计估计变更采用未来适用法处理。

（2）会计估计变更时，政府会计主体不需要追溯计算前期产生的影响或者累积影响，但应当对变更当期和未来期间发生的经济业务或者事项采用新的会计估计进行处理。

（3）会计估计变更仅影响变更当期的，其影响应当在变更当期予以确认；会计估计变更既影响变更当期又影响未来期间的，其影响应当在变更当期和未来期间分别予以确认。

3. 政府会计主体对某项变更难以区分为会计政策变更或者会计估计变更的，应当按照会计估计变更的处理方法进行处理。

9. 本期发现的会计差错的会计处理要求

政府会计主体在本报告期（以下简称本期）发现的会计差错，应当按照以下原则处理：

（1）本期发现的与本期相关的会计差错，应当调整本期报表（包括财务报表和预算会计报表，下同）相关项目。

（2）本期发现的与前期相关的重大会计差错，如影响收入、费用或者预算收支的，应当将其对收入、费用或者预算收支的影响或者累积影响调整发现当期期初的相关净资产项目或者预算结转结余，并调整其他相关项目的期初数；如不影响收入、费用或者预算收支的，应当调整发现当期相关项目的期初数。经上述调整后，视同该差错在差错发生的期间已经得到更正。

与前期相关的重大会计差错的影响或者累积影响不能合理确定的，政府会计主体可比照以下第（3）条的规定进行处理。

重大会计差错，是指政府会计主体发现的使本期编制的报表不再具有可靠性的会计差错，一般是指差错的性质比较严重或者差错的金额比较大。该差错会影响报表使用者对政府会计主体过去、现在或者未来的情况做出评价或者预测，则认为性质比较严重，如未遵循政府会计准则制度、财务舞弊等原因产生的差错。通常情况下，导致差错的经济业务或者事项对报表某一具体项目的影响或者累积影响金额占该类经济业务或者事项对报表同一项目的影响金额的10%及以上，则认为金额比较大。

政府会计主体滥用会计政策、会计估计及其变更，应当作为重大会计差错予以更正。

（3）本期发现的与前期相关的非重大会计差错，应当将其影响数调整相关项目的本期数。

10. 报告日后期间发现的会计差错的会计处理的要求

1. 政府会计主体在报告日至报告批准报出日之间发现的报告期以前期间的重大会计差错，应当视同本期发现的与前期相关的重大会计差错，比照会计调整准则第十四条第（二）款规定，本期发现的与前期相关的重大会计差错，如影响收入、费用或者预算收支的，应当将其对收入、费用或者预算收支的影响或者累积影响调整发现当期期初的相关净资产项目或者预算结转结余，并调整其他相关项目的期初数；如不影响收入、费用或者预算收支的，应当调整发现当期相关项目的期初数。经上述调整后，视同该差错在差错发生的期间已经得到更正。与前期相关的重大会计差错的影响或者累积影响不能合理确定的，政府会计主体应当将其影响数调整相关项目的本期数进行处理。

重大会计差错，是指政府会计主体发现的使本期编制的报表不再具有可靠性的会计差错，一般是指差错的性质比较严重或者差错的金额比较大。该差错会影响报表使用者对政府会计主体过去、现在或者未来的情况做出评价或者预测，则认为性质比较严重，如未遵循政府会计准则制度、财务舞弊等原因产生的差错。通常情况下，导致差错的经济业务或者事项对报表某一具体项目的影响或者累积影响金额占该类经济业务或者事项对报表同一项目的影响金额的10%及以上，则认为金额比较大。

政府会计主体滥用会计政策、会计估计及其变更，应当作为重大会计差错予以更正。

2. 政府会计主体在报告日至报告批准报出日之间发现的报告期间的会计差错及报告期以前期间的非重大会计差错，应当按照会计调整准则第五章报告日后事项中十八条"应当如同报告所属期间发生的事项一样进行会计处理，对报告日已编制的报表相关项目的期末数或者本期数作相应的调整，并对当期编制的报表相关项目的期初数或者上期数进行调整。"的调整事项进行处理。

11.《政府会计制度——行政事业单位会计科目和报表》的创新

《政府会计制度——行政事业单位会计科目和报表》（以下简称《制度》）的主要创新有：

（1）重构了政府会计核算模式。

《制度》构建了"财务会计和预算会计适度分离并相互衔接"的会计核算模式。

①所谓"适度分离"，是指适度分离政府预算会计和财务会计功能，决算报告和财务报告功能，全面反映政府会计主体的预算执行信息和财务信息，主要体现在以下几个方面：

"双功能"，在同一会计核算系统中实现财务会计和预算会计双重功能，通过资产、负债、净资产、收入、费用五个要素进行财务会计核算，通过预算收入、预算支出和预算结余三个要素进行预算会计核算。

"双基础"，财务会计采用权责发生制，预算会计采用收付实现制，国务院另有规定的，依照其规定。

"双报告"，通过财务会计核算形成财务报告，通过预算会计核算形成决算报告。

②所谓"相互衔接"，是指在同一会计核算系统中政府预算会计要素和相关财务会计要素相互协调，决算报告和财务报告相互补充，共同反映政府会计主体的预算执行信息和财务信息，主要体现在：

一是对纳入部门预算管理的现金收支进行"平行记账"。对于纳入部门预算管理的现金收支业务，在进行财务会计核算的同时也应当进行预算会计核算。对于其他业务，仅需要进行财务会计核算。

二是财务报表与预算会计报表之间存在勾稽关系。通过编制"本期预算结余与本期盈余差异调节表"并在附注中进行披露，反映单位财务会计和预算会计因核算基础和核算范围不同所产生的本年盈余数（即本期收入与费用之间的差额）与本年预算结余数（本年预算收入与预算支出的差额）之间的差异，从而揭示财务会计和预算会计的内在联系。

（2）统一了现行各项单位会计制度。

①《制度》有机整合了《行政单位会计制度》《事业单位会计制度》和医院、基层医疗卫生机构、高等学校、中小学校、科学事业单位、彩票机构、地勘单位、测绘单位、林业（苗圃）等行业事业单位会计制度的内容。

②在科目设置、科目和报表项目说明中，一般情况下，不再区分行政和事业单位，也不再区分行业事业单位。

③在核算内容方面，基本保留了现行各项制度中的通用业务和事项，同时根据改革需要增加各级各类行政事业单位的共性业务和事项。

④在会计政策方面，对同类业务尽可能做出同样的处理规定。

（3）强化了财务会计功能。

①《制度》在财务会计核算中全面引入了权责发生制，在会计科目设置和账务处理说明中着力强化财务会计功能。

②增加了收入和费用两个财务会计要素的核算内容，并原则上要求按照权责发生制进行核算。

③增加了应收款项和应付款项的核算内容，对长期股权投资采用权益法核算，确认自行开发形成的无形资产的成本，要求对固定资产、公共基础设施、保障性住房和无形资产计提折旧或摊销，引入坏账准备等减值概念，确认预计负债、待摊费用和预提费用等。

（4）扩大了政府资产负债核算范围。

①《制度》在现行制度基础上，扩大了资产负债的核算范围。

②除按照权责发生制核算原则增加有关往来账款的核算内容，在资产方面，增加了公共基础设施、政府储备物资、文物文化资产、保障性住房和受托代理资产的核算内容，以全面核算单位控制的各类资产；增加了"研发支出"科目，以准确反映单位自行开发无形资产的成本。

③在负债方面，增加了预计负债、受托代理负债等核算内容，以全面反映单位所承担的现时义务。

④为了准确反映单位资产扣除负债之后的净资产状况，《制度》立足单位会计核算需要，借鉴国际公共部门会计准则相关规定，将净资产按照主要来源分类为累计盈余和专用基金，并根据净资产其他来源设置了权益法调整、无偿调拨净资产等会计科目。

（5）改进了预算会计功能。

①《制度》对预算会计科目及其核算内容进行了调整和优化，以进一步完善预算会计功能。

②在核算内容上，预算会计仅需核算预算收入、预算支出和预算结余。

③在核算基础上，预算会计除按《预算法》要求的权责发生制事项外，均采用收付实现制核算，有利于避免现在制度下存在的虚列预算收支的问题。

④在核算范围上，为了体现新《预算法》的精神和部门综合预算的要求，《制度》将依法纳入部门预算管理的现金收支均纳入预算会计核算范围，如增设了债务预算收入、债务还本支出、投资支出等。

（6）整合了基建会计核算。

①按照2013年事业单位会计制度规定，单位对于基本建设投资的会计核算除遵循相关会计制度规定外，还应当按照国家有关基本建设会计核算的规定单独建账、单独核算，但同时应将基建账相关数据按期并入单位"大账"。

②《制度》依据《基本建设财务规则》和相关预算管理规定，在充分吸收《国有建设单位会计制度》合理内容的基础上对单位建设项目会计核算进行了规定。

③单位对基本建设投资按照本制度规定统一进行会计核算，不再单独建账，大大简化了单位基本建设业务的会计核算，有利于提高单位会计信息的完整性。

（7）完善了报表体系和结构。

①《制度》将报表分为预算会计报表和财务报表两大类。

②预算会计报表由预算收入表、预算结转结余变动表和财政拨款预算收入支出表组成，是编制部门决算报表的基础。

③财务报表由会计报表和附注构成，会计报表由资产负债表、收入费用表、净资产变动表和现金流量表组成，其中，单位可自行选择编制现金流量表。

④《制度》针对新的核算内容和要求对报表结构进行了调整和优化，对报表附注

应当披露的内容进行了细化，对会计报表重要项目说明提供了可参考的披露格式、要求按经济分类披露费用信息、要求披露本年预算结余和本年盈余的差异调节过程等。

(8) 增强了制度的可操作性。

①《制度》在附录中采用列表方式，以《制度》中规定的会计科目使用说明为依据，按照会计科目顺序对单位通用业务或共性业务和事项的账务处理进行了举例说明。

②在举例说明时，对同一项业务或事项，在表格中列出财务会计分录的同时，平行列出相对应的预算会计分录（如果有）。

③通过对经济业务和事项举例说明，能够充分反映《制度》所要求的财务会计和预算会计"平行记账"的核算要求，便于会计人员学习和理解政府会计八要素的记账规则，也有利于单位会计核算信息系统的开发或升级改造。

12. 财务报表的定义及组成

(1) 财务报表是对政府会计主体财务状况、运行情况和现金流量等信息的结构性表述。

(2) 财务报表至少包括下列组成部分：①资产负债表；②收入费用表；③附注。

政府会计主体可以根据实际情况自行选择编制现金流量表。

财务报表编制和列报准则适用于政府会计主体个别财务报表和合并财务报表。行政事业单位个别财务报表的编制和列报，还应遵循《政府会计制度——行政事业单位会计科目和报表》的规定；其他政府会计主体个别财务报表的编制和列报，还应遵循其他相关会计制度。其他政府会计准则有特殊列报要求的，从其规定。

13. 政府财务报告的内容

(1) 政府财务报告包括政府综合财务报告和政府部门财务报告。

①政府综合财务报告是指由政府财政部门编制的，反映各级政府整体财务状况、运行情况和财政中长期可持续性的报告。

②政府部门财务报告是指政府各部门、各单位按规定编制的财务报告。

(2) 财务报告应当包括财务报表和其他应当在财务报告中披露的相关信息和资料。财务报表是对政府会计主体财务状况、运行情况和现金流量等信息的结构性表述。

(3) 财务报表包括会计报表和附注。

①会计报表至少应当包括资产负债表、收入费用表和现金流量表。政府会计主体应当根据相关规定编制合并财务报表。

②资产负债表是反映政府会计主体在某一特定日期的财务状况的报表。

③收入费用表是反映政府会计主体在一定会计期间运行情况的报表。

④现金流量表是反映政府会计主体在一定会计期间现金及现金等价物流入和流出情况的报表。

(4) 附注是对在资产负债表、收入费用表、现金流量表等报表中列示项目所作的进一步说明,以及对未能在这些报表中列示项目的说明。

政府会计主体应当根据相关规定编制合并财务报表。

14. 政府决算报告和政府财务报告的区别

政府决算报告和政府财务报告的区别如表 4-1 所示:

表 4-1　　　　　　　政府决算报告和政府财务报告的区别

分类标准	政府决算报告	政府财务报告
内涵不同	综合反映政府会计主体年度预算收支执行结果的文件	反映政府会计主体某一特定日期的财务状况和某一会计期间的运行情况和现金流量等信息的文件
内容不同	应当包括决算报表和其他应当在决算报告中反映的相关信息和资料。 具体内容及编制要求等,由财政部另行规定	包括政府综合财务报告和政府部门财务报告。 财务报告应当包括财务报表和其他应当在财务报告中披露的相关信息和资料。 财务报表包括会计报表和附注。 会计报表至少应当包括资产负债表、收入费用表和现金流量表。 政府会计主体应当根据相关规定编制合并财务报表
编制基础不同	政府决算报告编制主要以收付实现制为基础,以预算会计核算生成的数据为准	政府财务报告的编制主要以权责发生制为基础,以财务会计核算生成的数据为准
目标不同	向决算报告使用者提供与政府预算执行情况有关的信息,综合反映政府会计主体预算收支的年度执行结果,有助于决算报告使用者进行监督和管理,并为编制后续年度预算提供参考和依据	向财务报告使用者提供与政府的财务状况、运行情况(含运行成本,下同)和现金流量等有关信息,反映政府会计主体公共受托责任履行情况,有助于财务报告使用者做出决策或者进行监督和管理
使用者差异	政府决算报告使用者包括各级人民代表大会及其常务委员会、各级政府及其有关部门、政府会计主体自身、社会公众和其他利益相关者	政府财务报告使用者包括各级人民代表大会常务委员会、债权人、各级政府及其有关部门、政府会计主体自身和其他利益相关者

15. 政府部门财务报告和政府综合财务报告的区别

政府财务报告包括政府部门财务报告和政府综合财务报告,二者的区别见表 4-2。

表 4-2　　　　　　　政府部门财务报告和政府综合财务报告的区别

类型	区别
编制的主体不同	政府各部门负责编制本部门的财务报告; 政府财政部门负责编制政府综合财务报告
反映的对象不同	政府部门财务报告反映本部门的财务状况和运行情况; 政府综合财务报告反映一级政府整体财务状况、运行情况和财政中长期可持续性
报送要求不同	部门财务报告应报送本级政府财政部门; 政府综合财务报告应报送上级政府部门,同时报送本级人民代表大会常务委员会备案

16. 新旧衔接的编制方法有哪些

根据《政府会计制度——行政事业单位会计科目和报表》与《事业单位会计制度》有关衔接问题的处理规定，有四种编制方法。

1. 直接转入法：根据原账科目余额直接转入新账相应科目。直接转入法适用于政府会计制度新科目核算内容与原账的对应科目的核算内容基本相同的科目。单位在进行新旧衔接的转账时，应当编制转账的工作分录，作为转账的工作底稿，并将转入新账的对应原账户余额的依据作为原始凭证。

2. 分析转入法：根据原账科目余额分析转入新账相应科目。应将原账中对应科目的余额加以分析，分别转入新账中相应科目。单位在进行新旧衔接的转账时，应当编制转账的工作分录，作为转账的工作底稿，并将转入新账的对应分拆原账户余额的依据作为原始凭证。

3. 未入账补登法：根据原未入账事项登记新账财务会计科目。单位在新旧制度转换时，应当将2018年12月31日前未入账的事项按照新制度规定记入新账。单位对新账的财务会计科目补记未入账事项时，应当编制记账凭证，并将补充登记事项的确认依据作为原始凭证。

4. 余额调整法：对新账有关科目余额因核算基础不同进行调整，按照调整后余额登记新账财务会计科目。单位对新账的财务会计科目期初余额进行调整时，应当编制记账凭证，并将调整事项的确认依据作为原始凭证。涉及计提坏账准备、按照权益法调整长期股权投资账面余额、确认长期债券投资期末应收利息、补提折旧、补提摊销、确认长期借款期末应付利息。

17. 预算结余类科目新旧会计制度转换后，如何验证"资金结存"与财务会计"货币资金"之间的平衡关系？

"资金结存"的金额＝财务会计的"货币资金"＋可收回的应收款项（未纳入预算管理的资金及未调整的挂账）－应支付的应付款项（未纳入预算管理的资金及未调整的挂账），其中：

（1）财务会计的"货币资金"。

（2）未纳入预算管理的资金及未调整的应收账款。

①长期挂账的呆账，将来不一定列支的未予以调整项目："其他应收款""应收票据/应收账款""预付账款""短期投资""存货""长期股权投资——现金资产投资取得""长期债券投资"。

②未纳入预算管理的资金项目："其他应收款——需要收回及其他""库存现金——受托代理资产""银行存款—受托代理资产"。

（3）未纳入预算管理的资金及未调整的应付账款。

①长期挂账的呆账及无法查明是否与收支有关的历年挂账的未予以调整项目:"其他应付款""应付票据/应付账款""短期借款/长期借款"。

②未纳入预算管理的资金项目:"应付政府补贴款""应缴财政款""受托代理负债——库存现金/银行存款""其他应付款——收取的押金/存入保证金/转拨款项/暂收款项"。

(4) 预算会计的"资金结存"。

平衡公式:(4) = (1) + (2) − (3)

此外是不通过"待处理财产损溢"科目核算的业务。具体包括出售、出让、转让、置换、无偿调拨、对外捐赠等,出售、出让、转让、置换、对外捐赠直接通过"资产处置费用"科目核算。无偿调出的固定资产直接通过"无偿调拨净资产"科目核算,归属于调出方的相关费用,通过"资产处置费用"科目核算。

18. 以科技成果对外投资,如何确认长期股权投资成本

根据《政府会计准则制度解释第1号》规定,事业单位以其持有的科技成果取得的长期股权投资,应当按照评估价值加相关税费作为投资成本。事业单位按规定通过协议定价、在技术交易市场挂牌交易、拍卖等方式确定价格的,应当按照以上方式确定的价格加相关税费作为投资成本。

科技成果,是指通过科学研究与技术开发所产生的具有实用价值的成果。

职务科技成果,是指执行研究开发机构、高等院校和企业等单位的工作任务,或者主要是利用上述单位的物质技术条件所完成的科技成果。

科技成果转化,是指为提高生产力水平而对科技成果所进行的后续试验、开发、应用、推广直至形成新技术、新工艺、新材料、新产品,发展新产业等活动。科技成果转化主要有下列形式:

1. 自行投资实施转化或以该科技成果作为合作条件,与他人共同实施转化。

2. 向他人转让该科技成果。

3. 许可他人使用该科技成果。

4. 以该科技成果作价投资,折算股份或者出资比例。

国发〔2016〕16号文件规定:国家设立的研究开发机构、高等院校制定转化科技成果收益分配制度时,要按照规定充分听取本单位科技人员的意见,并在本单位公开相关制度。依法对职务科技成果完成人和为成果转化做出重要贡献的其他人员给予奖励时,按照以下规定执行:

1. 以技术转让或者许可方式转化职务科技成果的,应当从技术转让或者许可所取得的净收入中提取不低于50%的比例用于奖励。

2. 以科技成果作价投资实施转化的,应当从作价投资取得的股份或者出资比例中提取不低于50%的比例用于奖励。

3. 在研究开发和科技成果转化中做出主要贡献的人员,获得奖励的份额不低于奖励总额的50%。

4. 对科技人员在科技成果转化工作中开展技术开发、技术咨询、技术服务等活动给予的奖励,可按照促进科技成果转化法和本规定执行。

例如,某高校拥有一项专利技术,计税基础为2 000 000元,评估价值4 000 000元。高校将其投资某股份公司,占50%股权,其中40%奖励给科技人员,另10%由高校持有。转入过程中发生相关税费50 000元,通过银行存款支付。该专利符合《财政部 国家税务总局关于全面推开营业税改征增值税试点的通知》(财税〔2016〕36号)附件3"营业税改征增值税试点过渡政策"中技术转让免征增值税的规定,账务处理如下。

(1) 取得投资时:

财务会计		预算会计	
借:长期股权投资	4 050 000		
贷:无形资产	2 000 000	借:其他支出	50 000
其他收入	2 000 000	贷:资金结存——货币资金	50 000
银行存款	50 000		

(2) 奖励科技人员时 [2 000 000×40% = 80 000(元)]:

财务会计		预算会计
借:业务活动费用	80 000	
贷:应付职工薪酬	80 000	不记账
借:应付职工薪酬	80 000	
贷:长期股权投资	80 000	

第五章 结转结余与净资产

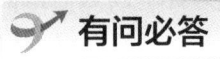

[问题1] 财务会计中的收入与费用、预算会计中的收入与支出期末是按月还是按年进行结转？

[解答] 财务会计中的收入与费用，期末结转主要在两个时点进行，一是月末，二是年末。每月月末和每年年末，单位将各类收入科目和各类费用科目的本期发生额转入"本期盈余"科目，结转后各类收入和费用科目没有余额。预算会计中的收入与支出，期末结转的时点是指年末。每年年末，单位将各类收入和各类支出科目的本期发生额转入预算结转类科目，结转后各类收入和支出科目没有余额。

[问题2] 新旧衔接时，单位2018年原账中的净资产科目余额对应2019年新账中财务会计净资产科目需要编制转账工作分录，那么对应到2019年新账预算会计中结转结余类科目期初数时，是否也需要编制转账工作分录？

[解答] 单位对预算会计科目的期初余额登记和调整，应当编制记账凭证，而不是编制转账工作分录。

单位在进行新旧衔接时，原账中的净资产科目余额对应新账财务会计的净资产科目余额，应当编制转账的工作分录，作为转账的工作底稿，并将转入新账的对应原账户余额及分拆原账户余额的依据作为原始凭证。

单位存在2018年12月31日前需要按照新制度预算会计核算基础调整预算会计科目期初余额的其他事项的，应当按新旧衔接的规定调整新账的相应预算会计科目期初余额。单位对预算会计科目的期初余额登记和调整，应当编制记账凭证，并将期初余额登记和调整的依据作为原始凭证。

[案例] A行政单位2018年末部分科目余额如下：

科目	余额方向	金额（元）	科目	余额方向	金额（元）
银行存款	借	60 000	其他应付款（待扣个人所得税）	贷	10 000
其他应收款	借	30 000	财政拨款结转	贷	70 000
财政应返还额度	借	86 000	财政拨款结余	贷	6 000
			其他资金结转结余	贷	90 000

2018 年"其他应收款"科目余额的明细账：用财政资金预借职工王某差旅费 12 000 元，用自有资金为职工垫付住院费 18 000 元。

2018 年原账"其他资金结转结余"科目余额的明细账：项目结转 40 000 元，非项目结余 30 000 元。

2019 年新账中预算会计"财政拨款结转"期初余额 = 原账"财政拨款结转"余额——"其他应收款"中预付账款 + "其他应付款（代缴个人所得税）" = 70 000 − 12 000 + 10 000 = 68 000（元）

2019 年新账中预算会计"非财政拨款结余"期初余额 = 原账"其他资金结转结余——非项目结余" = 30 000 元。

2019 年新账中预算会计"非财政拨款结转"期初余额 = 原账"其他资金结转结余——项目结转" = 40 000 元。

A 行政单位对预算会计科目的期初余额登记和调整，应当编制记账凭证如下：

借：资金结存——财政应返还额度　　　　　　　　　　　　86 000
　　资金结存——货币资金　　　　　　　　　　　　　　　58 000
　　贷：财政拨款结转　　　　　　　　　　　　　　　　　　68 000
　　　　财政拨款结余　　　　　　　　　　　　　　　　　　 6 000
　　　　非财政拨款结转　　　　　　　　　　　　　　　　　40 000
　　　　非财政拨款结余　　　　　　　　　　　　　　　　　30 000

[案例] B 事业单位 2018 年末部分科目余额如下：

资产	期末余额（元）	负债	期末余额（元）
银行存款	50 000	应付账款	5 000
存货	10 000	事业基金	55 000
资产合计	60 000	负债净资产合计	60 000

2018 年应付账款余额 5 000 元，发生时用于购买存货。存货被领用 1 000 元，期末剩余 4 000 元的存货库存。

2018 年存货余额 10 000 元，其中：使用非财政补助非专项资金购入的存货金额为 3 000 元（年末全部未被领用），以应付账款购入的存货金额为 4 000 元，非购入的存货金额为 3 000 元。

2019 年新账中预算会计"非财政拨款结余"期初余数 = 原账"事业基金"科目余额 − 已经支付非财政非专项资金尚未计入预算支出的金额（使用非财政非专项资金购入的"存货"余额）+ 已经计入预算支出尚未支付非财政补助非专项资金的金额（列支的尚未支付非财政补助非专项资金"应付账款"的金额）= 55 000 − 3 000 + 1 000 = 53 000（元）

B事业单位对预算会计科目的期初余额登记和调整，应当编制记账凭证如下：

借：资金结存——货币资金　　　　　　　　　　　　　　53 000
　　贷：非财政拨款结余　　　　　　　　　　　　　　　　　53 000

［问题3］事业单位2018年的"预付账款"科目余额，预算会计新旧衔接时应如何进行处理？

［解答］已经支付尚未计入预算支出的"预付账款"，新旧衔接时按照"预付账款"相应的金额，登记新账的结转结余科目及其明细科目借方，按照相应的金额登记新账的"资金结存"科目及其明细科目贷方。

［案例］2018年12月1日，A事业单位零余额账户收到预算拨款120 000元，用于基建项目。2018年12月20日，A事业单位通过零余额账户向B建筑公司预付100 000元工程款。A事业单位2019年度预算会计新旧衔接时，应如何处理此笔预付账款？

（1）2018年12月1日，A事业单位零余额账户收到预算拨款120 000元。

借：零余额账户用款额度　　　　　　　　　　　　　　120 000
　　贷：财政补助收入　　　　　　　　　　　　　　　　　120 000

（2）2018年12月20日，A事业单位向B建筑公司预付100 000元工程款。

借：在建工程　　　　　　　　　　　　　　　　　　　100 000
　　贷：非流动资产基金　　　　　　　　　　　　　　　　100 000

借：事业支出　　　　　　　　　　　　　　　　　　　100 000
　　贷：零余额账户用款额度　　　　　　　　　　　　　　100 000

（3）2019年预算会计新旧衔接时，因A事业单位向B建筑公司预付100 000元工程款在2018年已列支出，所以不需要调减相应的财政拨款结转及其对应的资金结存。

［案例］2018年12月1日，A事业单位实有资金账户收到预拨的下期预算款120 000元，用于基建项目。2018年12月20日，A事业单位通过实有资金账户向B建筑公司预付100 000元工程款。A事业单位2019年度预算会计新旧衔接时，应如何处理此笔预付账款？预算会计需要做账吗？

（1）2018年12月1日，A事业单位实有资金账户收到预拨的下期预算款120 000元。

借：银行存款　　　　　　　　　　　　　　　　　　　120 000
　　贷：其他应付款　　　　　　　　　　　　　　　　　　120 000

（2）2018年12月20日，A事业单位通过实有资金账户向B建筑公司预付100 000元工程款。

借：在建工程　　　　　　　　　　　　　　　　　　　100 000
　　贷：非流动资产基金　　　　　　　　　　　　　　　　100 000

借：事业支出 100 000
　　贷：银行存款 100 000

（3）2019年预算会计新旧衔接时，原账对预拨经费没有作为收入确认，新制度也不要求收到预拨经费时确认预算收入，所以新旧衔接时不用为此调增非财政拨款结转科目。另外，原账对预付工程款已列支，新制度不要求对支出预拨经费的预付工程款确认预算支出，所以需要在新旧衔接时，根据"预付账款"余额调减相应的非财政拨款结转及其对应的资金结存。

借：非财政拨款结转——累计结转——项目支出结转 100 000
　　贷：资金结存——货币资金 100 000
借：零余额账户用款额度 30 000
　　贷：财政补助收入 30 000
借：其他应收款——房租 30 000
　　贷：零余额账户用款额度 30 000

月结：

借：财政补助收入 30 000
　　贷：财政补助结转 30 000

2019年之后：

借：单位管理费用 30 000
　　贷：其他应收款 30 000

2019年预算会计不需进行账务处理。因预付房租3万元属于已经支付财政资金尚未列支，因此导致期末财政拨款结转虚增3万元，新旧衔接时应当为此调减财政拨款结转3万元。由于新旧衔接已经调减财政拨款结转，所以2019年财务会计冲销预付房租款时预算会计不再需要做账列支出。

［问题4］财政拨款结转结余科目中，单位针对调拨业务如何设置明细科目？如何进行账务处理？

［解答］行政事业单位年末财政拨款结转结余资金根据规定重新调拨安排使用时，一般有两种情况：一是调剂用于本单位项目或其他单位项目；二是同级财政统筹使用。与财政拨款结转结余调拨业务相关的明细科目：①"归集调入"：核算按照规定从其他单位调入财政拨款结转资金时，实际调增的额度数额或调入的资金数额。②"归集调出"：核算按照规定向其他单位调出财政拨款结转资金时，实际调减的额度数额或调出的资金数额。③"归集上缴"：核算按照规定上缴财政拨款结转结余资金时，实际核销的额度数额或上缴的资金数额。④"单位内部调剂"：核算经财政部门批准对财政拨款结余资金改变用途，调整用于本单位其他未完成项目等的调整金额。

按照规定从其他单位调入财政拨款结转资金的,按照实际调增的额度数额或调入的资金数额,财务会计借记"零余额账户用款额度""财政应返还额度""银行存款"科目,贷记"累计盈余"科目,预算会计借记"资金结存"科目,贷记"财政拨款结转——归集调入"科目。

按照规定向其他单位调出财政拨款结转结余资金的,按照实际调减的额度数额或调出的资金数额,财务会计借记"累计盈余"科目,贷记"零余额账户用款额度""财政应返还额度""银行存款"科目,预算会计借记"财政拨款结转——归集调出""财政拨款结余——归集调出"科目,贷记"资金结存"科目。

按照规定上缴财政拨款结转资金或注销财政拨款结转结余资金额度的,按照实际上缴资金数额或注销的资金额度数额,财务会计借记"累计盈余"科目,贷记"零余额账户用款额度""财政应返还额度""银行存款"科目,预算会计借记"财政拨款结转——归集上缴""财政拨款结余——归集上缴"科目,贷记"资金结存"科目。

经财政部门批准对财政拨款结余资金改变用途,调整用于本单位基本支出或其他未完成项目支出的,按照批准调剂的金额,财务会计不记账,预算会计借记"财政拨款结余——单位内部调剂"科目,贷记"财政拨款结转——单位内部调剂"科目。

[案例] 2019 年 1 月,当地财政部门要求收回 B 行政单位 2018 年的 M 项目财政拨款结转资金 100 000 元,已完成的基建项目 Y 财政拨款结余资金 500 000 元。2019 年 1 月 15 日 B 行政单位使用 2018 年度财政直接支付额度归集上缴。账务处理如下:

财务会计	预算会计
借:累计盈余　　　　　　15 000 000 　贷:财政应返还额度 　　　　　　　　　　　 15 000 000	借:财政拨款结转——归集上缴——项目支出(M 项目)　1 000 000 　　财政拨款结余——归集上缴——项目支出(Y 项目)　 500 000 　贷:资金结存——财政应返还额度　　　　　　　　　1 500 000

[案例] B 事业单位 2018 年 11 月已完成 W 基建项目,2018 年年末此项目对应的"财政应返还额度"余额为 400 000 元,"财政补助结余"余额为 400 000 元。2019 年 1 月经财政部门批准将 W 基建项目结余资金调整用于 B 单位未完成 Z 基建项目支出。账务处理如下:

财务会计	预算会计
不记账	借:财政拨款结余——单位内部调剂——项目支出(W 项目)　400 000 　贷:财政拨款结转——单位内部调剂——项目支出(Z 项目)　400 000

[案例] 经同级财政部门批准,2019 年 4 月 C 行政单位从 E 行政单位 F 基建项目财政拨款结转资金调入 500 000 元,用于本单位 W 基建项目的使用。2019 年 4 月 15

日，C单位收到"财政授权支付到账通知书"，通知书所列金额为 500 000 元。账务处理如下：

财务会计		预算会计	
借：零余额账户用款额度	500 000	借：资金结存——零余额账户用款额度	500 000
贷：累计盈余	500 000	贷：财政拨款结转——归集调入	500 000

[案例] A 行政单位根据当地财政要求，2019 年 1 月 15 日上缴非限定用途的非同级财政拨款结余资金 100 000 元，以实有资金账户支付。2019 年 6 月 15 日，当地财政部门调增 A 行政单位部门预算，A 行政单位收到财政部门批复的用款计划 100 000 元，用于 W 专项项目的实施。

（1）2019 年 1 月 15 日上缴存量资金，账务处理为：

财务会计		预算会计	
借：累计盈余	100 000	借：非财政拨款结余——归集上缴	100 000
贷：银行存款	100 000	贷：资金结存——货币资金	100 000

（2）2019 年 6 月收到财政批复的用款计划，账务处理为：

财务会计		预算会计	
借：零余额账户用款额度	100 000	借：资金结存——零余额账户用款额度	100 000
贷：财政拨款收入	100 000	贷：财政拨款预算收入	100 000

[案例] C 事业单位根据当地财政部门统筹安排，2019 年 2 月 15 日使用 2018 年度财政直接支付额度归集上缴 M 项目结转资金 200 000 元。2019 年 5 月当地财政部门调增 C 事业单位预算，C 事业单位以直接支付方式支付 B 项目基建工程款 200 000 元。

（1）2019 年 1 月归集上缴，账务处理为：

财务会计		预算会计	
借：累计盈余	200 000	借：财政拨款结转——归集上缴（M 项目）	200 000
贷：财政应返还额度	200 000	贷：资金结存——财政应返还额度	2 00 000

（2）2019 年 5 月直接支付方式支付 B 项目基建工程款，账务处理为：

财务会计		预算会计	
借：在建工程	200 000	借：事业支出——财政拨款支出——项目支出（B 项目）——资本性支出	200 000
贷：财政拨款收入	200 000	贷：财政拨款预算收入	200 000

[问题5] 事业单位发生的经营亏损,能否使用非财政拨款结余弥补?

[解答] 不能。事业单位经营亏损应当用以后年度经营收支自行弥补,不得用非财政拨款结余弥补。"经营结余"科目主要是反映事业单位自年初至报告期末累计实现的经营结余弥补以前年度经营亏损后的余额。"经营结余"贷方余额年末转入"非财政补助结余分配"科目,编报决算时相应填入"结余分配"明细栏;经营结余为借方余额,为经营亏损,反映事业单位累计发生的经营亏损,不予结转至非财政拨款结余。在部门决算报表中以负数反映在"经营结余"栏下。

[问题6] 行政单位的事业编人员的工资支出,应列"事业支出"还是列"行政支出"?

[解答] 应通过"行政支出"科目核算。行政单位发生的事业编制人员工资,是为了行政单位履行职责而产生的,那么相应的人员经费支出应通过"行政支出"核算。

[问题7] 行政事业单位将部分收入、费用业务,通过往来科目"其他应付款""其他应收款"科目核算,应当如何进行会计差错更正?

[解答]《政府会计准则第7号——会计调整》规定:"第十四条 政府会计主体在本报告期(以下简称本期)发现的会计差错,应当按照以下原则处理:

(一)本期发现的与本期相关的会计差错,应当调整本期报表(包括财务报表和预算会计报表,下同)相关项目。

(二)本期发现的与前期相关的重大会计差错,如影响收入、费用或者预算收支的,应当将其对收入、费用或者预算收支的影响或者累积影响调整发现当期期初的相关净资产项目或者预算结转结余,并调整其他相关项目的期初数;如不影响收入、费用或者预算收支的,应当调整发现当期相关项目的期初数。经上述调整后,视同该差错在差错发生的期间已经得到更正。

与前期相关的重大会计差错的影响或者累积影响不能合理确定的,政府会计主体可比照本条(三)的规定进行处理。

重大会计差错,是指政府会计主体发现的使本期编制的报表不再具有可靠性的会计差错,一般是指差错的性质比较严重或者差错的金额比较大。该差错会影响报表使用者对政府会计主体过去、现在或者未来的情况作出评价或者预测,则认为性质比较严重,如未遵循政府会计准则制度、财务舞弊等原因产生的差错。通常情况下,导致差错的经济业务或者事项对报表某一具体项目的影响或者累积影响金额占该类经济业务或者事项对报表同一项目的影响金额的10%及以上,则认为金额比较大。

政府会计主体滥用会计政策、会计估计及其变更,应当作为重大会计差错予以更正。

(三)本期发现的与前期相关的非重大会计差错,应当将其影响数调整相关项目的本期数。"

根据以上规定，分两种情况进行考虑：一种是本期发现的与前期相关的重大会计差错，调整发现当期期初的相关净资产项目或者预算结转结余，并调整其他相关项目的期初数。即按照调整的金额，财务会计借记或贷记"其他应付款""其他应收款"科目，贷记或借记"以前年度盈余调整"科目，同时，借记或贷记"以前年度盈余调整"科目，贷记或借记"累计盈余"科目；预算会计借记或贷记"资金结存——财政应返还额度""零余额账户用款额度""货币资金"科目，贷记或借记"财政拨款结转""财政拨款结余""非财政拨款结转""非财政拨款结余——年初余额调整"等科目。

另一种是本期发现的与本期相关的会计差错，或与前期相关的非重大会计差错，应当将其影响数调整相关项目的本期数。即按照调整的金额，财务会计借记或贷记费用或收入科目，贷记或借记"其他应付款""其他应收款"科目；预算会计借记或贷记支出或收入科目，贷记或借记"资金结存——财政应返还额度""零余额账户用款额度""货币资金"科目。

[案例] A 市气象局 2018 年 6 月 15 日，收到上级主管部门拨入的用于基层台站维修和改善基层单位运行条件的非财政拨款 500 000 元，单位通过"其他应付款"科目核算。2019 年经审计发现后，根据审计意见整改。

（1）上述款项应当计入当期收入，而记入了"其他应付款"科目，应当视同前期差错更正。账务处理如下：

财务会计		预算会计	
借：其他应付款	500 000	借：资金结存	500 000
贷：以前年度盈余调整	500 000	贷：非财政拨款结转——年初余额调整	500 000

（2）2019 年 9 月 10 日使用该笔款项用于购买台站维修材料 30 000 元，通过实有资金账户支付。账务处理如下：

财务会计		预算会计	
借：业务活动费用	30 000	借：行政支出——非财政专项支出——商品和服务支出	30 000
贷：银行存款	30 000	贷：资金结存——货币资金	30 000

[案例] B 事业单位 2019 年 3 月发现有一笔 2018 年度通过财政授权支付的办公费 5 000 元，误将其列入"其他应收款"科目，B 单位 2018 年度办公费总支出 500 000 元。单位就此事项进行会计差错更正。

此事项占全年办公费的比重为 1%，属与前期相关的非重大会计差错。应当将其影响数调整相关项目的本期数。

财务会计		预算会计	
借：业务活动费用	5 000	借：事业支出——财政拨款支出——基本支出——日常公用支出	5 000
贷：其他应收款	5 000	贷：资金结存——零余额账户用款额度	5 000

[问题8] 单位违反规定多报销的费用、多发放的津贴补贴，应如何进行会计差错更正？

[解答] 本期发现的与前期相关的重大会计差错，如影响收入、费用或者预算收支的，应当将其对收入、费用或者预算收支的影响或者累积影响调整发现当期期初的相关净资产项目或者预算结转结余，并调整其他相关项目的期初数的规定。

调减以前年度费用时，按照调整的金额，财务会计借记"以前年度盈余调整"科目，贷记"银行存款"等科目，同时，借记"累计盈余"科目，贷记"以前年度盈余调整"科目；预算会计借记"财政拨款结转""财政拨款结余""非财政拨款结转""非财政拨款结余——年初余额调整"科目，贷记"资金结存——财政应返还额度""零余额账户用款额度""货币资金"等科目。

[案例] 2019年6月，审计要求B事业单位退回2016年度违反规定多报销的劳务费20 000元。职工张某已将该笔款项退回单位基本账户。2019年6月30日，B事业单位将此笔款项上交财政。2016年度全年劳务费金额为40 000元。

此事项属于重大会计差错，如影响收入、费用或者预算收支的，应当将其对收入、费用或者预算收支的影响或者累积影响调整发现当期期初的相关净资产项目或者预算结转结余，并调整其他相关项目的期初数。

（1）退回劳务费，账务处理如下：

财务会计		预算会计	
借：银行存款	20 000	借：资金结存——货币资金	20 000
贷：以前年度盈余调整	20 000	贷：财政拨款结转——年初余额调整——基本支出结转——日常公用经费	20 000
同时，			
借：以前年度盈余调整	20 000		
贷：累计盈余	20 000		

（2）上交财政，账务处理如下：

财务会计		预算会计	
借：累计盈余	20 000	借：财政拨款结转——年初余额调整——基本支出结转——日常公用经费	20 000
贷：银行存款	20 000	贷：资金结存——货币资金	20 000

[**案例**] 2019 年 C 行政单位的上级主管部门组织财务大检查，发现 C 行政单位违规发放津贴补贴 50 000 元，要求将款项退回财政。2019 年 6 月 30 日 C 行政单位通过实有资金账户将款项退回财政。

此事项属于重大会计差错，C 行政单位应根据会计调整准则追溯调整 2019 年的期初净资产及财政拨款预算结转期初数。

退回违规发放的津补贴：

财务会计		预算会计	
借：以前年度盈余调整	50 000	借：财政拨款结转——年初余额调整——基本支出	
贷：银行存款	50 000	——人员经费	50 000
同时，		贷：资金结存——货币资金	50 000
借：累计盈余	50 000		
贷：以前年度盈余调整	50 000		

[**问题 9**] 单位历年形成的长期挂账的其他应收款，2019 年预算会计新旧衔接是否应作为结转结余的调减事项处理？

[**解答**] 不作为结转结余的调减事项处理。长期挂账的其他应收款是为职工代付的款项或非正常结算往来的经济事项，因不及时清理或者无法清理长期挂账的款项。在未得到财政部门正式核销审批之前，长期挂账的其他应收款属于需要收回的其他应收款，在新旧衔接时不作为结转结余的调减事项处理。

[**案例**] 2018 年 C 事业单位其他应收款年末余额 900 000 元，其中：职工住院押金 10 000 元，职工因公出国费借款为 500 000 元，2015 年形成的长期挂账的其他应收款为 390 000 元，2019 年 1 月 1 日应如何进行新旧衔接？（以上借款均使用财政资金，通过零余额账户用款额度支付）

2019 年执行新旧衔接时，职工住院押金、长期挂账的其他应收款全部作为可收回的其他应收款处理，不需要作"财政拨款结转"科目的调减项。只有职工因公出国费的借款作为"财政拨款结转"的抵减项目。

（1）新旧衔接时，出国费借款作为抵减项目，账务处理如下：

借：财政拨款结转——累计结转   500 000
  贷：资金结存——财政应返还额度   500 000

（2）2019 年 1 月 15 日，C 事业单位收到职工张某交回住院押金 5 000 元，账务处理如下：

财务会计		预算会计
借：零余额账户用款额度	5 000	不记账
贷：其他应收款——住院押金（张某）	5 000	

(3) 2019 年 9 月 20 日，C 事业单位结算职工因公出国费，收到职工退回零余额账户的款项 10 000 元，账务处理如下：

财务会计		预算会计	
借：业务活动费用	490 000	借：资金结存——零余额账户用款额度	10 000
零余额账户用款额度	10 000	贷：财政拨款结转——年初余额调整	10 000
贷：其他应收款——职工因公出国费	500 000		

[问题 10] 享受公费医疗待遇的单位从所在地公费医疗管理机构取得的公费医疗经费，应如何进行账务处理？

[解答]《政府会计准则制度解释第 2 号》规定："第七条 关于公费医疗经费的会计处理：享受公费医疗待遇的单位从所在地公费医疗管理机构取得的公费医疗经费，应当在实际取得时计入非同级财政拨款收入（非同级财政拨款预算收入），在实际支用时计入相关费用（支出）。"

[案例] B 省行政单位（中央级预算单位）享受公费医疗待遇，2019 年 6 月实有资金账户收到从 B 省公费医疗管理机构取得公费医疗经费 500 000 元，7 月报销职工医药费 35 000 元。账务处理如下：

（1）B 省行政单位收到公费医疗经费时：

财务会计		预算会计	
借：银行存款	500 000	借：资金结存——货币资金	500 000
贷：非同级财政拨款收入	500 000	贷：非同级财政拨款预算收入	500 000

（2）7 月报销职工医药费时：

财务会计		预算会计	
借：业务活动费用/单位管理费用	35 000	借：行政支出——非财政专项资金支出——基本支出——医疗费	35 000
贷：银行存款	35 000	贷：资金结存——货币资金	35 000

[问题 11] 为什么行政单位的预算会计新旧衔接，仅涉及对"其他应收款""其他应付款""应缴税费""应付职工薪酬"科目余额的调整？

[解答] 按照原有行政单位会计制度，"预付款项""存货""固定资产""在建工程""无形资产""政府储备物资""公共基础设施""应付账款"和"长期应付款"均采用双分录的核算方式。这种做法能很好地解决既全面反映行政单位财务状况，也能准确反映预算执行情况。在新旧衔接时，相应科目的余额已经分别对应财务会计和

预算会计的期初余额中,所以不涉及新账预算会计期初数的调整事项。

"其他应收款""其他应付款""应缴税费""应付职工薪酬"科目核算在原制度中并不采用双分录的方式,所以在确定预算会计结转结余期初数时,需主要考虑对这几个科目余额的调增或调减的事项。

[问题12] 单位用上年结转的经费购买固定资产,财务会计是冲减累计盈余科目吗?

[解答] 不对。不论使用当年的经费还是上年经费购买固定资产,财务会计借方记入"固定资产"科目,贷方记入"零余额账户用款额度""财政拨款收入""银行存款"等科目。预算会计借方计入"行政支出/事业支出"等科目,贷方计入"资金结存"科目。

[问题13] 行政事业单位年末注销零余额账户用款额度应如何进行账务处理?

[解答] 年末,行政事业单位根据代理银行提供的对账单作零余额账户用款额度年末注销处理,财务会计借记"财政应返还额度——财政授权支付"科目,贷记"零余额账户用款额度"科目。预算会计借记"资金结存——财政应返还额度"科目,贷记"资金结存——零余额账户用款额度"科目。年末注销单位零余额账户用款额度后,"零余额账户用款额度"科目无余额。

[案例] B行政单位2018年财政下达预算指标数为6 000 000元,当年实际支付为5 900 000元。预算结余资金100 000元,其中:财政直接支付年终结余资金10 000元,财政授权支付年终结余资金为90 000元。

(1)2018年12月31日进行注销额度。年末结转本年度预算指标数大于当年实际支付数的差额,账务处理如下:

借:财政应返还额度——财政直接支付　　　　　　　　　10 000
　　　　　　　　　　——财政授权支付　　　　　　　　　90 000
　　贷:财政拨款收入　　　　　　　　　　　　　　　　　10 000
　　　　零余额账户用款额度　　　　　　　　　　　　　　90 000

(2)2019年1月,B行政单位恢复授权支付额度90 000元,账务处理如下:

财务会计	预算会计
借:零余额账户用款额度　　90 000 　　贷:财政应返还额度——财政授权支付　90 000	借:资金结存——零余额账户用款额度　　90 000 　　贷:资金结存——财政应返还额度　　90 000

(3)2019年2月,B行政单位使用上一年度财政直接支付额度,支付工程项目设备款10 000元,设备已安装调试完毕交付使用。账务处理如下:

财务会计	预算会计
借：在建工程——设备投资　　10 000 　贷：财政应返还额度——财政直接支付　10 000	借：行政支出——财政拨款支出——项目支出——资本性支出　　10 000 　贷：资金结存——财政应返还额度　10 000

（4）2019年3月，B行政单位使用零余额账户资金支付维修维护费2 500元，账务处理如下：

财务会计	预算会计
借：业务活动费用　　2 500 　贷：零余额账户用款额度　2 500	借：行政支出——财政拨款支出——基本支出——商品和服务支出　　2 500 　贷：资金结存——零余额账户用款额度　2 500

［问题14］事业单位2018年以前扣留的质量保证金，新旧衔接时怎样处理？2019年退还以前年度的质量保证金，应如何进行账务处理？

[解答] 事业单位2018年以前扣留的质量保证金，分几种情况：第一种是取得固定资产全款发票的，按照扣留的质保金金额，借记"事业支出"等科目，贷记"其他应付款"［扣留期在1年以内（含1年）］或"长期应付款"（扣留期超过1年）科目。

2019年新旧衔接时，原账"其他应付款""长期应付款"余额中的质保金对应到新账财务会计"其他应付款""长期应付款"期初数；按照"其他应付款""长期应付款"余额中的质保金部分，登记预算会计新账的"财政拨款结转"或"非财政拨款结转"科目及其明细科目的贷方，按照相应的金额登记新账的"资金结存"科目及其明细科目借方。

第二种是取得的发票金额不包括质量保证金的，扣留的质保金不记账。2019年新旧衔接时，应当将2018年12月31日前未入账的应付质量保证金按照新制度规定记入新账。按照相应的金额，财务会计新账借记"累计盈余"科目，贷记"其他应付款""长期应付款"科目；预算会计新账不记入期初数。

第三种是取得资产时将工程等款项全额支付给供应方，同时收取供应方支付的质保金。2018年收到的质保金借记"银行存款"等科目，贷记"其他应付款""长期应付款"科目核算。故在2019年新旧衔接时，原账"其他应付款""长期应付款"余额中质保金对应到新账财务会计"其他应付款"科目期初数；"其他应付款""长期应付款"余额中质保金作为预算会计财政拨款结转或非财政拨款结转期初数调增事项。

2019年退还以前年度的质量保证金，质保期满支付质量保证金时，财务会计应借记"长期应付款""其他应付款"等科目，贷记"零余额账户用款额度""银行存款""财政拨款收入"科目。预算会计应借记"事业支出""行政支出"等科目，贷记"资金结存"科目。

[**案例**] C事业单位2018年9月17日采购移动工作站3台，价款一共60 000元，已通过财政授权支付了价款，货已验收入库。按照合同约定，质量保证金按总价款的5%扣除。2019年9月17日质保期满，移动工作站无质量问题，C事业单位通过零余额账户用款额度退还对方单位质量保证金，应如何进行账务处理？

第一种情况下：C事业单位购入移动工作站且取得全款发票时，账务处理如下：

（1）2018年9月17日购入移动工作站时：

借：固定资产 60 000
　　贷：非流动资产基金 60 000

同时：

借：事业支出——其他资本性支出 60 000
　　贷：零余额账户用款额度 57 000
　　　　其他应付款——质量保证金 3 000

（2）2018年年底，注销未使用完的零余额账户用款额度：

借：财政应返还额度 3 000
　　贷：零余额账户用款额度 3 000

（3）2019年新旧衔接时，原账"其他应付款"中质保金余额对应到新账财务会计"其他应付款"科目期初数；"其他应付款"余额中质保金作为预算会计财政拨款结转期初数调增事项：

借：资金结存——财政应返还额度 3 000
　　贷：财政拨款结转——累计结转 3 000

（4）2019年1月4日，恢复财政授权支付额度：

财务会计		预算会计	
借：零余额账户用款额度　3 000		借：资金结存——零余额账户用款额度　3 000	
贷：财政应返还额度　　　　　3 000		贷：资金结存——财政应返还额度　　3 000	

（5）2019年9月17日以财政授权额度退还质量保证金时：

财务会计		预算会计	
借：其他应付款——质量保证金　3 000		借：事业支出　　　　　　　　　　　　3 000	
贷：零余额账户用款额度　　　3 000		贷：资金结存——零余额账户用款额度　3 000	

第二种情况下：C事业单位购入移动工作站，取得的发票金额不包括质量保证金的，账务处理如下：

（1）2018年9月17日购入移动工作站时：

借：固定资产　　　　　　　　　　　　　　　　　　　　　　　　60 000
　　贷：非流动资产基金　　　　　　　　　　　　　　　　　　　　　60 000
同时：
借：事业支出——其他资本性支出　　　　　　　　　　　　　　　　57 000
　　贷：零余额账户用款额度　　　　　　　　　　　　　　　　　　　57 000

（2）新旧衔接时，应当将2018年12月31日前未入账的应付质量保证金按照新制度规定记入新账。

财务会计		预算会计
借：累计盈余　　　　　3 000		不记账
贷：其他应付款　　　3 000		

（3）2019年9月17日以实有资金退还对方质量保证金时，账务处理如下：

财务会计		预算会计	
借：其他应付款　　　　3 000		借：事业支出——其他资本性支出　　3 000	
贷：银行存款　　　3 000		贷：资金结存——货币资金　　　3 000	

第三种情况下：C事业单位购入移动工作站且取得全款发票，将工程等款项全额支付给供应方，同时收取供应方支付的质保金，账务处理如下：

（1）2018年9月17日购入移动工作站时，将工程款项全额支付给供应方时：

借：固定资产　　　　　　　　　　　　　　　　　　　　　　　　60 000
　　贷：非流动资产基金　　　　　　　　　　　　　　　　　　　　　60 000

同时：

借：事业支出——其他资本性支出　　　　　　　　　　　　　　　　60 000
　　贷：零余额账户用款额度　　　　　　　　　　　　　　　　　　　60 000

（2）同时收取供应方支付的质保金，存入单位实有资金账户时：

借：银行存款　　　　　　　　　　　　　　　　　　　　　　　　　3 000
　　贷：其他应付款　　　　　　　　　　　　　　　　　　　　　　　3 000

（3）2019年新旧衔接时，原账"其他应付款"余额中的质保金对应到新账财务会计"其他应付款"科目期初数；"其他应付款"余额中质保金作为预算会计非财政拨款结转期初数调增事项：

借：资金结存——货币资金　　　　　　　　　　　　　　　　　　　3 000
　　贷：非财政拨款结转——累计结转　　　　　　　　　　　　　　　3 000

（4）2019年9月17日以实有资金退还对方质量保证金时，账务处理如下：

财务会计		预算会计	
借：其他应付款	3 000	借：事业支出——其他资本性支出	3 000
贷：银行存款	3 000	贷：资金结存——货币资金	3 000

[问题15]"本期盈余"和"累计盈余"科目需要设置"财政拨款""非同级财政拨款"明细科目吗？

[解答]"本期盈余""累计盈余"科目并未要求设置"财政拨款""非同级财政拨款"明细科目，单位可以根据制度要求设置明细科目，但不建议混淆预算会计和财务会计科目之间的界限。

[问题16]科学事业单位的"科技成果转化基金"提取和使用，应如何进行账务处理？

[解答]科技成果转化基金有两种来源渠道：一是从事业收入中提取；二是在经营收支结余中提取。按照提取的金额，从事业收入中提取的，财务会计借方记入有关费用科目，贷记"专用基金——科技成果转化基金"科目，预算会计不记账。在经营收支结余中提取的，财务会计借方记入"本年盈余分配"科目，贷方记入"专用基金——科技成果转化基金"科目，预算会计借方记入"非财政补助结余分配"科目，贷记"专用结余——科技成果转化基金"。科目

按照规定使用专用基金时，财务会计借记"专用基金——科技成果转化基金"科目，贷记"银行存款"等科目。使用专用基金形成固定资产、无形资产的，应借记"固定资产""无形资产"科目，贷记"银行存款"科目。同时，借记"专用基金——科技成果转化基金"科目，贷记"累计盈余"科目。如果是使用从事业收入中提取的科技成果转化基金，预算会计借记"行政支出""事业支出"科目，贷记"资金结存"科目；如果是使用从经营收支结余中提取的科技成果转化基金，预算会计借记"专用结余"科目，贷记"资金结存"科目。

[案例]A科研院所2019年度事业收入为1 000 000元，按照相关规定，提取科技成果转化基金比例为5%。

提取科技成果转化基金为50 000元（1 000 000×5%），其账务处理如下：

财务会计		预算会计
借：业务活动费用/单位管理费用	50 000	不记账
贷：专用基金——科技成果转化基金——按照收入提取	50 000	

[案例]B科研院所2019年经营预算收入500 000元，经营支出400 000元。按照相关规定，年末提取科技成果转化基金，计提比例为5%。

年末提取科技成果转化基金为 5 000 元（100 000×5%），账务处理如下：

财务会计		预算会计	
借：本年盈余分配	5 000	借：非财政拨款结余分配	5 000
贷：专用基金——科技成果转化基金——按照结余提取	5 000	贷：专用结余——科技成果转化基金	5 000

[案例] C科研院所2020年6月10日，使用提取的科技成果转化基金用于支付院高端智库专项人才奖励160 000元，款项已通过银行存款支付。该科技成果转化基金从上年度事业收入中提取。

财务会计		预算会计	
借：专用基金——科技成果转化基金——按照收入提取	160 000	借：事业支出——其他资金支出——其他支出	160 000
贷：银行存款	160 000	贷：资金结存——货币资金	160 000

[案例] E事业单位使用提取科技成果转化基金购置科研专用设备一台，价款80 000元，其中：使用按照收入提取的专用基金50 000元，使用按照结余提取的专用基金30 000元，款项已通过银行存款支付，设备已验收入库。账务处理如下：

财务会计		预算会计	
借：固定资产——专用设备	80 000		
贷：银行存款	80 000	借：事业支出——其他资金支出——资本性支出	
借：专用基金——科研成果转化基金——按照收入提取			50 000
	50 000	专用结余——科技成果转化基金	30 000
——按照结余提取	30 000	贷：资金结存——货币资金	800 00
贷：累计盈余	80 000		

[问题17] 单位当年收到应当纳入下一年度部门预算管理的暂收款项，应如何进行账务处理？

[解答] 分两种情况：一种是收到的暂收款项是非财政资金；另一种是收到的暂收款项是财政资金。第一种情况下，根据《政府会计准则制度解释第1号》规定，"三、关于单位年末暂收暂付非财政资金的会计处理中（二）对于应当纳入下一年度部门预算管理的暂收款项，单位在收到款项时，借记'银行存款'等科目，贷记'其他应付款'科目；本年度不进行预算会计处理。待下一年初，单位应当按照上年暂收的款项金额，借记'其他应付款'科目，贷记有关收入科目；同时在预算会计中，按照暂收款项的金额，借记'资金结存'科目，贷记有关预算收入科目"。

第二种情况下，根据会计制度中的规定，收到同级政府财政部门预拨的下期预算款和没有纳入预算的暂付款项，按照实际收到的金额，财务会计借记"银行存款"等科目，贷记"其他应付款"科目；本年度不进行预算会计处理。待到下一预算期或批准纳入预算时，借记"其他应付款"科目，贷记"财政拨款收入"科目。同时在预算会计中，借记"资金结存"科目，贷记"财政拨款预算收入"科目。

与之相对应的预算支出也应当在下一年度初登记。

[**案例**] C事业单位某公共基础设施项目业务如下：

2019年11月20日，C事业单位实有资金账户收到预拨2020年预算公共基础设施款项8 000 000元。

（1）2019年11月20日收到资金时，账务处理如下：

财务会计		预算会计
借：银行存款　　　　　　　　　8 000 000		不记账
贷：其他应付款——预拨下期款——项目经费		
8 000 000		

（2）2019年11月21日，C事业单位购买用于公共基础设施的工程物资10 000元，款项通过实有资金账户支付。

财务会计		预算会计
借：工程物资——工程材料　　　10 000		不记账
贷：银行存款　　　　　　　　10 000		

（3）2019年11月30日，C事业单位发包工程预付工程款200 000元，款项通过实有资金账户支付。

财务会计		预算会计
借：预付账款——预付工程款　　200 000		不记账
贷：银行存款　　　　　　　　200 000		

（4）2019年12月5日，C事业单位购入一台专用电梯，价格180 000，款项尚未支付。电梯已安装调试完并交付使用。

财务会计		预算会计
借：在建工程——设备投资　　　180 000		不记账
贷：应付账款　　　　　　　　180 000		

（5）2019年12月25日，C事业单位以实有资金账户支付项目人员工资40 000元。

财务会计	预算会计
借：在建工程——建筑安装工程投资　40 000 　　贷：应付职工薪酬　　　　　　　　40 000 借：应付职工薪酬　　　　　　　　　40 000 　　贷：银行存款　　　　　　　　　　40 000	不记账

（6）2019年12月30日，按照外包工程完成进度10%，结算发包工程款20 000元。

财务会计	预算会计
借：在建工程——建筑安装工程投资　20 000 　　贷：预付账款——预付工程款　　　20 000	不记账

（7）2020年1月1日，C事业单位收到财政下达预算指标的通知，2019年预拨款8 000 000元纳入2020年预算。

财务会计	预算会计
借：其他应付款——预拨下期款　8 000 000 　　贷：财政拨款收入　　　　　　8 000 000	借：资金结存——货币资金　　　　　　　8 000 000 　　贷：财政拨款预算收入——项目经费　8 000 000 借：事业支出——财政拨款支出——项目支出——资本性支出 　　　　　　250 000（200 000+10 000+40 000） 　　贷：资金结存——货币资金　　　　　 250 000

[问题18] 单位从职工工资中代扣职工个人应负担水电费，应如何进行账务处理？

[解答] 从职工工资中代扣的水电费一般有两种情况：一种是发生时能明确区分单位和个人负担部分；另一种是发生时不能明确区分单位和个人负担部分。

第一种情况下：发生时能明确区分单位和个人负担部分。

[案例] 2019年2月1日A事业单位通过财政直接支付方式支付后勤中心负担的水电费45 000元和物业费50 000元，单位以自有资金垫付职工个人负担水电费15 000元和物业管理费40 000元，账务处理如下：

财务会计	预算会计
①借：单位管理费用——商品和服务支出　95 000 　　贷：财政拨款收入——基本支出——日常公用经费 　　　　　　　　　　　　　　　　　95 000 ②借：其他应收款——应收个人水电费　15 000 　　　　　　　　——应收个人物业管理费　40 000 　　贷：银行存款　　　　　　　　　　55 000	借：事业支出——基本支出——商品和服务支出—— 　　水电费　　　　　　　　　　　　　45 000 　　　　　——基本支出——商品和服务支出—— 　　物业管理费　　　　　　　　　　　50 000 　　贷：财政拨款预算收入——基本支出——日常公 　　用经费　　　　　　　　　　　　　95 000

2019 年 2 月发生本月工资薪酬 170 000 元，其中基本工资 100 000 元，绩效工资 70 000 元。并需要在工资中代扣个人应缴的养老保险费 10 000 元、住房公积金 11 000 元、个人所得税 5 000 元。2019 年 2 月 25 日通过财政直接支付方式发放工资，从工资中代扣个人应缴的养老保险费、住房公积金、个人所得税，并扣回水电费 15 000 元，物业管理费 40 000 元。从工资中的扣款由财政直接支付到单位的实有资金账户。账务处理如下：

（1）计提工资时：

财务会计		预算会计
借：业务活动费用/单位管理费用　170 000　　　贷：应付职工薪酬——基本工资　100 000　　　　　　　　　　　——绩效工资　70 000		不记账

（2）从应发工资中扣款时：

财务会计		预算会计
借：应付职工薪酬——基本工资　81 000　　　贷：应付职工薪酬——社会保险费——养老保险　　　　　　　　　　　　　　　　　　　　10 000　　　　　　　　　　　——住房公积金　11 000　　　　其他应交税费——代缴个人所得税　5 000　　　　其他应收款——应收个人水电费　15 000　　　　　　　　　　　——应收物业管理费　40 000		不记账

（3）财政支付工资及将工资扣款支付进入单位银行账户时：

财务会计	预算会计
借：应付职工薪酬——基本工资　19 000　　　　　　　　　　　——绩效工资　70 000　　　银行存款　81 000　　　贷：财政拨款收入——基本支出——人员经费　170 000	借：事业支出——基本支出——工资福利支出　170 000　　　贷：财政拨款预算收入——基本支出——人员经费　170 000

第二种情况下：发生时不能明确区分单位和个人负担部分。

[案例] B 事业单位 2019 年 2 月 1 日通过财政直接支付方式，支付后勤中心水电费 60 000 元和物业费 90 000 元，暂无法区分单位和个人实际负担部分，账务处理如下：

财务会计	预算会计
借：单位管理费用——商品和服务支出 150 000 　　贷：财政拨款收入——基本支出——日常公用经费 150 000	借：事业支出——基本支出——商品和服务支出——水电费 60 000 　　　　　——基本支出——商品和服务支出——物业管理费 90 000 　　贷：财政拨款预算收入——基本支出——日常公用经费 150 000

（1）2019年2月发生本月工资薪酬170 000，其中基本工资100 000，绩效工资70 000。并在工资中代个人应缴的养老保险费10 000元、住房公积金11 000元、个人所得税5 000元。从工资中扣回水电费15 000元，物业管理费40 000元，2019年2月25日B事业单位通过财政直接支付方式发放工资，计算出职工个人应负担的水电费15 000元，物业管理费40 000元，从发放的职工工资中扣回。工资中扣回的水电费、物业管理费退回财政部门，其他从工资中的扣款由财政直接支付到单位的实有资金账户。账务处理如下：

①计提工资时：

财务会计	预算会计
借：业务活动费用/单位管理费用　　170 000 　　贷：应付职工薪酬——基本工资　　100 000 　　　　　　　　　　——绩效工资　　 70 000	不记账

②从应发工资中扣款时：

财务会计	预算会计
借：应付职工薪酬——基本工资　　　81 000 　　贷：应付职工薪酬——养老保险　　10 000 　　　　　　　　　　——住房公积金　11 000 　　　　其他应交税费——个人所得税　 5 000 　　　　其他应收款——应收个人水电费　15 000 　　　　　　　　　　——应收物业管理费　40 000	不记账

③财政支付工资、收回对职工垫付的水电费和物业管理费，将其他工资扣款支付进入单位银行账户：

财务会计	预算会计
借：应付职工薪酬——基本工资　　　19 000 　　　　　　　　——绩效工资　　　70 000 　　其他应收款——应收个人水电费　15 000 　　　　　　　　——应收物业管理费　40 000 　　银行存款　　　　　　　　　　　26 000 　　贷：财政拨款收入——基本支出——人员经费 　　　　　　　　　　　　　　　　　170 000	借：事业支出——基本支出——工资福利支出 　　　　　　　　　　　　　　　　　170 000 　　贷：财政拨款预算收入——基本支出——人员 　　　　经费　　　　　　　　　　　170 000

（2）职工工资中的水电费、物业管理费扣款已在单位发放职工工资时收回财政，故需要冲减原来因财政支付水电费、物业管理费登记的相关收入费用及预算收支金额。账务处理如下：

财务会计	预算会计
借：财政拨款收入——基本支出——日常公用经费 　　　　　　　　　　　　　　　　　55 000 　　贷：单位管理费用——商品和服务支出　55 000	借：财政拨款预算收入——基本支出——日常公用经费 　　　　　　　　　　　　　　　　　55 000 　　贷：事业支出——基本支出——水电费　15 000 　　　　　　　——基本支出——物业管理费 40 000

实务锦囊

1. 关于 2018 年以前的"应付福利费"科目余额应如何处理

新制度未设置"应付福利费"科目，单位按规定发生福利费开支时，应当在计提标准内据实计入费用（同时计入预算支出）。单位在新旧制度转换时，应当对原账的"应付福利费"科目余额进行分析。在财务会计下，将其中属于职工福利基金的金额转入新账的"专用基金——职工福利基金"科目，将其他余额转入新账的"累计盈余"科目。在预算会计下，对于其中属于从财政拨款中提取的金额，应当在确定新账的"财政拨款结余"科目余额时作为调增项处理，对于其中属于职工福利基金（从非财政拨款结余中提取形成）的金额，应当在确定新账的"专用结余"科目余额时作为调增项处理，对于其他余额，应当在确定新账的"非财政拨款结余"科目余额时作为调增项处理；同时，按照相同的金额登记新账的"资金结存——货币资金"科目借方。

2. 新旧会计制度衔接时，事业单位"非财政拨款结余"科目如何进行调整

单位在新旧制度转换时，按照《〈政府会计制度——行政事业单位会计科目和报表〉与〈事业单位会计制度〉有关衔接问题的处理规定》的有关要求，在第 2 个步骤对新账"非财政拨款结余"科目及"资金结存"科目余额进行调整时，还应考虑以下调整项目：

（1）调整长期股权投资对非财政拨款结余的影响

单位应当对原账的"长期投资"科目余额中属于股权投资的余额进行分析，区分其中用现金资产取得的金额和用非现金资产及其他方式取得的金额，按照用现金资产取得的金额，借记"非财政拨款结余"科目，贷记"资金结存——货币资金"科目。按照原制度核算长期投资、并且对应科目为"非流动资产基金——长期投资"的，不作此项调整。

（2）调整长期债券投资对非财政拨款结余的影响

单位应当按照原账的"长期投资"科目余额中属于债券投资的余额，借记"非财政拨款结余"科目，贷记"资金结存——货币资金"科目。按照原制度核算长期投资、并且对应科目为"非流动资产基金——长期投资"的，不作此项调整。

（3）调整专用基金对非财政拨款结余的影响

单位应当对原账的"专用基金"科目余额进行分析，划分出按照收入比例列支提取的专用基金，按照列支提取的专用基金的金额，借记"资金结存——货币资金"科目，贷记"非财政拨款结余"科目。

单位按照《〈政府会计制度——行政事业单位会计科目和报表〉与〈事业单位会计制度〉有关衔接问题的处理规定》中1、2两个步骤难以准确调整出"非财政拨款结余"科目及对应的"资金结存"科目余额的，在新旧制度转换时，可以在新账的"库存现金""银行存款""其他货币资金""财政应返还额度"科目借方余额合计数基础上，对不纳入单位预算管理的资金进行调整（如减去新账中货币资金形式的受托代理资产、应缴财政款、已收取将来需要退回资金的其他应付款，加上已支付将来需要收回资金的其他应收款），按照调整后的金额减去新账的"财政拨款结转""财政拨款结余""非财政拨款结转""专用结余"科目贷方余额合计数，加上"经营结余"科目借方余额后的金额，登记新账的"非财政拨款结余"科目贷方；同时，按照相同的金额登记新账的"资金结存——货币资金"科目借方。

3. 单位的售房款如何进行会计处理

中央级行政事业单位应当自2019年1月1日起，将归属于本单位的售房款及其利息收入纳入部门预算管理，并按照《政府会计制度》统一进行会计核算。收到售房款项（售房收入扣除按标准计提的住宅专项维修资金）及其利息收入时，借记"银行存款"科目，贷记"其他收入"科目；同时在预算会计中借记"资金结存"科目，贷记"其他预算收入"科目。按规定使用售房款发放购房补贴的，计提购房补贴费用时，借记"业务活动费用""单位管理费用"等科目，贷记"应付职工薪酬"科目的相关明细科目；发放购房补贴时，借记"应付职工薪酬"科目的相关明细科目，贷记"银行存款"等科目,同时在预算会计中借记"行政支出""事业支出"等科目,贷记"资金结存"科目。

新旧会计制度转换时,中央级行政单位和中央级事业单位应当分别进行如下会计处理:

(一)行政单位在原账中将售房款作为负债(其他应付款或长期应付款等)核算的,应当将有关负债科目的相关明细科目余额,转入新账财务会计中的"累计盈余"科目;同时,按照相同金额在新账预算会计中借记"资金结存"科目,贷记"非财政拨款结转"相关明细科目。

行政单位原对售房款单独建账、单独核算(即未将售房款资金纳入"大账"核算)的,应当将售房款资金统一纳入"大账"核算,按照有关账套(或台账)核算的售房款余额,在新账财务会计中借记"银行存款"等科目,贷记"累计盈余"科目;同时,按照相同金额在新账预算会计中借记"资金结存"科目,贷记"非财政拨款结转"相关明细科目。

(二)事业单位在原账中将售房款记入"专用基金"科目的,应当将"专用基金"科目相关明细科目的余额,转入新账财务会计中的"累计盈余"科目;同时,按照相同金额在新账预算会计中借记"资金结存"科目,贷记"非财政拨款结转"相关明细科目。

尚未将单位售房款纳入财政统筹使用的省级及以下行政事业单位,应当比照《政府会计准则制度解释1号》中有关中央级行政事业单位售房款的会计处理规定执行。

4. 单位集中管理的住宅专项维修资金如何进行会计处理

单位对于其集中管理的住宅专项维修资金,属于按规定从本单位售房收入中提取的,应当比照本解释中有关单位售房款的规定进行会计处理;属于本单位职工个人缴存的,应当作为受托代理业务,按照《政府会计制度》的规定进行会计处理。

专门从事住宅专项维修资金管理的单位所管理的住宅专项维修资金的会计核算,由财政部另行规定。

附录 相关准则制度

一、政府会计准则——基本准则

政府会计准则——基本准则

(2015年10月23日中华人民共和国财政部令第78号发布 自2017年1月1日起施行)

第一章 总 则

第一条 为了规范政府的会计核算，保证会计信息质量，根据《中华人民共和国会计法》、《中华人民共和国预算法》和其他有关法律、行政法规，制定本准则。

第二条 本准则适用于各级政府、各部门、各单位（以下统称政府会计主体）。前款所称各部门、各单位是指与本级政府财政部门直接或者间接发生预算拨款关系的国家机关、军队、政党组织、社会团体、事业单位和其他单位。军队、已纳入企业财务管理体系的单位和执行《民间非营利组织会计制度》的社会团体，不适用本准则。

第三条 政府会计由预算会计和财务会计构成。预算会计实行收付实现制，国务院另有规定的，依照其规定。财务会计实行权责发生制。

第四条 政府会计具体准则及其应用指南、政府会计制度等，应当由财政部遵循本准则制定。

第五条 政府会计主体应当编制决算报告和财务报告。决算报告的目标是向决算报告使用者提供与政府预算执行情况有关的信息，综合反映政府会计主体预算收支的年度执行结果，有助于决算报告使用者进行监督和管理，并为编制后续年度预算提供参考和依据。政府决算报告使用者包括各级人民代表大会及其常务委员会、各级政府及其有关部门、政府会计主体自身、社会公众和其他利益相关者。财务报告的目标是向财务报告使用者提供与政府的财务状况、运行情况（含运行成本，下同）和现金流量等有关信息，反映政府会计主体公共受托责任履行情况，有助于财务报告使用者做出决策或者进行监督和管理。政府财务报告使用者包括各级人民代表大会常务委员会、债权人、各级政府及其有关部门、政府会计主体自身和其他利益相关者。

第六条 政府会计主体应当对其自身发生的经济业务或者事项进行会计核算。

第七条 政府会计核算应当以政府会计主体持续运行为前提。

第八条 政府会计核算应当划分会计期间，分期结算账目，按规定编制决算报告和财务报告。会计期间至少分为年度和月度。会计年度、月度等会计期间的起讫日期采用公历日期。

第九条 政府会计核算应当以人民币作为记账本位币。发生外币业务时，应当将有关外币金额折算为人民币金额计量，同时登记外币金额。

第十条 政府会计核算应当采用借贷记账法记账。

第二章 政府会计信息质量要求

第十一条 政府会计主体应当以实际发生的经济业务或者事项为依据进行会计核算，如实反映各项会计要素的情况和结果，保证会计信息真实可靠。

第十二条 政府会计主体应当将发生的各项经济业务或者事项统一纳入会计核算，确保会计信息能够全面反映政府会计主体预算执行情况和财务状况、运行情况、现金流量等。

第十三条 政府会计主体提供的会计信息，应当与反映政府会计主体公共受托责任履行情况以及报告使用者决策或者监督、管理的需要相关，有助于报告使用者对政府会计主体过去、现在或者未来的情况做出评价或者预测。

第十四条 政府会计主体对已经发生的经济业务或者事项，应当及时进行会计核算，不得提前或者延后。

第十五条 政府会计主体提供的会计信息应当具有可比性。同一政府会计主体不同时期发生的相同或者相似的经济业务或者事项，应当采用一致的会计政策，不得随意变更。确需变更的，应当将变更的内容、理由及其影响在附注中予以说明。不同政府会计主体发生的相同或者相似的经济业务或者事项，应当采用一致的会计政策，确保政府会计信息口径一致，相互可比。

第十六条 政府会计主体提供的会计信息应当清晰明了，便于报告使用者理解和使用。

第十七条 政府会计主体应当按照经济业务或者事项的经济实质进行会计核算，不限于以经济业务或者事项的法律形式为依据。

第三章 政府预算会计要素

第十八条 政府预算会计要素包括预算收入、预算支出与预算结余。

第十九条 预算收入是指政府会计主体在预算年度内依法取得的并纳入预算管理的现金流入。

第二十条 预算收入一般在实际收到时予以确认，以实际收到的金额计量。

第二十一条 预算支出是指政府会计主体在预算年度内依法发生并纳入预算管理的现金流出。

第二十二条 预算支出一般在实际支付时予以确认，以实际支付的金额计量。

第二十三条 预算结余是指政府会计主体预算年度内预算收入扣除预算支出后的资金余额，以及历年滚存的资金余额。

第二十四条 预算结余包括结余资金和结转资金。结余资金是指年度预算执行终了，预算收入实际完成数扣除预算支出和结转资金后剩余的资金。结转资金是指预算安排项目的支出年终尚未执行完毕或者因故未执行，且下年需要按原用途继续使用的资金。

第二十五条 符合预算收入、预算支出和预算结余定义及其确认条件的项目应当列入政府决算报表。

第四章　政府财务会计要素

第二十六条 政府财务会计要素包括资产、负债、净资产、收入和费用。

第一节　资　产

第二十七条 资产是指政府会计主体过去的经济业务或者事项形成的，由政府会计主体控制的，预期能够产生服务潜力或者带来经济利益流入的经济资源。服务潜力是指政府会计主体利用资产提供公共产品和服务以履行政府职能的潜在能力。经济利益流入表现为现金及现金等价物的流入，或者现金及现金等价物流出的减少。

第二十八条 政府会计主体的资产按照流动性，分为流动资产和非流动资产。流动资产是指预计在1年内（含1年）耗用或者可以变现的资产，包括货币资金、短期投资、应收及预付款项、存货等。非流动资产是指流动资产以外的资产，包括固定资产、在建工程、无形资产、长期投资、公共基础设施、政府储备资产、文物文化资产、保障性住房和自然资源资产等。

第二十九条 符合本准则第二十七条规定的资产定义的经济资源，在同时满足以下条件时，确认为资产：（一）与该经济资源相关的服务潜力很可能实现或者经济利益很可能流入政府会计主体；（二）该经济资源的成本或者价值能够可靠地计量。

第三十条 资产的计量属性主要包括历史成本、重置成本、现值、公允价值和名义金额。在历史成本计量下，资产按照取得时支付的现金金额或者支付对价的公允价值计量。在重置成本计量下，资产按照现在购买相同或者相似资产所需支付的现金金额计量。在现值计量下，资产按照预计从其持续使用和最终处置中所产生的未来净现金流入量的折现金额计量。在公允价值计量下，资产按照市场参与者在计量日发生的有序交易中，出售资产所能收到的价格计量。无法采用上述计量属性的，采用名义金额（即人民币1元）计量。

第三十一条 政府会计主体在对资产进行计量时，一般应当采用历史成本。采用重置成本、现值、公允价值计量的，应当保证所确定的资产金额能够持续、可靠计量。

第三十二条 符合资产定义和资产确认条件的项目，应当列入资产负债表。

第二节 负　债

第三十三条 负债是指政府会计主体过去的经济业务或者事项形成的，预期会导致经济资源流出政府会计主体的现时义务。现时义务是指政府会计主体在现行条件下已承担的义务。未来发生的经济业务或者事项形成的义务不属于现时义务，不应当确认为负债。

第三十四条 政府会计主体的负债按照流动性，分为流动负债和非流动负债。流动负债是指预计在1年内（含1年）偿还的负债，包括应付及预收款项、应付职工薪酬、应缴款项等。非流动负债是指流动负债以外的负债，包括长期应付款、应付政府债券和政府依法担保形成的债务等。

第三十五条 符合本准则第三十三条规定的负债定义的义务，在同时满足以下条件时，确认为负债：（一）履行该义务很可能导致含有服务潜力或者经济利益的经济资源流出政府会计主体；（二）该义务的金额能够可靠地计量。

第三十六条 负债的计量属性主要包括历史成本、现值和公允价值。在历史成本计量下，负债按照因承担现时义务而实际收到的款项或者资产的金额，或者承担现时义务的合同金额，或者按照为偿还负债预期需要支付的现金计量。在现值计量下，负债按照预计期限内需要偿还的未来净现金流出量的折现金额计量。在公允价值计量下，负债按照市场参与者在计量日发生的有序交易中，转移负债所需支付的价格计量。

第三十七条 政府会计主体在对负债进行计量时，一般应当采用历史成本。采用现值、公允价值计量的，应当保证所确定的负债金额能够持续、可靠计量。

第三十八条 符合负债定义和负债确认条件的项目，应当列入资产负债表。

第三节 净资产

第三十九条 净资产是指政府会计主体资产扣除负债后的净额。

第四十条 净资产金额取决于资产和负债的计量。

第四十一条　净资产项目应当列入资产负债表。

第四节　收　入

第四十二条　收入是指报告期内导致政府会计主体净资产增加的、含有服务潜力或者经济利益的经济资源的流入。

第四十三条　收入的确认应当同时满足以下条件：（一）与收入相关的含有服务潜力或者经济利益的经济资源很可能流入政府会计主体；（二）含有服务潜力或者经济利益的经济资源流入会导致政府会计主体资产增加或者负债减少；（三）流入金额能够可靠地计量。

第四十四条　符合收入定义和收入确认条件的项目，应当列入收入费用表。

第五节　费　用

第四十五条　费用是指报告期内导致政府会计主体净资产减少的、含有服务潜力或者经济利益的经济资源的流出。

第四十六条　费用的确认应当同时满足以下条件：（一）与费用相关的含有服务潜力或者经济利益的经济资源很可能流出政府会计主体；（二）含有服务潜力或者经济利益的经济资源流出会导致政府会计主体资产减少或者负债增加；（三）流出金额能够可靠地计量。

第四十七条　符合费用定义和费用确认条件的项目，应当列入收入费用表。

第五章　政府决算报告和财务报告

第四十八条　政府决算报告是综合反映政府会计主体年度预算收支执行结果的文件。政府决算报告应当包括决算报表和其他应当在决算报告中反映的相关信息和资料。政府决算报告的具体内容及编制要求等，由财政部另行规定。

第四十九条　府财务报告是反映政府会计主体某一特定日期的财务状况和某一会计期间的运行情况和现金流量等信息的文件。政府财务报告应当包括财务报表和其他应当在财务报告中披露的相关信息和资料。

第五十条　政府财务报告包括政府综合财务报告和政府部门财务报告。政府综合财务报告是指由政府财政部门编制的，反映各级政府整体财务状况、运行情况和财政中长期可持续性的报告。政府部门财务报告是指政府各部门、各单位按规定编制的财务报告。

第五十一条　财务报表是对政府会计主体财务状况、运行情况和现金流量等信息的结构性表述。财务报表包括会计报表和附注。会计报表至少应当包括资产负债表、收入费用表和现金流量表。政府会计主体应当根据相关规定编制合并财务报表。

第五十二条 资产负债表是反映政府会计主体在某一特定日期的财务状况的报表。

第五十三条 收入费用表是反映政府会计主体在一定会计期间运行情况的报表。

第五十四条 现金流量表是反映政府会计主体在一定会计期间现金及现金等价物流入和流出情况的报表。

第五十五条 附注是对在资产负债表、收入费用表、现金流量表等报表中列示项目所做的进一步说明，以及对未能在这些报表中列示项目的说明。

第五十六条 政府决算报告的编制主要以收付实现制为基础，以预算会计核算生成的数据为准。政府财务报告的编制主要以权责发生制为基础，以财务会计核算生成的数据为准。

第六章 附 则

第五十七条 本准则所称会计核算，包括会计确认、计量、记录和报告各个环节，涵盖填制会计凭证、登记会计账簿、编制报告全过程。

第五十八条 本准则所称预算会计，是指以收付实现制为基础对政府会计主体预算执行过程中发生的全部收入和全部支出进行会计核算，主要反映和监督预算收支执行情况的会计。

第五十九条 本准则所称财务会计，是指以权责发生制为基础对政府会计主体发生的各项经济业务或者事项进行会计核算，主要反映和监督政府会计主体财务状况、运行情况和现金流量等的会计。

第六十条 本准则所称收付实现制，是指以现金的实际收付为标志来确定本期收入和支出的会计核算基础。凡在当期实际收到的现金收入和支出，均应作为当期的收入和支出；凡是不属于当期的现金收入和支出，均不应当作为当期的收入和支出。

第六十一条 本准则所称权责发生制，是指以取得收取款项的权利或支付款项的义务为标志来确定本期收入和费用的会计核算基础。凡是当期已经实现的收入和已经发生的或应当负担的费用，不论款项是否收付，都应当作为当期的收入和费用；凡是不属于当期的收入和费用，即使款项已在当期收付，也不应当作为当期的收入和费用。

第六十二条 本准则自 2017 年 1 月 1 日起施行。

二、财会〔2018〕34号文件政府会计准则制度新旧衔接相关规定

财政部关于进一步做好政府会计准则制度新旧衔接和加强行政事业单位资产核算的通知

(财会〔2018〕34号)

党中央有关部门,国务院各部委、各直属机构,全国人大常委会办公厅,全国政协办公厅,高法院,高检院,各民主党派中央,有关人民团体,各省、自治区、直辖市、计划单列市财政厅(局),新疆生产建设兵团财政局:

为了确保政府会计准则制度自2019年1月1日起在全国各级各类行政事业单位全面有效实施,夯实政府综合财务报告、部门决算报告和行政事业性国有资产报告的核算基础,现就政府会计准则制度新旧衔接有关问题以及加强行政事业单位(以下简称单位)资产核算工作的要求通知如下:

一、关于政府会计准则制度新旧衔接有关问题

(一)关于准则制度实施范围。

未纳入部门预决算管理范围的事业单位,可以不执行《政府会计制度——行政事业单位会计科目和报表》(以下称新制度)中的预算会计内容,只执行财务会计内容。

原参照执行《中小学校会计制度》《高等学校会计制度》《医院会计制度》《基层医疗卫生机构会计制度》等行业事业单位会计制度的非政府会计主体,可参照执行新制度。

原执行《工会会计制度》的各级工会组织,暂不执行政府会计准则制度,继续执行《工会会计制度》。

属于政府会计准则制度实施范围、但财政部未针对其原执行的会计制度专门制定新旧衔接规定的事业单位,应当参照《政府会计制度——行政事业单位会计科目和报表与事业单位会计制度有关衔接问题的处理规定》(财会〔2018〕3号)做好新旧衔接工作。

(二)关于预算会计的核算范围。

单位应当按照部门综合预算管理的要求,对纳入部门预算管理的全部现金收支业务进行预算会计核算。未纳入年初批复的预算但纳入决算报表编制范围的非财政拨款收支,应当进行预算会计核算。

（三）关于尚未入账的存量公共基础设施。

单位应当按照《政府会计准则第5号——公共基础设施》的规定，以2019年1月1日为初始入账日，做好尚未入账的存量公共基础设施的登记入账工作。

1. 关于公共基础设施的记账主体。

按照"谁承担管理维护职责、由谁入账"的原则确定公共基础设施的记账主体。由多个政府会计主体共同管理维护的公共基础设施，可暂按现有分管比例各自登记入账。公共基础设施的管理维护职责尚不明确的，由本级政府尽快予以明确。

对于企业控制的公共基础设施，由企业按照企业会计准则进行核算；对于政府将其特许经营权授予企业的存量公共基础设施，其会计处理由财政部另行规定。

2. 关于公共基础设施分类。

单位应当在对公共基础设施进行分级分类的基础上，按照合适的计量单元将存量公共基础设施分门别类登记入账。国务院有关行业主管部门对公共基础设施已规定分级分类标准的，从其规定；尚无明确规定的，单位在公共基础设施首次入账时可按照现行管理实务进行分级分类，待统一分类规定出台后再行调整。

单位对公共基础设施至少应当按照市政基础设施、交通基础设施、水利基础设施和其他公共基础设施四个类别进行明细核算，其他明细核算应当遵循政府会计准则制度，并满足编制行政事业性国有资产报告的需要。

3. 关于公共基础设施折旧（摊销）。

在国务院财政部门对公共基础设施折旧（摊销）年限作出规定之前，单位在公共基础设施首次入账时暂不考虑补提折旧（摊销），初始入账后也暂不计提折旧（摊销）。单位在2019年1月1日之前已经核算公共基础设施且计提折旧（摊销）的，在新旧衔接时以及执行政府会计准则制度后可继续沿用之前的折旧（摊销）政策。

4. 关于存量公共基础设施的入账成本。

（1）单位应当首先按照公共基础设施的初始购建成本确定存量公共基础设施的初始入账成本。对于初始购建投入使用后至执行政府会计准则制度前发生的后续支出，无需追溯确认为公共基础设施的初始入账成本；对于执行政府会计准则制度后发生的后续支出，应当按照《政府会计准则第5号——公共基础设施》的规定处理。

单位在确定存量公共基础设施的初始购建成本时，应当以与存量公共基础设施购建及交付使用有关的原始凭据为依据，包括项目竣工财务决算资料、项目移交资料、项目投资预算、项目投资概算及建设成本资料等。单位无法取得与存量公共基础设施初始购建有关的原始凭据的，应当在财务报表附注中对无法取得原始凭据的事实及理由予以披露。

（2）对于无法取得与存量公共基础设施初始购建有关的原始凭据，但已按照有关规定对公共基础设施进行评估，或者按照《中华人民共和国资产评估法》等法律法规和国家有关规定要求对公共基础设施进行评估的，单位应当按照评估价值确定存量公共基础设施的初始入账成本。

以评估价值确定存量公共基础设施的初始入账成本的，应当以评估机构出具的评估报告等作为原始凭据。

（3）对于无法取得与存量公共基础设施初始购建有关的原始凭据且在首次入账前未要求或未进行过资产评估的，单位应当按照重置成本确定存量公共基础设施的初始入账成本。单位在具体确定存量公共基础设施的重置成本时，可参考以下步骤进行：

第一步，对存量公共基础设施进行分级分类。

第二步，确定各项存量公共基础设施的建造或使用时间、具体数量（如里程、面积等）以及各项资产的成新率（即新旧程度系数）。

第三步，确定现行条件下每项公共基础设施的单位（如单位里程、单位面积等）资产价值。通常情况下，单位资产价值的确定应当以行业定额标准或由各地行业主管部门组织确定的定额标准为基础。

第四步，根据第二步和第三步的结果，计算确定每项具体公共基础设施的入账成本。

经履行内部报批程序后，单位可将重置成本计算的依据作为存量公共基础设施初始入账的原始凭据。

此外，单位在新旧制度转换时，对于应当确认为公共基础设施、但已确认为固定资产的，应当将该项固定资产按其账面价值重分类为公共基础设施。如果该项固定资产是以名义金额计量的，应当按照以上规定重新确定公共基础设施的入账成本。

（四）关于文物文化资产。

新制度设置了"文物文化资产"科目，核算单位为满足社会公共需求而控制的文物文化资产的成本。其中，对于成本无法可靠取得的文物文化资产，单位应当设置备查簿进行登记，待成本能够可靠确定后按照规定及时入账。

单位在新旧制度转换时，应当将原账"固定资产"科目中核算的符合新制度"文物文化资产"科目核算内容的"文物和陈列品"，按其相关明细科目的余额转入新账的"文物文化资产"科目。如原账中核算的"文物和陈列品"有以名义金额计量的，应当按照转入新账"文物文化资产"科目中的"文物和陈列品"名义金额的合计数，借记新账的"累计盈余"科目，贷记新账的"文物文化资产"科目，同时将这些文物文化资产在备查簿中进行登记，并按照新制度的规定进行后续处理。

（五）关于按照名义金额计量的资产。

根据政府会计准则制度，可以按照名义金额计量的资产只包括接受捐赠的库存物品、固定资产、无形资产,以及无法确定成本的盘盈库存物品、固定资产和无形资产。

单位在新旧制度转换时,对于原账中在相应资产科目核算的以名义金额计量的库存物品、固定资产和无形资产,应当仍然按名义金额转入新账的相应资产科目;对于原未入账的上述资产,仅当没有相关凭据且未经资产评估、同类或类似资产的市场价格也无法可靠取得时,才能按照名义金额入账。

(六)关于长期股权投资。

单位在新旧制度转换时按照权益法调整长期股权投资账面余额的,如无法获取被投资单位 2018 年 12 月 31 日资产负债表中所有者权益账面余额,可以依据被投资单位 2017 年 12 月 31 日资产负债表中所有者权益账面余额,以及单位持有被投资单位的股权比例,计算应享有或应分担的被投资单位所有者权益的份额,据此调整新账中长期股权投资的账面余额。在以后各年度,单位均可依据被投资单位上年资产负债表中所有者权益的年末数计算调整长期股权投资的账面余额。

(七)关于固定资产折旧。

单位按照原制度已经计提固定资产折旧的,在新旧制度转换时,应当按照新制度规定开始计提折旧的时点起至 2018 年 12 月 31 日止应计提的累计折旧金额与已计提的累计折旧金额的差额,借记新账中"累计盈余"科目,贷记新账中"固定资产累计折旧"科目。

单位按照原制度已经计提固定资产折旧,但原确定的固定资产折旧年限与新制度所规定的折旧年限不一致的,在新旧制度转换时无需追溯调整 2018 年 12 月 31 日前已经计提的折旧金额,而应当自执行新制度起,以 2019 年 1 月 1 日该项资产的账面价值(原价减去已提旧后的金额)作为应计提折旧额,在新制度规定的折旧年限扣除已计提折旧年限的剩余年限内计提折旧。

(八)关于在建工程。

单位在新旧制度转换时,对于 2018 年 12 月 31 日前发生的已经计入支出、但按照政府会计准则制度应当计入在建工程成本的固定资产更新、改造等费用,无需追溯调整在建工程账面价值。

(九)关于研发支出。

单位在新旧制度转换时,对于 2018 年 12 月 31 日前发生的已经计入支出、但按照政府会计准则制度应当计入自行研究开发项目成本的开发阶段的费用,无需追溯调整研发支出账面价值。

(十)关于应付职工薪酬。

新制度设置了"应付职工薪酬"科目,核算单位按照有关规定应付给职工及为职工支付的各种薪酬,包括基本工资、国家统一规定的津贴补贴、规范津贴补贴(绩效工资)、改革性补贴、社会保险费(如职工基本养老保险费、职业年金、基本医疗保险费等)、住房公积金等。单位在新旧制度转换时，应当将2018年12月31日前未入账的应付未付职工以及应为职工支付但尚未支付的有关薪酬记入新账，按照确定的应付未付金额，借记新账中"累计盈余"科目，贷记新账中"应付职工薪酬"科目下的相关明细科目。

(十一) 关于应付福利费。

新制度未设置"应付福利费"科目，单位按规定发生福利费开支时，应当在计提标准内据实计入费用(同时计入预算支出)。单位在新旧制度转换时，应当对原账的"应付福利费"科目余额进行分析，在财务会计下，将其中属于职工福利基金的金额转入新账的"专用基金——职工福利基金"科目，将其他余额转入新账的"累计盈余"科目。在预算会计下，对于其中属于从财政拨款中提取的金额，应当在确定新账的"财政拨款结余"科目余额时作为调增项处理，对于其中属于职工福利基金(从非财政拨款结余中提取形成)的金额，应当在确定新账的"专用结余"科目余额时作为调增项处理，对于其他余额，应当在确定新账的"非财政拨款结余"科目余额时作为调增项处理；同时，按照相同的金额登记新账的"资金结存——货币资金"科目借方。

(十二) 关于事业单位"非财政拨款结余"科目的新旧衔接。

单位在新旧制度转换时，按照《政府会计制度——行政事业单位会计科目和报表与事业单位会计制度有关衔接问题的处理规定》的有关要求，在第2个步骤对新账"非财政拨款结余"科目及"资金结存"科目余额进行调整时，还应考虑以下调整项目：

(1) 调整长期股权投资对非财政拨款结余的影响。

单位应当对原账的"长期投资"科目余额中属于股权投资的余额进行分析，区分其中用现金资产取得的金额和用非现金资产及其他方式取得的金额，按照用现金资产取得的金额，借记"非财政拨款结余"科目，贷记"资金结存——货币资金"科目。按照原制度核算长期投资，并且对应科目为"非流动资产基金——长期投资"的，不作此项调整。

(2) 调整长期债券投资对非财政拨款结余的影响。

单位应当按照原账的"长期投资"科目余额中属于债券投资的余额，借记"非财政拨款结余"科目，贷记"资金结存——货币资金"科目。按照原制度核算长期投资、并且对应科目为"非流动资产基金——长期投资"的，不作此项调整。

(3) 调整专用基金对非财政拨款结余的影响。

单位应当对原账的"专用基金"科目余额进行分析，划分出按照收入比例列支提取的专用基金，按照列支提取的专用基金的金额，借记"资金结存——货币资金"科目,贷记"非财政拨款结余"科目。

单位按照《政府会计制度——行政事业单位会计科目和报表与事业单位会计制度有关衔接问题的处理规定》中1、2两个步骤难以准确调整出"非财政拨款结余"科目及对应的"资金结存"科目余额的,在新旧制度转换时,可以在新账的"库存现金""银行存款""其他货币资金""财政应返还额度"科目借方余额合计数基础上,对不纳入单位预算管理的资金进行调整(如减去新账中货币资金形式的受托代理资产、应缴财政款、已收取将来需要退回资金的其他应付款,加上已支付将来需要收回资金的其他应收款),按照调整后的金额减去新账的"财政拨款结转""财政拨款结余""非财政拨款结转""专用结余"科目贷方余额合计数,加上"经营结余"科目借方余额后的金额,登记新账的"非财政拨款结余"科目贷方;同时,按照相同的金额登记新账的"资金结存——货币资金"科目借方。

(十三)关于按合同完成进度确认事业收入。

单位以合同完成进度确认事业收入时,应当根据业务实质,选择累计实际发生的合同成本占合同预计总成本的比例、已经完成的合同工作量占合同预计总工作量的比例、已经完成的时间占合同期限的比例、实际测定的完工进度等方法,合理确定合同完成进度。

单位在新旧制度转换时,对于已经开始执行尚未执行完毕的合同,无需按照新制度规定的会计核算基础对已经确认的收入进行调整。

(十四)关于受托代理资产和受托代理负债。

为了全面核算和反映政府会计主体发生的经济业务或事项,新制度设置了"受托代理资产"科目,本科目核算单位接受委托方委托管理的各项资产,包括受托指定转赠的物资、受托存储保管的物资和罚没物资等的成本。单位对受托代理资产不拥有控制权,因此"受托代理资产"并不符合《政府会计准则——基本准则》所规定的资产的定义及其确认标准。

"受托代理负债"因单位接受受托代理资产而产生,应当按照相对应的受托代理资产的金额予以确认和计量。单位收取的押金、存入保证金等负有偿还义务的暂收款项,应当通过"其他应付款"科目核算。

单位在新旧制度转换时,应当按照上述原则正确确定应转入新账或登记新账的"受托代理资产"科目和"受托代理负债"科目的内容。

(十五)关于非同级财政拨款(预算)收入。

单位取得的非同级财政拨款收入包括两大类,一类是从同级财政以外的同级政府部门取得的横向转拨财政款,另一类是从上级或下级政府(包括政府财政和政府部门)取得的各类财政款。在具体核算时,事业单位对于因开展专业业务活动及其辅助活动取得的非同级财政拨款收入，应当通过"事业收入——非同级财政拨款"科目核算；对于其他非同级财政拨款收入，应当通过"非同级财政拨款收入"科目核算。

事业预算收入和非同级财政拨款预算收入的核算口径也比照前款规定处理。

单位在新旧制度转换时，应当按照上述规定确定新账的相关科目的核算口径。

二、关于加强单位资产核算工作的要求

编制行政事业性国有资产报告是建立国务院向全国人大常委会报告国有资产管理情况制度的重要内容，会计账簿生成的信息是编制行政事业性国有资产报告的重要数据来源。各单位应当以执行新政府会计准则制度、做好新旧制度衔接工作为契机，健全会计机构，充实会计人员，提升会计信息化水平，进一步规范和加强各类资产的会计核算，夯实资产核算的各项基础工作，强化资产账实相符，确保资产信息的全面性、完整性和准确性。

各单位应当在2016年资产清查核实的基础上，按照落实国务院向全国人大常委会报告国有资产管理情况制度和政府会计准则制度的要求，扎实开展以下工作：

一是进一步清理核实和归类统计固定资产、无形资产、库存物品、对外投资等资产数据，为准确计提折旧、摊销费用、确定权益等提供基础信息。

二是进一步规范和加强往来款项的管理，全面开展往来款项专项清理和账龄分析，及时报批处理往来挂账，做好坏账准备计提的相关工作。

三是进一步清理基本建设会计账务，及时将已交付使用的建设项目转为固定资产、无形资产等，按规定及时办理基本建设项目竣工财务决算手续，为将基本建设投资业务纳入单位统一账簿进行会计核算做好准备。

四是进一步明晰资产占有、使用和维护管理的责任主体，按规定将单位控制的公共基础设施、政府储备物资、保障性住房等资产以及单位受托管理的资产登记入账，确保国有资产信息全面完整。

有关行业主管部门要加强对单位资产核算工作的指导；各级财政部门要加强对单位资产核算工作的监督检查，对未按照政府会计准则制度进行核算的，应依法依规予以处理。

三、政府会计准则第 1 号——存货

政府会计准则第 1 号——存货

第一章　总　　则

第一条　为了规范存货的确认、计量和相关信息的披露,根据《政府会计准则——基本准则》,制定本准则。

第二条　本准则所称存货,是指政府会计主体在开展业务活动及其他活动中为耗用或出售而储存的资产,如材料、产品、包装物和低值易耗品等,以及未达到固定资产标准的用具、装具、动植物等。

第三条　政府储备物资、收储土地等,适用其他相关政府会计准则。

第二章　存货的确认

第四条　存货同时满足下列条件的,应当予以确认:

(一) 与该存货相关的服务潜力很可能实现或者经济利益很可能流入政府会计主体;

(二) 该存货的成本或者价值能够可靠地计量。

第三章　存货的初始计量

第五条　存货在取得时应当按照成本进行初始计量。

第六条　政府会计主体购入的存货,其成本包括购买价款、相关税费、运输费、装卸费、保险费以及使得存货达到目前场所和状态所发生的归属于存货成本的其他支出。

第七条　政府会计主体自行加工的存货,其成本包括耗用的直接材料费用、发生的直接人工费用和按照一定方法分配的与存货加工有关的间接费用。

第八条　政府会计主体委托加工的存货,其成本包括委托加工前存货成本、委托加工的成本(如委托加工费以及按规定应计入委托加工存货成本的相关税费等)以及使存货达到目前场所和状态所发生的归属于存货成本的其他支出。

第九条　下列各项应当在发生时确认为当期费用,不计入存货成本:

(一) 非正常消耗的直接材料、直接人工和间接费用。

（二）仓储费用（不包括在加工过程中为达到下一个加工阶段所必需的费用）。

（三）不能归属于使存货达到目前场所和状态所发生的其他支出。

第十条 政府会计主体通过置换取得的存货，其成本按照换出资产的评估价值，加上支付的补价或减去收到的补价，加上为换入存货发生的其他相关支出确定。

第十一条 政府会计主体接受捐赠的存货，其成本按照有关凭据注明的金额加上相关税费、运输费等确定；没有相关凭据可供取得，但按规定经过资产评估的，其成本按照评估价值加上相关税费、运输费等确定；没有相关凭据可供取得、也未经资产评估的，其成本比照同类或类似资产的市场价格加上相关税费、运输费等确定；没有相关凭据且未经资产评估、同类或类似资产的市场价格也无法可靠取得的，按照名义金额入账，相关税费、运输费等计入当期费用。

第十二条 政府会计主体无偿调入的存货，其成本按照调出方账面价值加上相关税费、运输费等确定。

第十三条 政府会计主体盘盈的存货，按规定经过资产评估的，其成本按照评估价值确定；未经资产评估的，其成本按照重置成本确定。

第四章 存货的后续计量

第十四条 政府会计主体应当根据实际情况采用先进先出法、加权平均法或者个别计价法确定发出存货的实际成本。计价方法一经确定，不得随意变更。对于性质和用途相似的存货，应当采用相同的成本计价方法确定发出存货的成本。对于不能替代使用的存货、为特定项目专门购入或加工的存货，通常采用个别计价法确定发出存货的成本。

第十五条 对于已发出的存货，应当将其成本结转为当期费用或者计入相关资产成本。按规定报经批准对外捐赠、无偿调出的存货，应当将其账面余额予以转销，对外捐赠、无偿调出中发生的归属于捐出方、调出方的相关费用应当计入当期费用。

第十六条 政府会计主体应当采用一次转销法或者五五摊销法对低值易耗品、包装物进行摊销，将其成本计入当期费用或者相关资产成本。

第十七条 对于发生的存货毁损，应当将存货账面余额转销计入当期费用，并将毁损存货处置收入扣除相关处置税费后的差额按规定作应缴款项处理（差额为净收益时）或计入当期费用（差额为净损失时）。

第十八条 存货盘亏造成的损失，按规定报经批准后应当计入当期费用。

第五章 存货的披露

第十九条 政府会计主体应当在附注中披露与存货有关的下列信息：

（一）各类存货的期初和期末账面余额。

（二）确定发出存货成本所采用的方法。

（三）以名义金额计量的存货名称、数量，以及以名义金额计量的理由。

（四）其他有关存货变动的重要信息。

第六章　附　　则

第二十条　本准则自 2017 年 1 月 1 日起施行。

四、政府会计准则第 2 号——投资

政府会计准则第 2 号——投资

第一章　总　　则

第一条　为了规范投资的确认、计量和相关信息的披露，根据《政府会计准则——基本准则》，制定本准则。

第二条　本准则所称投资，是指政府会计主体按规定以货币资金、实物资产、无形资产等方式形成的债权或股权投资。

第三条　投资分为短期投资和长期投资。短期投资，是指政府会计主体取得的持有时间不超过年（含年）的投资。长期投资，是指政府会计主体取得的除短期投资以外的债权和股权性质的投资。

第四条　政府会计主体外币投资的折算，适用其他相关政府会计准则。

第二章　短期投资

第五条　短期投资在取得时，应当按照实际成本（包括购买价款和相关税费，下同）作为初始投资成本。实际支付价款中包含的已到付息期但尚未领取的利息，应当于收到时冲减短期投资成本。

第六条　短期投资持有期间的利息，应当于实际收到时确认为投资收益。

第七条　期末，短期投资应当按照账面余额计量。

第八条　政府会计主体按规定出售或到期收回短期投资，应当将收到的价款扣除短期投资账面余额和相关税费后的差额计入投资损益。

第三章 长期投资

第九条 长期投资分为长期债权投资和长期股权投资。

第一节 长期债权投资

第十条 长期债券投资在取得时，应当按照实际成本作为初始投资成本。实际支付价款中包含的已到付息期但尚未领取的债券利息，应当单独确认为应收利息，不计入长期债券投资初始投资成本。

第十一条 长期债券投资持有期间，应当按期以票面金额与票面利率计算确认利息收入。对于分期付息、一次还本的长期债券投资，应当将计算确定的应收未收利息确认为应收利息，计入投资收益；对于一次还本付息的长期债券投资，应当将计算确定的应收未收利息计入投资收益，并增加长期债券投资的账面余额。

第十二条 政府会计主体按规定出售或到期收回长期债券投资，应当将实际收到的价款扣除长期债券投资账面余额和相关税费后的差额计入投资损益。

第十三条 政府会计主体进行除债券以外的其他债权投资，参照长期债券投资进行会计处理。

第二节 长期股权投资

第十四条 长期股权投资在取得时，应当按照实际成本作为初始投资成本。

（一）以支付现金取得的长期股权投资，按照实际支付的全部价款（包括购买价款和相关税费）作为实际成本。实际支付价款中包含的已宣告但尚未发放的现金股利，应当单独确认为应收股利，不计入长期股权投资初始投资成本。

（二）以现金以外的其他资产置换取得的长期股权投资，其成本按照换出资产的评估价值加上支付的补价或减去收到的补价，加上换入长期股权投资发生的其他相关支出确定。

（三）接受捐赠的长期股权投资，其成本按照有关凭据注明的金额加上相关税费确定；没有相关凭据可供取得，但按规定经过资产评估的，其成本按照评估价值加上相关税费确定；没有相关凭据可供取得、也未经资产评估的，其成本比照同类或类似资产的市场价格加上相关税费确定。

（四）无偿调入的长期股权投资，其成本按照调出方账面价值加上相关税费确定。

第十五条 长期股权投资在持有期间，通常应当采用权益法进行核算。政府会计主体无权决定被投资单位的财务和经营政策或无权参与被投资单位的财务和经营政策决策的，应当采用成本法进行核算。成本法，是指投资按照投资成本计量的方法。权益法，是指投资最初以投资成本计量，以后根据政府会计主体在被投资单位所享有的所有者权益份额的变动对投资的账面余额进行调整的方法。

第十六条　在成本法下，长期股权投资的账面余额通常保持不变，但追加或收回投资时，应当相应调整其账面余额。长期股权投资持有期间，被投资单位宣告分派的现金股利或利润，政府会计主体应当按照宣告分派的现金股利或利润中属于政府会计主体应享有的份额确认为投资收益。

第十七条　采用权益法的，按照如下原则进行会计处理：

（一）政府会计主体取得长期股权投资后，对于被投资单位所有者权益的变动，应当按照下列规定进行处理：

1. 按照应享有或应分担的被投资单位实现的净损益的份额，确认为投资损益，同时调整长期股权投资的账面余额。

2. 按照被投资单位宣告分派的现金股利或利润计算应享有的份额，确认为应收股利，同时减少长期股权投资的账面余额。

3. 按照被投资单位除净损益和利润分配以外的所有者权益变动的份额，确认为净资产，同时调整长期股权投资的账面余额。

（二）政府会计主体确认被投资单位发生的净亏损，应当以长期股权投资的账面余额减记至零为限，政府会计主体负有承担额外损失义务的除外。被投资单位发生净亏损，但以后年度又实现净利润的，政府会计主体应当在其收益分享额弥补未确认的亏损分担额等后，恢复确认投资收益。

第十八条　政府会计主体因处置部分长期股权投资等原因无权再决定被投资单位的财务和经营政策或者参与被投资单位的财务和经营政策决策的，应当对处置后的剩余股权投资改按成本法核算，并以该剩余股权投资在权益法下的账面余额作为按照成本法核算的初始投资成本。其后，被投资单位宣告分派现金股利或利润时，属于已计入投资账面余额的部分，作为成本法下长期股权投资成本的收回，冲减长期股权投资的账面余额。政府会计主体因追加投资等原因对长期股权投资的核算从成本法改为权益法的，应当自有权决定被投资单位的财务和经营政策或者参与被投资单位的财务和经营政策决策时，按成本法下长期股权投资的账面余额加上追加投资的成本作为按照权益法核算的初始投资成本。

第十九条　政府会计主体按规定报经批准处置长期股权投资，应当冲减长期股权投资的账面余额，并按规定将处置价款扣除相关税费后的余额作应缴款项处理，或者按规定将处置价款扣除相关税费后的余额与长期股权投资账面余额的差额计入当期投资损益。采用权益法核算的长期股权投资，因被投资单位除净损益和利润分配以外的所有者权益变动而将应享有的份额计入净资产的，处置该项投资时，还应当将原计入净资产的相应部分转入当期投资损益。

第四章 投资的披露

第二十条 政府会计主体应当在附注中披露与投资有关的下列信息：

（一）短期投资的增减变动及期初、期末账面余额。

（二）各类长期债权投资和长期股权投资的增减变动及期初、期末账面余额。

（三）长期股权投资的投资对象及核算方法。

（四）当期发生的投资净损益，其中重大的投资净损益项目应当单独披露。

第五章 附 则

第二十一条 本准则自 2017 年 1 月 1 日起施行。

五、政府会计准则第 3 号——固定资产

政府会计准则第 3 号——固定资产

第一章 总 则

第一条 为了规范固定资产的确认、计量和相关信息的披露，根据《政府会计准则——基本准则》，制定本准则。

第二条 本准则所称固定资产，是指政府会计主体为满足自身开展业务活动或其他活动需要而控制的，使用年限超过 1 年（不含 1 年）、单位价值在规定标准以上，并在使用过程中基本保持原有物质形态的资产，一般包括房屋及构筑物、专用设备、通用设备等。单位价值虽未达到规定标准，但是使用年限超过 1 年（不含 1 年）的大批同类物资，如图书、家具、用具、装具等，应当确认为固定资产。

第三条 公共基础设施、政府储备物资、保障性住房、自然资源资产等，适用其他相关政府会计准则。

第二章 固定资产的确认

第四条 固定资产同时满足下列条件的，应当予以确认：

（一）与该固定资产相关的服务潜力很可能实现或者经济利益很可能流入政府会计主体；

（二）该固定资产的成本或者价值能够可靠地计量。

第五条 通常情况下，购入、换入、接受捐赠、无偿调入不需安装的固定资产，在固定资产验收合格时确认；购入、换入、接受捐赠、无偿调入需要安装的固定资产，在固定资产安装完成交付使用时确认；自行建造、改建、扩建的固定资产，在建造完成交付使用时确认。

第六条 确认固定资产时，应当考虑以下情况：

（一）固定资产的各组成部分具有不同使用年限或者以不同方式为政府会计主体实现服务潜力或提供经济利益，适用不同折旧率或折旧方法且可以分别确定各自原价的，应当分别将各组成部分确认为单项固定资产。

（二）应用软件构成相关硬件不可缺少的组成部分的，应当将该软件的价值包括在所属的硬件价值中，一并确认为固定资产；不构成相关硬件不可缺少的组成部分的，应当将该软件确认为无形资产。

（三）购建房屋及构筑物时，不能分清购建成本中的房屋及构筑物部分与土地使用权部分的，应当全部确认为固定资产；能够分清购建成本中的房屋及构筑物部分与土地使用权部分的，应当将其中的房屋及构筑物部分确认为固定资产，将其中的土地使用权部分确认为无形资产。

第七条 固定资产在使用过程中发生的后续支出，符合本准则第四条规定的确认条件的，应当计入固定资产成本；不符合本准则第四条规定的确认条件的，应当在发生时计入当期费用或者相关资产成本。将发生的固定资产后续支出计入固定资产成本的，应当同时从固定资产账面价值中扣除被替换部分的账面价值。

第三章 固定资产的初始计量

第八条 固定资产在取得时应当按照成本进行初始计量。

第九条 政府会计主体外购的固定资产，其成本包括购买价款、相关税费以及固定资产交付使用前所发生的可归属于该项资产的运输费、装卸费、安装费和专业人员服务费等。以一笔款项购入多项没有单独标价的固定资产，应当按照各项固定资产同类或类似资产市场价格的比例对总成本进行分配，分别确定各项固定资产的成本。

第十条 政府会计主体自行建造的固定资产，其成本包括该项资产至交付使用前所发生的全部必要支出。在原有固定资产基础上进行改建、扩建、修缮后的固定资产，其成本按照原固定资产账面价值加上改建、扩建、修缮发生的支出，再扣除固定资产被替换部分的账面价值后的金额确定。为建造固定资产借入的专门借款的利息，属于建设期间发生的，计入在建工程成本；不属于建设期间发生的，计入当期费用。已交付使用但尚未办理竣工决算手续的固定资产，应当按照估计价值入账，待办理竣工决算后再按实际成本调整原来的暂估价值。

第十一条 政府会计主体通过置换取得的固定资产，其成本按照换出资产的评估价值加上支付的补价或减去收到的补价，加上换入固定资产发生的其他相关支出确定。

第十二条 政府会计主体接受捐赠的固定资产，其成本按照有关凭据注明的金额加上相关税费、运输费等确定；没有相关凭据可供取得，但按规定经过资产评估的，其成本按照评估价值加上相关税费、运输费等确定；没有相关凭据可供取得、也未经资产评估的，其成本比照同类或类似资产的市场价格加上相关税费、运输费等确定；没有相关凭据且未经资产评估、同类或类似资产的市场价格也无法可靠取得的，按照名义金额入账，相关税费、运输费等计入当期费用。如受赠的系旧的固定资产，在确定其初始入账成本时应当考虑该项资产的新旧程度。

第十三条 政府会计主体无偿调入的固定资产，其成本按照调出方账面价值加上相关税费、运输费等确定。

第十四条 政府会计主体盘盈的固定资产，按规定经过资产评估的，其成本按照评估价值确定；未经资产评估的，其成本按照重置成本确定。

第十五条 政府会计主体融资租赁取得的固定资产，其成本按照其他相关政府会计准则确定。

第四章 固定资产的后续计量

第一节 固定资产的折旧

第十六条 政府会计主体应当对固定资产计提折旧，但本准则第十七条规定的固定资产除外。折旧，是指在固定资产的预计使用年限内，按照确定的方法对应计的折旧额进行系统分摊。固定资产应计的折旧额为其成本，计提固定资产折旧时不考虑预计净残值。政府会计主体应当对暂估入账的固定资产计提折旧，实际成本确定后不需调整原已计提的折旧额。

第十七条 下列各项固定资产不计提折旧：

（一）文物和陈列品；

（二）动植物；

（三）图书、档案；

（四）单独计价入账的土地；

（五）以名义金额计量的固定资产。

第十八条 政府会计主体应当根据相关规定以及固定资产的性质和使用情况，合理确定固定资产的使用年限。固定资产的使用年限一经确定，不得随意变更。

政府会计主体确定固定资产使用年限，应当考虑下列因素：

（一）预计实现服务潜力或提供经济利益的期限；

（二）预计有形损耗和无形损耗；

（三）法律或者类似规定对资产使用的限制。

第十九条 政府会计主体一般应当采用年限平均法或者工作量法计提固定资产折旧。在确定固定资产的折旧方法时，应当考虑与固定资产相关的服务潜力或经济利益的预期实现方式。固定资产折旧方法一经确定，不得随意变更。

第二十条 固定资产应当按月计提折旧，并根据用途计入当期费用或者相关资产成本。

第二十一条 固定资产提足折旧后，无论能否继续使用，均不再计提折旧；提前报废的固定资产，也不再补提折旧。已提足折旧的固定资产，可以继续使用的应当继续使用，规范实物管理。

第二十二条 固定资产因改建、扩建或修缮等原因而延长其使用年限的，应当按照重新确定的固定资产的成本以及重新确定的折旧年限计算折旧额。

第二节 固定资产的处置

第二十三条 政府会计主体按规定报经批准出售、转让固定资产或固定资产报废、毁损的，应当将固定资产账面价值转销计入当期费用，并将处置收入扣除相关处置税费后的差额按规定作应缴款项处理（差额为净收益时）或计入当期费用（差额为净损失时）。

第二十四条 政府会计主体按规定报经批准对外捐赠、无偿调出固定资产的，应当将固定资产的账面价值予以转销，对外捐赠、无偿调出中发生的归属于捐出方、调出方的相关费用应当计入当期费用。

第二十五条 政府会计主体按规定报经批准以固定资产对外投资的，应当将该固定资产的账面价值予以转销，并将固定资产在对外投资时的评估价值与其账面价值的差额计入当期收入或费用。

第二十六条 固定资产盘亏造成的损失，按规定报经批准后应当计入当期费用。

第五章 固定资产的披露

第二十七条 政府会计主体应当在附注中披露与固定资产有关的下列信息：

（一）固定资产的分类和折旧方法。

（二）各类固定资产的使用年限、折旧率。

（三）各类固定资产账面余额、累计折旧额、账面价值的期初、期末数及其本期变动情况。

（四）以名义金额计量的固定资产名称、数量，以及以名义金额计量的理由。

（五）已提足折旧的固定资产名称、数量等情况。

（六）接受捐赠、无偿调入的固定资产名称、数量等情况。

（七）出租、出借固定资产以及以固定资产投资的情况。

（八）固定资产对外捐赠、无偿调出、毁损等重要资产处置的情况。

（九）暂估入账的固定资产账面价值变动情况。

第六章 附 则

第二十八条 本准则自 2017 年 1 月 1 日起施行。

六、《政府会计准则第 3 号——固定资产》应用指南

《政府会计准则第 3 号——固定资产》应用指南

一、关于固定资产折旧年限

（一）通常情况下，政府会计主体应当按照表 1 规定确定各类应计提折旧的固定资产的折旧年限。

表 1 　　　　　　　　政府固定资产折旧年限表

固定资产类别	内容		折旧年限
房屋及构筑物	业务及管理用房	钢结构	不低于 50 年
		钢筋混凝土结构	不低于 50 年
		砖混结构	不低于 30 年
		砖木结构	不低于 30 年
	简易房		不低于 8 年
	房屋附属设施		不低于 8 年
	构筑物		不低于 8 年
通用设备	计算机设备		不低于 6 年
	办公设备		不低于 6 年
	车辆		不低于 8 年

续表

固定资产类别	内容	折旧年限
通用设备	图书档案设备	不低于 5 年
	机械设备	不低于 10 年
	电气设备	不低于 5 年
	雷达、无线电和卫星导航设备	不低于 10 年
	通信设备	不低于 5 年
	广播、电视、电影设备	不低于 5 年
	仪器仪表	不低于 5 年
	电子和通信测量设备	不低于 5 年
	计量标准器具及量具、衡器	不低于 5 年
专用设备	探矿、采矿、选矿和造块设备	10—15 年
	石油天然气开采专用设备	10—15 年
	石油和化学工业专用设备	10—15 年
	炼焦和金属冶炼轧制设备	10—15 年
	电力工业专用设备	20—30 年
	非金属矿物制品工业专用设备	10—20 年
	核工业专用设备	20—30 年
	航空航天工业专用设备	20—30 年
	工程机械	10—15 年
	农业和林业机械	10—15 年
	木材采集和加工设备	10—15 年
	食品加工专用设备	10—15 年
	饮料加工设备	10—15 年
	烟草加工设备	10—15 年
	粮油作物和饲料加工设备	10—15 年
	纺织设备	10—15 年
	缝纫、服饰、制革和毛皮加工设备	10—15 年
	造纸和印刷机械	10—20 年
	化学药品和中药专用设备	5—10 年
	医疗设备	5—10 年
	电工、电子专用生产设备	5—10 年
	安全生产设备	10—20 年
	邮政专用设备	10—15 年
	环境污染防治设备	10—20 年
	公安专用设备	3—10 年
	水工机械	10—20 年

续表

固定资产类别	内容	折旧年限
专用设备	殡葬设备及用品	5—10 年
	铁路运输设备	10—20 年
	水上交通运输设备	10—20 年
	航空器及其配套设备	10—20 年
	专用仪器仪表	5—10 年
	文艺设备	5—15 年
	体育设备	5—15 年
	娱乐设备	5—15 年
家具、用具及装具	家具	不低于 15 年
	用具、装具	不低于 5 年

（二）国务院有关部门在遵循本应用指南中表 1 所规定的固定资产折旧年限的情况下，可以根据实际需要进一步细化本行业固定资产的类别，具体确定各类固定资产的折旧年限，并报财政部审核批准。

（三）政府会计主体应当在遵循本应用指南、主管部门有关折旧年限规定的情况下，根据固定资产的性质和实际使用情况，合理确定其折旧年限。

具体确定固定资产的折旧年限时，应当考虑下列因素：

1. 固定资产预计实现服务潜力或提供经济利益的期限；

2. 固定资产预计有形损耗和无形损耗；

3. 法律或者类似规定对固定资产使用的限制。

（四）固定资产的折旧年限一经确定，不得随意变更。

因改建、扩建等原因而延长固定资产使用年限的，应当重新确定固定资产的折旧年限。

（五）政府会计主体盘盈、无偿调入、接受捐赠以及置换的固定资产，应当考虑该项资产的新旧程度，按照其尚可使用的年限计提折旧。

二、关于固定资产折旧计提时点

固定资产应当按月计提折旧，当月增加的固定资产，当月开始计提折旧；当月减少的固定资产，当月不再计提折旧。

固定资产提足折旧后，无论能否继续使用，均不再计提折旧；提前报废的固定资产，也不再补提折旧。已提足折旧的固定资产，可以继续使用的，应当继续使用，规范实物管理。

七、政府会计准则第 4 号——无形资产

政府会计准则第 4 号——无形资产

第一章 总 则

第一条 为了规范无形资产的确认、计量和相关信息的披露,根据《政府会计准则——基本准则》,制定本准则。

第二条 本准则所称无形资产,是指政府会计主体控制的没有实物形态的可辨认非货币性资产,如专利权、商标权、著作权、土地使用权、非专利技术等。资产满足下列条件之一的,符合无形资产定义中的可辨认性标准:

(一)能够从政府会计主体中分离或者划分出来,并能单独或者与相关合同、资产或负债一起,用于出售、转移、授予许可、租赁或者交换。

(二)源自合同性权利或其他法定权利,无论这些权利是否可以从政府会计主体或其他权利和义务中转移或者分离。

第二章 无形资产的确认

第三条 无形资产同时满足下列条件的,应当予以确认:

(一)与该无形资产相关的服务潜力很可能实现或者经济利益很可能流入政府会计主体;

(二)该无形资产的成本或者价值能够可靠地计量。政府会计主体在判断无形资产的服务潜力或经济利益是否很可能实现或流入时,应当对无形资产在预计使用年限内可能存在的各种社会、经济、科技因素做出合理估计,并且应当有确凿的证据支持。

第四条 政府会计主体购入的不构成相关硬件不可缺少组成部分的软件,应当确认为无形资产。

第五条 政府会计主体自行研究开发项目的支出,应当区分研究阶段支出与开发阶段支出。研究是指为获取并理解新的科学或技术知识而进行的独创性的有计划调查。开发是指在进行生产或使用前,将研究成果或其他知识应用于某项计划或设计,以生产出新的或具有实质性改进的材料、装置、产品等。

第六条 政府会计主体自行研究开发项目研究阶段的支出,应当于发生时计入当期费用。政府会计主体自行研究开发项目开发阶段的支出,先按合理方法进行归集,

如果最终形成无形资产的，应当确认为无形资产；如果最终未形成无形资产的，应当计入当期费用。政府会计主体自行研究开发项目尚未进入开发阶段，或者确实无法区分研究阶段支出和开发阶段支出，但按法律程序已申请取得无形资产的，应当将依法取得时发生的注册费、聘请律师费等费用确认为无形资产。

第七条　政府会计主体自创商誉及内部产生的品牌、报刊名等，不应确认为无形资产。

第八条　与无形资产有关的后续支出，符合本准则第三条规定的确认条件的，应当计入无形资产成本；不符合本准则第三条规定的确认条件的，应当在发生时计入当期费用或者相关资产成本。

第三章　无形资产的初始计量

第九条　无形资产在取得时应当按照成本进行初始计量。

第十条　政府会计主体外购的无形资产，其成本包括购买价款、相关税费以及可归属于该项资产达到预定用途前所发生的其他支出。政府会计主体委托软件公司开发的软件，视同外购无形资产确定其成本。

第十一条　政府会计主体自行开发的无形资产，其成本包括自该项目进入开发阶段后至达到预定用途前所发生的支出总额。

第十二条　政府会计主体通过置换取得的无形资产，其成本按照换出资产的评估价值加上支付的补价或减去收到的补价，加上换入无形资产发生的其他相关支出确定。

第十三条　政府会计主体接受捐赠的无形资产，其成本按照有关凭据注明的金额加上相关税费确定；没有相关凭据可供取得，但按规定经过资产评估的，其成本按照评估价值加上相关税费确定；没有相关凭据可供取得、也未经资产评估的，其成本比照同类或类似资产的市场价格加上相关税费确定；没有相关凭据且未经资产评估、同类或类似资产的市场价格也无法可靠取得的，按照名义金额入账，相关税费计入当期费用。确定接受捐赠无形资产的初始入账成本时，应当考虑该项资产尚可为政府会计主体带来服务潜力或经济利益的能力。

第十四条　政府会计主体无偿调入的无形资产，其成本按照调出方账面价值加上相关税费确定。

第四章　无形资产的后续计量

第一节　无形资产的摊销

第十五条　政府会计主体应当于取得或形成无形资产时合理确定其使用年限。

无形资产的使用年限为有限的，应当估计该使用年限。无法预见无形资产为政府会计主体提供服务潜力或者带来经济利益期限的，应当视为使用年限不确定的无形资产。

第十六条 政府会计主体应当对使用年限有限的无形资产进行摊销，但已摊销完毕仍继续使用的无形资产和以名义金额计量的无形资产除外。摊销是指在无形资产使用年限内，按照确定的方法对应摊销金额进行系统分摊。

第十七条 对于使用年限有限的无形资产，政府会计主体应当按照以下原则确定无形资产的摊销年限：

（一）法律规定了有效年限的，按照法律规定的有效年限作为摊销年限；

（二）法律没有规定有效年限的，按照相关合同或单位申请书中的受益年限作为摊销年限；

（三）法律没有规定有效年限、相关合同或单位申请书也没有规定受益年限的，应当根据无形资产为政府会计主体带来服务潜力或经济利益的实际情况，预计其使用年限；

（四）非大批量购入、单价小于 1 000 元的无形资产，可以于购买的当期将其成本一次性全部转销。

第十八条 政府会计主体应当按月对使用年限有限的无形资产进行摊销，并根据用途计入当期费用或者相关资产成本。政府会计主体应当采用年限平均法或者工作量法对无形资产进行摊销，应摊销金额为其成本，不考虑预计残值。

第十九条 因发生后续支出而增加无形资产成本的，对于使用年限有限的无形资产，应当按照重新确定的无形资产成本以及重新确定的摊销年限计算摊销额。

第二十条 使用年限不确定的无形资产不应摊销。

第二节　无形资产的处置

第二十一条 政府会计主体按规定报经批准出售无形资产，应当将无形资产账面价值转销计入当期费用，并将处置收入大于相关处置税费后的差额按规定计入当期收入或者做应缴款项处理，将处置收入小于相关处置税费后的差额计入当期费用。

第二十二条 政府会计主体按规定报经批准对外捐赠、无偿调出无形资产的，应当将无形资产的账面价值予以转销，对外捐赠、无偿调出中发生的归属于捐出方、调出方的相关费用应当计入当期费用。

第二十三条 政府会计主体按规定报经批准以无形资产对外投资的，应当将该无形资产的账面价值予以转销，并将无形资产在对外投资时的评估价值与其账面价值的差额计入当期收入或费用。

第二十四条　无形资产预期不能为政府会计主体带来服务潜力或者经济利益的，应当在报经批准后将该无形资产的账面价值予以转销。

第五章　无形资产的披露

第二十五条　政府会计主体应当按照无形资产的类别在附注中披露与无形资产有关的下列信息：

（一）无形资产账面余额，累计摊销额，账面价值的期初、期末数及其本期变动情况。

（二）自行开发无形资产的名称、数量，以及账面余额和累计摊销额的变动情况。

（三）以名义金额计量的无形资产名称、数量，以及以名义金额计量的理由。

（四）接受捐赠、无偿调入无形资产的名称、数量等情况。

（五）使用年限有限的无形资产，其使用年限的估计情况；使用年限不确定的无形资产，其使用年限不确定的确定依据。

（六）无形资产出售、对外投资等重要资产处置的情况。

第六章　附　　则

第二十六条　本准则自 2017 年 1 月 1 日起施行。

八、政府会计准则第 5 号——公共基础设施

政府会计准则第 5 号——公共基础设施

第一章　总　　则

第一条　为了规范公共基础设施的确认、计量和相关信息的披露，根据《政府会计准则——基本准则》，制定本准则。

第二条　本准则所称公共基础设施，是指政府会计主体为满足社会公共需求而控制的，同时具有以下特征的有形资产：

（一）是一个有形资产系统或网络的组成部分；

（二）具有特定用途；

（三）一般不可移动。

公共基础设施主要包括市政基础设施（如城市道路、桥梁、隧道、公交场站、路

灯、广场、公园绿地、室外公共健身器材，以及环卫、排水、供水、供电、供气、供热、污水处理、垃圾处理系统等）、交通基础设施（如公路、航道、港口等）、水利基础设施（如大坝、堤防、水闸、泵站、渠道等）和其他公共基础设施。

第三条 下列各项适用于其他相关政府会计准则：

（一）独立于公共基础设施、不构成公共基础设施使用不可缺少组成部分的管理维护用房屋建筑物、设备、车辆等，适用《政府会计准则第 3 号——固定资产》。

（二）属于文物文化资产的公共基础设施，适用其他相关政府会计准则。

（三）采用政府和社会资本合作模式（即 PPP 模式）形成的公共基础设施的确认和初始计量，适用其他相关政府会计准则。

第二章 公共基础设施的确认

第四条 通常情况下，符合本准则第五条规定的公共基础设施，应当由按规定对其负有管理维护职责的政府会计主体予以确认。多个政府会计主体共同管理维护的公共基础设施，应当由对该资产负有主要管理维护职责或者承担后续主要支出责任的政府会计主体予以确认。分为多个组成部分由不同政府会计主体分别管理维护的公共基础设施，应当由各个政府会计主体分别对其负责管理维护的公共基础设施的相应部分予以确认。负有管理维护公共基础设施职责的政府会计主体通过政府购买服务方式委托企业或其他会计主体代为管理维护公共基础设施的，该公共基础设施应当由委托方予以确认。

第五条 公共基础设施同时满足下列条件的，应当予以确认：

（一）与该公共基础设施相关的服务潜力很可能实现或者经济利益很可能流入政府会计主体；

（二）该公共基础设施的成本或者价值能够可靠地计量。

第六条 通常情况下，对于自建或外购的公共基础设施，政府会计主体应当在该项公共基础设施验收合格并交付使用时确认；对于无偿调入、接受捐赠的公共基础设施，政府会计主体应当在开始承担该项公共基础设施管理维护职责时确认。

第七条 政府会计主体应当根据公共基础设施提供公共产品或服务的性质或功能特征对其进行分类确认。公共基础设施的各组成部分具有不同使用年限或者以不同方式提供公共产品或服务，适用不同折旧率或折旧方法且可以分别确定各自原价的，应当分别将各组成部分确认为该类公共基础设施的一个单项公共基础设施。

第八条 政府会计主体在购建公共基础设施时，能够分清购建成本中的构筑物部分与土地使用权部分的，应当将其中的构筑物部分和土地使用权部分分别确认为公共基础设施；不能分清购建成本中的构筑物部分与土地使用权部分的，应当整体确认为公共基础设施。

第九条 公共基础设施在使用过程中发生的后续支出，符合本准则第五条规定的确认条件的，应当计入公共基础设施成本；不符合本准则第五条规定的确认条件的，应当在发生时计入当期费用。通常情况下，为增加公共基础设施使用效能或延长其使用年限而发生的改建、扩建等后续支出，应当计入公共基础设施成本；为维护公共基础设施的正常使用而发生的日常维修、养护等后续支出，应当计入当期费用。

第三章 公共基础设施的初始计量

第十条 公共基础设施在取得时应当按照成本进行初始计量。

第十一条 政府会计主体自行建造的公共基础设施，其成本包括完成批准的建设内容所发生的全部必要支出，包括建筑安装工程投资支出、设备投资支出、待摊投资支出和其他投资支出。在原有公共基础设施基础上进行改建、扩建等建造活动后的公共基础设施，其成本按照原公共基础设施账面价值加上改建、扩建等建造活动发生的支出，再扣除公共基础设施被替换部分的账面价值后的金额确定。为建造公共基础设施借入的专门借款的利息，属于建设期间发生的，计入该公共基础设施在建工程成本；不属于建设期间发生的，计入当期费用。已交付使用但尚未办理竣工决算手续的公共基础设施，应当按照估计价值入账，待办理竣工决算后再按照实际成本调整原来的暂估价值。

第十二条 政府会计主体接受其他会计主体无偿调入的公共基础设施，其成本按照该项公共基础设施在调出方的账面价值加上归属于调入方的相关费用确定。

第十三条 政府会计主体接受捐赠的公共基础设施，其成本按照有关凭据注明的金额加上相关费用确定；没有相关凭据可供取得，但按规定经过资产评估的，其成本按照评估价值加上相关费用确定；没有相关凭据可供取得、也未经资产评估的，其成本比照同类或类似资产的市场价格加上相关费用确定。如受赠的系旧的公共基础设施，在确定其初始入账成本时应当考虑该项资产的新旧程度。

第十四条 政府会计主体外购的公共基础设施，其成本包括购买价款、相关税费以及公共基础设施交付使用前所发生的可归属于该项资产的运输费、装卸费、安装费和专业人员服务费等。

第十五条 对于包括不同组成部分的公共基础设施，其只有总成本、没有单项组成部分成本的，政府会计主体可以按照各单项组成部分同类或类似资产的成本或市场价格比例对总成本进行分配，分别确定公共基础设施中各单项组成部分的成本。

第四章 公共基础设施的后续计量

第一节 公共基础设施的折旧或摊销

第十六条 政府会计主体应当对公共基础设施计提折旧，但政府会计主体持续进行良好的维护使得其性能得到永久维持的公共基础设施和确认为公共基础设施的单独计价入账的土地使用权除外。公共基础设施应计提的折旧总额为其成本，计提公共基础设施折旧时不考虑预计净残值。政府会计主体应当对暂估入账的公共基础设施计提折旧，实际成本确定后不需调整原已计提的折旧额。

第十七条 政府会计主体应当根据公共基础设施的性质和使用情况，合理确定公共基础设施的折旧年限。政府会计主体确定公共基础设施折旧年限，应当考虑下列因素：

（一）设计使用年限或设计基准期；

（二）预计实现服务潜力或提供经济利益的期限；

（三）预计有形损耗和无形损耗；

（四）法律或者类似规定对资产使用的限制。公共基础设施的折旧年限一经确定，不得随意变更，但符合本准则第二十条规定的除外。对于政府会计主体接受无偿调入、捐赠的公共基础设施，应当考虑该项资产的新旧程度，按照其尚可使用的年限计提折旧。

第十八条 政府会计主体一般应当采用年限平均法或者工作量法计提公共基础设施折旧。在确定公共基础设施的折旧方法时，应当考虑与公共基础设施相关的服务潜力或经济利益的预期实现方式。公共基础设施折旧方法一经确定，不得随意变更。

第十九条 公共基础设施应当按月计提折旧，并计入当期费用。当月增加的公共基础设施，当月开始计提折旧；当月减少的公共基础设施，当月不再计提折旧。

第二十条 处于改建、扩建等建造活动期间的公共基础设施，应当暂停计提折旧。因改建、扩建等原因而延长公共基础设施使用年限的，应当按照重新确定的公共基础设施的成本和重新确定的折旧年限计算折旧额，不需调整原已计提的折旧额。

第二十一条 公共基础设施提足折旧后，无论能否继续使用，均不再计提折旧；已提足折旧的公共基础设施，可以继续使用的，应当继续使用，并规范实物管理。提前报废的公共基础设施，不再补提折旧。

第二十二条 对于确认为公共基础设施的单独计价入账的土地使用权，政府会计主体应当按照《政府会计准则第4号——无形资产》的相关规定进行摊销。

第二节 公共基础设施的处置

第二十三条 政府会计主体按规定报经批准无偿调出、对外捐赠公共基础设施的,应当将公共基础设施的账面价值予以转销,无偿调出、对外捐赠中发生的归属于调出方、捐出方的相关费用应当计入当期费用。

第二十四条 公共基础设施报废或遭受重大毁损的,政府会计主体应当在报经批准后将公共基础设施账面价值予以转销,并将报废、毁损过程中取得的残值变价收入扣除相关费用后的差额按规定做应缴款项处理(差额为净收益时)或计入当期费用(差额为净损失时)。

第五章 公共基础设施的披露

第二十五条 政府会计主体应当在附注中披露与公共基础设施有关的下列信息:

(一) 公共基础设施的分类和折旧方法。

(二) 各类公共基础设施的折旧年限及其确定依据。

(三) 各类公共基础设施账面余额、累计折旧额(或摊销额)、账面价值的期初、期末数及其本期变动情况。

(四) 各类公共基础设施的实物量。

(五) 公共基础设施在建工程的期初、期末金额及其增减变动情况。

(六) 确认为公共基础设施的单独计价入账的土地使用权的账面余额、累计摊销额及其变动情况。

(七) 已提足折旧继续使用的公共基础设施的名称、数量等情况。

(八) 暂估入账的公共基础设施账面价值变动情况。

(九) 无偿调入、接受捐赠的公共基础设施名称、数量等情况(包括未按照本准则第十二条和第十三条规定计量并确认入账的公共基础设施的具体情况)。

(十) 公共基础设施对外捐赠、无偿调出、报废、重大毁损等处置情况。

(十一) 公共基础设施年度维护费用和其他后续支出情况。

第六章 附 则

第二十六条 对于应当确认为公共基础设施、但已确认为固定资产的资产,政府会计主体应当在本准则首次执行日将该资产按其账面价值重分类为公共基础设施。

第二十七条 对于应当确认但尚未入账的存量公共基础设施,政府会计主体应当在本准则首次执行日按照以下原则确定其初始入账成本:

(一) 可以取得相关原始凭据的,其成本按照有关原始凭据注明的金额减去应计提

的累计折旧后的金额确定;

(二)没有相关凭据可供取得,但按规定经过资产评估的,其成本按照评估价值确定;

(三)没有相关凭据可供取得、也未经资产评估的,其成本按照重置成本确定。本准则首次执行日以后,政府会计主体应当对存量公共基础设施按其在首次执行日确定的成本和剩余折旧年限计提折旧。

第二十八条 本准则自 2018 年 1 月 1 日起施行。

九、政府会计准则第 6 号——政府储备物资

政府会计准则第 6 号——政府储备物资

第一章 总 则

第一条 为了规范政府储备物资的确认、计量和相关信息的披露,根据《政府会计准则——基本准则》,制定本准则。

第二条 本准则所称政府储备物资,是指政府会计主体为满足实施国家安全与发展战略、进行抗灾救灾、应对公共突发事件等特定公共需求而控制的,同时具有下列特征的有形资产:

(一)在应对可能发生的特定事件或情形时动用;

(二)其购入、存储保管、更新(轮换)、动用等由政府及相关部门发布的专门管理制度规范。政府储备物资包括战略及能源物资、抢险抗灾救灾物资、农产品、医药物资和其他重要商品物资,通常情况下由政府会计主体委托承储单位存储。

第三条 企业以及纳入企业财务管理体系的事业单位接受政府委托收储并按企业会计准则核算的储备物资,不适用本准则。

第四条 政府会计主体的存货,适用《政府会计准则第 1 号——存货》。

第二章 政府储备物资的确认

第五条 通常情况下,符合本准则第六条规定的政府储备物资,应当由按规定对其负有行政管理职责的政府会计主体予以确认。本准则规定的行政管理职责主要指提出或拟定收储计划、更新(轮换)计划、动用方案等。相关行政管理职责由不同政府会计主体行使的政府储备物资,由负责提出收储计划的政府会计主体予以确认。对政

府储备物资不负有行政管理职责但接受委托具体负责执行其存储保管等工作的政府会计主体，应当将受托代储的政府储备物资作为受托代理资产核算。

第六条 政府储备物资同时满足下列条件的，应当予以确认：

（一）与该政府储备物资相关的服务潜力很可能实现或者经济利益很可能流入政府会计主体；

（二）该政府储备物资的成本或者价值能够可靠地计量。

第三章 政府储备物资的初始计量

第七条 政府储备物资在取得时应当按照成本进行初始计量。

第八条 政府会计主体购入的政府储备物资，其成本包括购买价款和政府会计主体承担的相关税费、运输费、装卸费、保险费、检测费以及使政府储备物资达到目前场所和状态所发生的归属于政府储备物资成本的其他支出。

第九条 政府会计主体委托加工的政府储备物资，其成本包括委托加工前物料成本、委托加工的成本（如委托加工费以及按规定应计入委托加工政府储备物资成本的相关税费等）以及政府会计主体承担的使政府储备物资达到目前场所和状态所发生的归属于政府储备物资成本的其他支出。

第十条 政府会计主体接受捐赠的政府储备物资，其成本按照有关凭据注明的金额加上政府会计主体承担的相关税费、运输费等确定；没有相关凭据可供取得，但按规定经过资产评估的，其成本按照评估价值加上政府会计主体承担的相关税费、运输费等确定；没有相关凭据可供取得、也未经资产评估的，其成本比照同类或类似资产的市场价格加上政府会计主体承担的相关税费、运输费等确定。

第十一条 政府会计主体接受无偿调入的政府储备物资，其成本按照调出方账面价值加上归属于政府会计主体的相关税费、运输费等确定。

第十二条 下列各项不计入政府储备物资成本：

（一）仓储费用；

（二）日常维护费用；

（三）不能归属于使政府储备物资达到目前场所和状态所发生的其他支出。

第十三条 政府会计主体盘盈的政府储备物资，其成本按照有关凭据注明的金额确定；没有相关凭据，但按规定经过资产评估的，其成本按照评估价值确定；没有相关凭据、也未经资产评估的，其成本按照重置成本确定。

第四章 政府储备物资的后续计量

第十四条 政府会计主体应当根据实际情况采用先进先出法、加权平均法或者个别计价法确定政府储备物资发出的成本。计价方法一经确定,不得随意变更。对于性质和用途相似的政府储备物资,政府会计主体应当采用相同的成本计价方法确定发出物资的成本。对于不能替代使用的政府储备物资、为特定项目专门购入或加工的政府储备物资,政府会计主体通常应采用个别计价法确定发出物资的成本。

第十五条　因动用而发出无需收回的政府储备物资的,政府会计主体应当在发出物资时将其账面余额予以转销,计入当期费用。

第十六条　因动用而发出需要收回或者预期可能收回的政府储备物资的,政府会计主体应当在按规定的质量验收标准收回物资时,将未收回物资的账面余额予以转销,计入当期费用。

第十七条　因行政管理主体变动等原因而将政府储备物资调拨给其他主体的,政府会计主体应当在发出物资时将其账面余额予以转销。

第十八条　政府会计主体对外销售政府储备物资的,应当在发出物资时将其账面余额转销计入当期费用,并按规定确认相关销售收入或将销售取得的价款大于所承担的相关税费后的差额做应缴款项处理。

第十九条　政府会计主体采取销售采购方式对政府储备物资进行更新(轮换)的,应当将物资轮出视为物资销售,按照本准则第十八条规定处理;将物资轮入视为物资采购,按照本准则第八条规定处理。

第二十条　政府储备物资报废、毁损的,政府会计主体应当按规定报经批准后将报废、毁损的政府储备物资的账面余额予以转销,确认应收款项(确定追究相关赔偿责任的)或计入当期费用(因储存年限到期报废或非人为因素致使报废、毁损的);同时,将报废、毁损过程中取得的残值变价收入扣除政府会计主体承担的相关费用后的差额按规定作应缴款项处理(差额为净收益时)或计入当期费用(差额为净损失时)。

第二十一条　政府储备物资盘亏的,政府会计主体应当按规定报经批准后将盘亏的政府储备物资的账面余额予以转销,确定追究相关赔偿责任的,确认应收款项;属于正常耗费或不可抗力因素造成的,计入当期费用。

第五章　政府储备物资的披露

第二十二条　政府会计主体应当在附注中披露与政府储备物资有关的下列信息:

(一)各类政府储备物资的期初和期末账面余额。

(二)因动用而发出需要收回或者预期可能收回,但期末尚未收回的政府储备物资的账面余额。

(三)确定发出政府储备物资成本所采用的方法。

(四)其他有关政府储备物资变动的重要信息。

第六章 附 则

第二十三条 对于应当确认为政府储备物资,但已确认为存货、固定资产等其他资产的,政府会计主体应当在本准则首次执行日将该资产按其账面余额重分类为政府储备物资。

第二十四条 对于应当确认但尚未入账的存量政府储备物资,政府会计主体应当在本准则首次执行日按照下列原则确定其初始入账成本:

(一) 可以取得相关原始凭据的,其成本按照有关原始凭据注明的金额确定;

(二) 没有相关凭据可供取得,但按规定经过资产评估的,其成本按照评估价值确定;

(三) 没有相关凭据可供取得、也未经资产评估的,其成本按照重置成本确定。

第二十五条 本准则自 2018 年 1 月 1 日起施行。

十、政府会计准则第 7 号——会计调整

政府会计准则第 7 号——会计调整

第一章 总 则

第一条 为了规范政府会计调整的确认、计量和相关信息的披露,根据《政府会计准则——基本准则》,制定本准则。

第二条 本准则所称会计调整,是指政府会计主体因按照法律、行政法规和政府会计准则制度的要求,或者在特定情况下对其原采用的会计政策、会计估计,以及发现的会计差错、发生的报告日后事项等所做的调整。本准则所称会计政策,是指政府会计主体在会计核算时所遵循的特定原则、基础以及所采用的具体会计处理方法。特定原则,是指政府会计主体按照政府会计准则制度所制定的、适合于本政府会计主体的会计处理原则。具体会计处理方法,是指政府会计主体从政府会计准则制度规定的诸多可选择的会计处理方法中所选择的、适合于本政府会计主体的会计处理方法。本准则所称会计估计,是指政府会计主体对结果不确定的经济业务或者事项以最近可利用的信息为基础所做的判断,如固定资产、无形资产的预计使用年限等。本准则所称会计差错,是指政府会计主体在会计核算时,在确认、计量、记录、报告等方面出现的错误,通常包括计算或记录错误、应用会计政策错误、疏忽或曲解事实产生的错误、

财务舞弊等。本准则所称报告日后事项,是指自报告日(年度报告日通常为 12 月 31 日)至报告批准报出日之间发生的需要调整或说明的事项,包括调整事项和非调整事项两类。

第三条 政府会计主体应当根据本准则及相关政府会计准则制度的规定,结合自身实际情况,确定本政府会计主体具体的会计政策和会计估计,并履行本政府会计主体内部报批程序;法律、行政法规等规定应当报送有关方面批准或备案的,从其规定。政府会计主体的会计政策和会计估计一经确定,不得随意变更。如需变更,应重新履行本条第一款的程序,并按本准则的规定处理。

第二章 会计政策及其变更

第四条 政府会计主体应当对相同或者相似的经济业务或者事项采用相同的会计政策进行会计处理。但是,其他政府会计准则制度另有规定的除外。

第五条 政府会计主体采用的会计政策,在每一会计期间和前后各期应当保持一致。但是,满足下列条件之一的,可以变更会计政策:

(一)法律、行政法规或者政府会计准则制度等要求变更。

(二)会计政策变更能够提供有关政府会计主体财务状况、运行情况等更可靠、更相关的会计信息。

第六条 下列各项不属于会计政策变更:

(一)本期发生的经济业务或者事项与以前相比具有本质差别而采用新的会计政策。

(二)对初次发生的或者不重要的经济业务或者事项采用新的会计政策。

第七条 政府会计主体应当按照政府会计准则制度规定对会计政策变更进行处理。政府会计准则制度对会计政策变更未作出规定的,通常情况下,政府会计主体应当采用追溯调整法进行处理。追溯调整法,是指对某项经济业务或者事项变更会计政策时,视同该项经济业务或者事项初次发生时即采用变更后的会计政策,并以此对财务报表相关项目进行调整的方法。

第八条 采用追溯调整法时,政府会计主体应当将会计政策变更的累积影响调整最早前期有关净资产项目的期初余额,其他相关项目的期初数也应一并调整;涉及收入、费用等项目的,应当将会计政策变更的影响调整受影响期间的各个相关项目。会计政策变更的累积影响,是指按照变更后的会计政策对以前各期追溯计算的最早前期各个受影响的净资产项目以及其他相关项目的期初应有金额与现有金额之间的差额;会计政策变更的影响,是指按照变更后的会计政策对以前各期追溯计算的各个受影响的项目变更后的金额与现有金额之间的差额。

第九条 政府会计主体按规定编制比较财务报表的，对于比较财务报表可比期间的会计政策变更影响，应当调整各该期间的收入或者费用以及其他相关项目，视同该政策在比较财务报表期间一直采用。对于比较财务报表可比期间以前的会计政策变更的累积影响，政府会计主体应当调整比较财务报表最早期间所涉及的期初净资产各项目，财务报表其他相关项目的期初数也应一并调整。

第十条 会计政策变更的影响或者累积影响不能合理确定的，政府会计主体应当采用未来适用法对会计政策变更进行处理。未来适用法，是指将变更后的会计政策应用于变更当期及以后各期发生的经济业务或者事项，或者在会计估计变更当期和未来期间确认会计估计变更的影响的方法。采用未来适用法时，政府会计主体不需要计算会计政策变更产生的影响或者累积影响，也无需调整财务报表相关项目的期初数和比较财务报表相关项目的金额。

第三章 会计估计变更

第十一条 政府会计主体据以进行估计的基础发生了变化，或者由于取得新信息、积累更多经验以及后来的发展变化，可能需要对会计估计进行修订。会计估计变更应以掌握的新情况、新进展等真实、可靠的信息为依据。

第十二条 政府会计主体应当对会计估计变更采用未来适用法处理。会计估计变更时，政府会计主体不需要追溯计算前期产生的影响或者累积影响，但应当对变更当期和未来期间发生的经济业务或者事项采用新的会计估计进行处理。会计估计变更仅影响变更当期的，其影响应当在变更当期予以确认；会计估计变更既影响变更当期又影响未来期间的，其影响应当在变更当期和未来期间分别予以确认。

第十三条 政府会计主体对某项变更难以区分为会计政策变更或者会计估计变更的，应当按照会计估计变更的处理方法进行处理。

第四章 会计差错更正

第十四条 政府会计主体在本报告期（以下简称本期）发现的会计差错，应当按照以下原则处理：

（一）本期发现的与本期相关的会计差错，应当调整本期报表（包括财务报表和预算会计报表，下同）相关项目。

（二）本期发现的与前期相关的重大会计差错，如影响收入、费用或者预算收支的，应当将其对收入、费用或者预算收支的影响或者累积影响调整发现当期期初的相关净资产项目或者预算结转结余，并调整其他相关项目的期初数；如不影响收入、费用或者预算收支的，应当调整发现当期相关项目的期初数。经上述调整后，视同该差错在差错发生的期间已经得到更正。与前期相关的重大会计差错的影响或者累积影响不能合理确定的，政府会计主体可比照本条（三）的规定进行处理。重大会计差错，是指政府会计主体发现的使本期编制的报表不再具有可靠性的会计差错，一般是指差错的性质比较严重或者差错的金额比较大。该差错会影响报表使用者对政府会计主体过去、现在或者未来的情况做出评价或者预测，则认为性质比较严重，如未遵循政府会计准则制度、财务舞弊等原因产生的差错。通常情况下，导致差错的经济业务或者事项对报表某一具体项目的影响或者累积影响金额占该类经济业务或者事项对报表同一项目的影响金额的 10% 及以上，则认为金额比较大。政府会计主体滥用会计政策、会计估计及其变更，应当作为重大会计差错予以更正。

（三）本期发现的与前期相关的非重大会计差错，应当将其影响数调整相关项目的本期数。

第十五条　政府会计主体在报告日至报告批准报出日之间发现的报告期以前期间的重大会计差错，应当视同本期发现的与前期相关的重大会计差错，比照本准则第十四条（二）的规定进行处理。政府会计主体在报告日至报告批准报出日之间发现的报告期间的会计差错及报告期以前期间的非重大会计差错，应当按照本准则第五章报告日后事项中的调整事项进行处理。

第十六条　政府会计主体按规定编制比较财务报表的，对于比较财务报表期间的重大会计差错，应当调整各该期间的收入或者费用以及其他相关项目；对于比较财务报表期间以前的重大会计差错，应当调整比较财务报表最早期间所涉及的各项净资产项目的期初余额，财务报表其他相关项目的金额也应一并调整。对于比较财务报表期间和以前的非重大会计差错，以及影响或者累积影响不能合理确定的重大会计差错，应当调整相关项目的本期数。

第五章　报告日后事项

第十七条　报告日以后获得新的或者进一步的证据，有助于对报告日存在状况的有关金额做出重新估计，应当做为调整事项，据此对报告日的报表进行调整。调整事项包括已证实资产发生了减损、已确定获得或者支付的赔偿、财务舞弊或者差错等。

第十八条　报告日以后发生的调整事项，应当如同报告所属期间发生的事项一样进行会计处理，对报告日已编制的报表相关项目的期末数或者本期数作相应的调整，并对当期编制的报表相关项目的期初数或者上期数进行调整。

第十九条　报告日以后才发生或者存在的事项，不影响报告日的存在状况，但如不加以说明，将会影响报告使用者做出正确估计和决策，这类事项应当作为非调整事项，在财务报表附注中予以披露，如自然灾害导致的资产损失、外汇汇率发生重大变化等。

第六章 披 露

第二十条 政府会计主体应当在财务报表附注中披露如下信息：

（一）会计政策变更的内容和理由、会计政策变更的影响，以及影响或者累积影响不能合理确定的理由。

（二）会计估计变更的内容和理由、会计估计变更对当期和未来期间的影响数。

（三）重大会计差错的内容和重大会计差错的更正方法、金额，以及与前期相关的重大会计差错影响或者累积影响不能合理确定的理由。

（四）与报告日后事项有关的下列信息：

1. 财务报告的批准报出者和批准报出日。

2. 每项重要的报告日后非调整事项的内容，及其估计对政府会计主体财务状况、运行情况的影响；无法做出估计的，应当说明其原因。

第二十一条 政府会计主体在以后的会计期间，不需要重复披露在以前期间的财务报表附注中已披露的会计政策变更、会计估计变更和会计差错更正的信息。

第七章 附 则

第二十二条 财政总预算会计中涉及的会计调整事项，按照《财政总预算会计制度》和财政部其他相关规定处理。行政事业单位预算会计涉及的会计调整事项，按照部门决算报告制度有关要求进行披露。

第二十三条 本准则自 2019 年 1 月 1 日起施行。

十一、政府会计准则第 8 号——负债

政府会计准则第 8 号——负债

第一章 总 则

第一条 为了规范负债的确认、计量和相关信息的披露，根据《政府会计准则——基本准则》，制定本准则。

第二条 本准则所称负债，是指政府会计主体过去的经济业务或者事项形成的，预期会导致经济资源流出政府会计主体的现时义务。

现时义务，是指政府会计主体在现行条件下已承担的义务。未来发生的经济业务或者事项形成的义务不属于现时义务，不应当确认为负债。

第三条 符合本准则第二条规定的负债定义的义务，在同时满足以下条件时，确认为负债：

（一）履行该义务很可能导致含有服务潜力或者经济利益的经济资源流出政府会计主体；

（二）该义务的金额能够可靠地计量。

第四条 政府会计主体的负债按照流动性，分为流动负债和非流动负债。流动负债是指预计在1年内（含1年）偿还的负债，包括短期借款、应付短期政府债券、应付及预收款项、应缴款项等。非流动负债是指流动负债以外的负债，包括长期借款、长期应付款、应付长期政府债券等。

第五条 政府会计主体的负债包括偿还时间与金额基本确定的负债和由或有事项形成的预计负债。偿还时间与金额基本确定的负债按政府会计主体的业务性质及风险程度，分为融资活动形成的举借债务及其应付利息、运营活动形成的应付及预收款项和暂收性负债。

第六条 本准则规范政府会计主体负债的一般情况。其他政府会计准则对政府会计主体的特定负债做出专门规定的，从其规定。

第二章　举借债务

第七条 举借债务是指政府会计主体通过融资活动借入的债务，包括政府举借的债务以及其他政府会计主体借入的款项。

政府举借的债务包括政府发行的政府债券，向外国政府、国际经济组织等借入的款项，以及向上级政府借入转贷资金形成的借入转贷款。

其他政府会计主体借入的款项是指除政府以外的其他政府会计主体从银行或其他金融机构等借入的款项。

第八条 对于举借债务，政府会计主体应当在与债权人签订借款合同或协议并取得举借资金时确认为负债。

第九条 举借债务初始确认为负债时，应当按照实际发生额计量。

对于借入款项，初始确认为负债时应当按照借款本金计量；借款本金与取得的借款资金的差额应当计入当期费用。

对于发行的政府债券，初始确认为负债时应当按照债券本金计量；债券本金与发行价款的差额应当计入当期费用。

第十条 政府会计主体应当按照借款本金（或债券本金）和合同或协议约定的利

率（或债券票面利率）按期计提举借债务的利息。

对于属于流动负债的举借债务以及属于非流动负债的分期付息、一次还本的举借债务，应当将计算确定的应付未付利息确认为流动负债，计入应付利息；对于其他举借债务，应当将计算确定的应付未付利息确认为非流动负债，计入相关非流动负债的账面余额。

第十一条 政府会计主体应当按照本准则第十二条、第十三条的规定，将因举借债务发生的借款费用分别计入工程成本或当期费用。

借款费用，是指政府会计主体因举借债务而发生的利息及其他相关费用，包括借款利息、辅助费用以及因外币借款而发生的汇兑差额等。其中，辅助费用是指政府会计主体在举借债务过程中发生的手续费、佣金等费用。

第十二条 政府以外的其他政府会计主体为购建固定资产等工程项目借入专门借款的，对于发生的专门借款费用，应当按照借款费用减去尚未动用的借款资金产生的利息收入后的金额，属于工程项目建设期间发生的，计入工程成本；不属于工程项目建设期间发生的，计入当期费用。

工程项目建设期间是指自工程项目开始建造起至交付使用时止的期间。

工程项目建设期间发生非正常中断且中断时间连续超过3个月（含3个月）的，政府会计主体应当将非正常中断期间的借款费用计入当期费用。如果中断是使工程项目达到交付使用所必需的程序，则中断期间所发生的借款费用仍应计入工程成本。

第十三条 政府会计主体因举借债务所发生的除本准则第十二条规定外的借款费用（包括政府举借的债务和其他政府会计主体的非专门借款所发生的借款费用），应当计入当期费用。

第十四条 政府会计主体应当在偿还举借债务本息时，冲减相关负债的账面余额。

第三章 应付及预收款项

第十五条 应付及预收款项，是指政府会计主体在运营活动中形成的应当支付而尚未支付的款项及预先收到但尚未实现收入的款项，包括应付职工薪酬、应付账款、预收款项、应交税费、应付国库集中支付结余和其他应付未付款项。

应付职工薪酬，是指政府会计主体为获得职工（含长期聘用人员）提供的服务而给予各种形式的报酬或因辞退等原因而给予职工补偿所形成的负债。职工薪酬包括工资、津贴补贴、奖金、社会保险费等。

应付账款，是指政府会计主体因取得资产、接受劳务、开展工程建设等而形成的负债。

预收款项，是指政府会计主体按照货物、服务合同或协议或者相关规定，向接受货物或服务的主体预先收款而形成的负债。

应交税费，是指政府会计主体因发生应税事项导致承担纳税义务而形成的负债。

应付国库集中支付结余，是指国库集中支付中，按照财政部门批复的部门预算，政府会计主体（政府财政）当年未支而需结转下一年度支付款项而形成的负债。

其他应付未付款项，是指政府会计主体因有关政策明确要求其承担支出责任等而形成的应付未付款项。

第十六条 除因辞退等原因给予职工的补偿外，政府会计主体应当在职工为其提供服务的会计期间，将应支付的职工薪酬确认为负债，除本条第二款规定外，计入当期费用。

政府会计主体应当根据职工提供服务的受益对象，将下列职工薪酬分情况处理：

（一）应由自制物品负担的职工薪酬，计入自制物品成本。

（二）应由工程项目负担的职工薪酬，比照本准则第十二条有关借款费用的处理原则计入工程成本或当期费用。

（三）应由自行研发项目负担的职工薪酬，在研究阶段发生的，计入当期费用；在开发阶段发生并且最终形成无形资产的，计入无形资产成本。

第十七条 政府会计主体按照有关规定为职工缴纳的医疗保险费、养老保险费、职业年金等社会保险费和住房公积金，应当在职工为其提供服务的会计期间，根据有关规定加以计算并确认为负债，具体按照本准则第十六条的规定处理。

第十八条 政府会计主体因辞退等原因给予职工的补偿，应当于相关补偿金额报经批准时确认为负债，并计入当期费用。

第十九条 对于应付账款，政府会计主体应当在取得资产、接受劳务，或外包工程完成规定进度时，按照应付未付款项的金额予以确认。

第二十条 对于预收款项，政府会计主体应当在收到预收款项时，按照实际收到款项的金额予以确认。

第二十一条 对于应交税费，政府会计主体应当在发生应税事项导致承担纳税义务时，按照税法等规定计算的应交税费金额予以确认。

第二十二条 对于应付国库集中支付结余，政府会计主体（政府财政）应当在年末，按照国库集中支付预算指标数大于国库资金实际支付数的差额予以确认。

第二十三条 对于其他应付未付款项，政府会计主体应当在有关政策已明确其承担支出责任，或者其他情况下相关义务满足负债的定义和确认条件时，按照确定应承担的负债金额予以确认。

第二十四条 政府会计主体应当在支付应付款项或将预收款项确认为收入时，冲减相关负债的账面余额。

第四章 暂收性负债

第二十五条 暂收性负债是指政府会计主体暂时收取,随后应做上缴、退回、转拨等处理的款项。暂收性负债主要包括应缴财政款和其他暂收款项。

应缴财政款,是指政府会计主体暂时收取、按规定应当上缴国库或财政专户的款项而形成的负债。

其他暂收款项,是指除应缴财政款以外的其他暂收性负债,包括政府会计主体暂时收取,随后应退还给其他方的押金或保证金、随后应转付给其他方的转拨款等款项。

第二十六条 对于应缴财政款,政府会计主体通常应当在实际收到相关款项时,按照相关规定计算确定的上缴金额予以确认。

第二十七条 对于其他暂收款项,政府会计主体应当在实际收到相关款项时,按照实际收到的金额予以确认。

第二十八条 政府会计主体应当在上缴应缴财政款、退还、转付其他暂收款项等时,冲减相关负债的账面余额。

第五章 预计负债

第二十九条 政府会计主体应当将与或有事项相关且满足本准则第三条规定条件的现时义务确认为预计负债。

或有事项,是指由过去的经济业务或者事项形成的,其结果须由某些未来事项的发生或不发生才能决定的不确定事项。未来事项是否发生不在政府会计主体控制范围内。

政府会计主体常见的或有事项主要包括:未决诉讼或未决仲裁、对外国政府或国际经济组织的贷款担保、承诺(补贴、代偿)、自然灾害或公共事件的救助等。

第三十条 预计负债应当按照履行相关现时义务所需支出的最佳估计数进行初始计量。

所需支出存在一个连续范围,且该范围内各种结果发生的可能性相同的,最佳估计数应当按照该范围内的中间值确定。

在其他情形下,最佳估计数应当分别下列情况确定:

(一)或有事项涉及单个项目的,按照最可能发生金额确定。

(二)或有事项涉及多个项目的,按照各种可能结果及相关概率计算确定。

第三十一条 政府会计主体在确定最佳估计数时,一般应当综合考虑与或有事项有关的风险、不确定性等因素。

第三十二条 政府会计主体清偿预计负债所需支出预期全部或部分由第三方补偿

的，补偿金额只有在基本确定能够收到时才能作为资产单独确认。确认的补偿金额不应当超过预计负债的账面余额。

第三十三条 政府会计主体应当在报告日对预计负债的账面余额进行复核。有确凿证据表明该账面余额不能真实反映当前最佳估计数的，应当按照当前最佳估计数对该账面余额进行调整。履行该预计负债的相关义务不是很可能导致经济资源流出政府会计主体时，应当将该预计负债的账面余额予以转销。

第三十四条 政府会计主体不应当将下列与或有事项相关的义务确认为负债，但应当按照本准则第三十六条规定对该类义务进行披露：

（一）过去的经济业务或者事项形成的潜在义务，其存在须通过未来不确定事项的发生或不发生予以证实，未来事项是否能发生不在政府会计主体控制范围内。潜在义务是指结果取决于不确定未来事项的可能义务。

（二）过去的经济业务或者事项形成的现时义务，履行该义务不是很可能导致经济资源流出政府会计主体或者该义务的金额不能可靠计量。

第六章 披 露

第三十五条 政府会计主体应当在附注中披露与举借债务、应付及预收款项、暂收性负债和预计负债有关的下列信息：

（一）各类负债的债权人、偿还期限、期初余额和期末余额。

（二）逾期借款或者违约政府债券的债权人、借款（债券）金额、逾期时间、利率、逾期未偿还（违约）原因和预计还款时间等。

（三）借款的担保方、担保方式、抵押物等。

（四）预计负债的形成原因以及经济资源可能流出的时间、经济资源流出的时间和金额不确定的说明，预计负债有关的预期补偿金额和本期已确认的补偿金额。

第三十六条 政府会计主体应当在附注中披露本准则第三十四条规定的或有事项相关义务的下列信息：

（一）或有事项相关义务的种类及其形成原因。

（二）经济资源流出时间和金额不确定的说明。

（三）或有事项相关义务预计产生的财务影响，以及获得补偿的可能性；无法预计的，应当说明原因。

第七章 附 则

第三十七条 本准则自 2019 年 1 月 1 日起施行。

十二、政府会计准则第 9 号——财务报表编制和列报

政府会计准则第 9 号——财务报表编制和列报

第一章 总　　则

第一条 为了规范政府会计主体财务报表的编制和列报，根据《政府会计准则——基本准则》，制定本准则。

第二条 财务报表是对政府会计主体财务状况、运行情况和现金流量等信息的结构性表述。财务报表至少包括下列组成部分：

（一）资产负债表；

（二）收入费用表；

（三）附注。

政府会计主体可以根据实际情况自行选择编制现金流量表。

第三条 本准则适用于政府会计主体个别财务报表和合并财务报表。行政事业单位个别财务报表的编制和列报，还应遵循《政府会计制度——行政事业单位会计科目和报表》的规定；其他政府会计主体个别财务报表的编制和列报，还应遵循其他相关会计制度。

其他政府会计准则有特殊列报要求的，从其规定。

第二章 基本要求

第四条 政府会计主体应当以持续运行为前提，根据实际发生的经济业务或事项，按照政府会计准则制度的规定对相关会计要素进行确认和计量，在此基础上编制财务报表。政府会计主体不应以附注披露代替确认和计量，也不能通过充分披露相关会计政策而纠正不恰当的确认和计量。如果按照政府会计准则制度规定披露的信息不足以让财务报表使用者了解特定经济业务或事项对政府会计主体财务状况和运行情况的影响时，政府会计主体还应当披露其他必要的相关信息。

第五条 除现金流量表以收付实现制为基础编制外，政府会计主体应当以权责发生制为基础编制财务报表。

第六条 财务报表项目的列报应当在各个会计期间保持一致，不得随意变更，但政府会计准则制度和财政部发布的其他有关规定（以下简称政府会计准则制度等）要

求变更财务报表项目的除外。

第七条 性质或功能不同的项目，应当在财务报表中单独列报，但不具有重要性的项目除外。性质或功能类似的项目，其所属类别具有重要性的，应当按其类别在财务报表中单独列报。某些项目的重要性程度不足以在资产负债表、收入费用表等报表中单独列示，但对理解报表具有重要性的，应当在附注中单独披露。

第八条 财务报表某些项目的省略、错报等，能够合理预期将影响报表主要使用者据此做出决策的，该项目具有重要性。重要性应当根据政府会计主体所处的具体环境，从项目的性质和金额两方面予以判断。关于各项目重要性的判断标准一经确定，不得随意变更。判断项目性质的重要性，应当考虑该项目在性质上是否显著影响政府会计主体的财务状况和运行情况等因素；判断项目金额的重要性，应当考虑该项目金额占资产总额、负债总额、净资产总额、收入总额、费用总额、盈余总额等直接相关项目金额的比重或所属报表单列项目金额的比重。

第九条 资产负债表中的资产和负债，应当分别按流动资产和非流动资产、流动负债和非流动负债列示。

第十条 财务报表中的资产项目和负债项目的金额、收入项目和费用项目的金额不得相互抵销，但其他政府会计准则制度另有规定的除外。资产或负债项目按扣除备抵项目后的净额列示，不属于抵销。

第十一条 当期财务报表的列报，至少应当提供所有列报项目上一个可比会计期间的比较数据，以及与理解当期财务报表相关的说明，但其他政府会计准则制度等另有规定的除外。

第十二条 政府会计主体应当至少在财务报表的显著位置披露下列各项：

（一）编报主体的名称；

（二）报告日或财务报表涵盖的会计期间；

（三）人民币金额单位；

（四）财务报表是合并财务报表的，应当予以标明。

第十三条 政府会计主体至少应当按年编制财务报表。年度财务报表涵盖的期间短于一年的，应当披露年度财务报表的涵盖期间、短于一年的原因以及报表数据不具可比性的事实。

第三章 合并财务报表

第十四条 合并财务报表，是指反映合并主体和其全部被合并主体形成的报告主体整体财务状况与运行情况的财务报表。合并主体，是指有一个或一个以上被合并主体的政府会计主体。合并主体通常也是合并财务报表的编制主体。被合并主体，是指符合本准则规定的纳入合并主体合并范围的会计主体。合并财务报表至少包括下列组成部分：

（一）合并资产负债表；

（二）合并收入费用表；

（三）附注。

第十五条 合并财务报表按照合并级次分为部门（单位）合并财务报表、本级政府合并财务报表和行政区政府合并财务报表。部门（单位）合并财务报表，是指以政府部门（单位）本级作为合并主体，将部门（单位）本级及其合并范围内全部被合并主体的财务报表进行合并后形成的，反映部门（单位）整体财务状况与运行情况的财务报表。部门（单位）合并财务报表是政府部门财务报告的主要组成部分。本级政府合并财务报表，是指以本级政府财政作为合并主体，将本级政府财政及其合并范围内全部被合并主体的财务报表进行合并后形成的，反映本级政府整体财务状况与运行情况的财务报表。本级政府合并财务报表是本级政府综合财务报告的主要组成部分。行政区政府合并财务报表，是指以行政区本级政府作为合并主体，将本行政区内各级政府的财务报表进行合并后形成的，反映本行政区政府整体财务状况与运行情况的财务报表。行政区政府合并财务报表是行政区政府财务报告的主要组成部分。

第十六条 部门（单位）合并财务报表由部门（单位）负责编制；本级政府合并财务报表由本级政府财政部门负责编制。各级政府财政部门既负责编制本级政府合并财务报表，也负责编制本级政府所辖行政区政府合并财务报表。

第一节　合并程序

第十七条 合并财务报表应当以合并主体和其被合并主体的财务报表为基础，根据其他有关资料加以编制。

合并财务报表应当以权责发生制为基础编制。合并主体和其合并范围内被合并主体个别财务报表应当采用权责发生制基础编制，按规定未采用权责发生制基础编制的，应当先调整为权责发生制基础的财务报表，再由合并主体进行合并。

编制合并财务报表时，应当将合并主体和其全部被合并主体视为一个会计主体，遵循政府会计准则制度规定的统一的会计政策。合并范围内合并主体、被合并主体个别财务报表未遵循政府会计准则制度规定的统一会计政策的，应当先调整为遵循政府会计准则制度规定的统一会计政策的财务报表，再由合并主体进行合并。

第十八条 编制合并财务报表的程序主要包括：

（一）根据本准则第十七条规定，对需要进行调整的个别财务报表进行调整，以调整后的个别财务报表作为编制合并财务报表的基础；

（二）将合并主体和被合并主体个别财务报表中的资产、负债、净资产、收入和费用项目进行逐项合并；

（三）抵销合并主体和被合并主体之间、被合并主体相互之间发生的债权债务、收入费用等内部业务或事项对财务报表的影响。

第十九条　对于在报告期内因划转而纳入合并范围的被合并主体，合并主体应当将其报告期内的收入、费用项目金额包括在本期合并收入费用表的本期数中，合并资产负债表的期初数不作调整。对于在报告期内因划转而不再纳入合并范围的被合并主体，其报告期内的收入、费用项目金额不包括在本期合并收入费用表的本期数中，合并资产负债表的期初数不作调整。合并主体应当确保划转双方的会计处理协调一致，确保不重复、不遗漏，并在合并财务报表附注中对划转情况及其影响进行充分披露。

第二十条　在报告期内，被合并主体撤销的，其期初资产、负债和净资产项目金额应当包括在合并资产负债表的期初数中，其期初至撤销日的收入、费用项目金额应当包括在本期合并收入费用表的本期数中，其期初至撤销日的收入、费用项目金额所引起的净资产变动金额应当包括在合并资产负债表的期末数中。

第二十一条　在编制合并财务报表时，被合并主体除了应当向合并主体提供财务报表外，还应当提供下列有关资料：

（一）采用的与政府会计准则制度规定的统一的会计政策不一致的会计政策及其影响金额；

（二）其与合并主体、其他被合并主体之间发生的所有内部业务或事项的相关资料；

（三）编制合并财务报表所需要的其他资料。

第二节　部门（单位）合并财务报表

第二十二条　部门（单位）合并财务报表的合并范围一般应当以财政预算拨款关系为基础予以确定。有下级预算单位的部门（单位）为合并主体，其下级预算单位为被合并主体。合并主体应当将其全部被合并主体纳入合并财务报表的合并范围。部门（单位）所属的企业不纳入部门（单位）合并财务报表的合并范围。

第二十三条　部门（单位）合并资产负债表应当以部门（单位）本级和其被合并主体符合本准则第十七条要求的个别资产负债表或合并资产负债表为基础，在抵销内部业务或事项对合并资产负债表的影响后，由部门（单位）本级合并编制。编制部门（单位）合并资产负债表时，需要抵销的内部业务或事项包括：

（一）部门（单位）本级和其被合并主体之间、被合并主体相互之间的债权（含应收款项坏账准备，下同）、债务项目；

（二）部门（单位）本级和其被合并主体之间、被合并主体相互之间其他业务或事项对部门（单位）合并资产负债表的影响。

第二十四条 部门（单位）合并资产负债表中的资产类至少应当单独列示反映下列信息的项目：

（一）货币资金；

（二）短期投资；

（三）财政应返还额度；

（四）应收票据；

（五）应收账款净额；

（六）预付账款；

（七）应收股利；

（八）应收利息；

（九）其他应收款净额；

（十）存货；

（十一）待摊费用；

（十二）一年内到期的非流动资产；

（十三）长期股权投资；

（十四）长期债券投资；

（十五）固定资产净值；

（十六）工程物资；

（十七）在建工程；

（十八）无形资产净值；

（十九）研发支出；

（二十）公共基础设施净值；

（二十一）政府储备物资；

（二十二）文化文物资产；

（二十三）保障性住房净值；

（二十四）长期待摊费用；

（二十五）待处理财产损溢；

（二十六）受托代理资产。

第二十五条 部门（单位）合并资产负债表中的资产类应当包括流动资产、非流动资产的合计项目。

第二十六条 部门（单位）合并资产负债表中的负债类至少应当单独列示反映下

列信息的项目：

（一）短期借款；

（二）应交增值税；

（三）其他应交税费；

（四）应缴财政款；

（五）应付职工薪酬；

（六）应付票据；

（七）应付账款；

（八）应付政府补贴款；

（九）应付利息；

（十）预收款项；

（十一）其他应付款；

（十二）预提费用；

（十三）一年内到期的非流动负债；

（十四）长期借款；

（十五）长期应付款；

（十六）预计负债；

（十七）受托代理负债。

第二十七条 部门（单位）合并资产负债表中的负债类应当包括流动负债、非流动负债和负债的合计项目。

第二十八条 部门（单位）合并资产负债表中的净资产类至少应当单独列示反映下列信息的项目：

（一）累计盈余；

（二）专用基金；

（三）权益法调整。

第二十九条 部门（单位）合并资产负债表中的净资产类应当包括净资产的合计项目。

第三十条 部门（单位）合并资产负债表应当列示资产总计项目、负债和净资产总计项目。

第三十一条 部门（单位）合并收入费用表应当以部门（单位）本级和其被合并主体符合本准则第十七条要求的个别收入费用表或合并收入费用表为基础，在抵销内部业务或事项对合并收入费用表的影响后，由部门（单位）本级合并编制。编制部门（单位）合并收入费用表时，需要抵销的内部业务或事项包括部门（单位）本级和其被合并主体之间、被合并主体相互之间的收入、费用项目。

第三十二条 部门（单位）合并收入费用表中的收入，应当按照收入来源进行分类列示。

第三十三条 部门（单位）合并收入费用表中的收入类至少应当单独列示反映下列信息的项目：

（一）财政拨款收入；

（二）事业收入；

（三）经营收入；

（四）非同级财政拨款收入；

（五）投资收益；

（六）捐赠收入；

（七）利息收入；

（八）租金收入。

第三十四条 部门（单位）合并收入费用表中的收入类应当包括收入的合计项目。

第三十五条 部门（单位）合并收入费用表中的费用，应当按照费用的性质进行分类列示。

第三十六条 部门（单位）合并收入费用表中的费用类至少应当单独列示反映下列信息的项目：

（一）工资福利费用；

（二）商品和服务费用；

（三）对个人和家庭补助费用；

（四）对企事业单位补贴费用；

（五）固定资产折旧费用；

（六）无形资产摊销费用；

（七）公共基础设施折旧（摊销）费用；

（八）保障性住房折旧费用；

（九）计提专用基金；

（十）所得税费用；

（十一）资产处置费用。

第三十七条 部门（单位）合并收入费用表中的费用类应当包括费用的合计项目。

第三十八条 部门（单位）合并收入费用表应当列示本期盈余项目。本期盈余，是指部门（单位）某一会计期间收入合计金额减去费用合计金额后的差额。

第三节 本级政府合并财务报表

第三十九条 本级政府合并财务报表的合并范围一般应当以财政预算拨款关系为基础予以确定。本级政府财政为合并主体，其所属部门（单位）等为被合并主体。

第四十条 本级政府合并财务报表应当以本级政府财政和其被合并主体符合本准则第十七条要求的个别财务报表或合并财务报表为基础，在抵销内部业务或事项对合并财务报表的影响后，由本级政府财政部门合并编制。

编制本级政府合并财务报表时，需要抵销的内部业务或事项包括：

（一）本级政府财政和其被合并主体之间的债权债务、收入费用等项目；

（二）被合并主体相互之间的债权债务、收入费用等项目。

第四十一条 本级政府合并资产负债表中的资产类至少应当单独列示反映下列信息的项目：

（一）货币资金；

（二）短期投资；

（三）应收及预付款项；

（四）存货；

（五）一年内到期的非流动资产；

（六）长期投资；

（七）应收转贷款；

（八）固定资产净值；

（九）在建工程；

（十）无形资产净值；

（十一）公共基础设施净值；

（十二）政府储备物资；

（十三）文物文化资产；

（十四）保障性住房净值；

（十五）受托代理资产。

第四十二条 本级政府合并资产负债表中的资产类应当包括流动资产、非流动资产的合计项目。

第四十三条 本级政府合并资产负债表中的负债类至少应当单独列示反映下列信息的项目：

（一）应付短期政府债券；

（二）短期借款；

（三）应付及预收款项；

（四）应付职工薪酬；

（五）应付政府补贴款；

（六）一年内到期的非流动负债；

（七）应付长期政府债券；

（八）应付转贷款；

（九）长期借款；

（十）长期应付款；

（十一）预计负债；

（十二）受托代理负债。

第四十四条　本级政府合并资产负债表中的负债类应当包括流动负债、非流动负债和负债的合计项目。

第四十五条　本级政府合并资产负债表应当列示净资产项目。

第四十六条　本级政府合并资产负债表应当列示资产总计项目、负债和净资产总计项目。

第四十七条　本级政府合并收入费用表中的收入，应当按照收入来源进行分类列示。

第四十八条　本级政府合并收入费用表中的收入类至少应当单独列示反映下列信息的项目：

（一）税收收入；

（二）非税收入；

（三）事业收入；

（四）经营收入；

（五）投资收益；

（六）政府间转移性收入。

第四十九条　本级政府合并收入费用表中的收入类应当包括收入的合计项目。

第五十条　本级政府合并收入费用表中的费用，应当按照费用的性质进行分类列示。

第五十一条　本级政府合并收入费用表中的费用类至少应当单独列示反映下列信息的项目：

（一）工资福利费用；

（二）商品和服务费用；

（三）对个人和家庭补助费用；

（四）对企事业单位补贴费用；

（五）政府间转移性费用；

（六）折旧费用；

（七）摊销费用；

（八）资产处置费用。

第五十二条 本级政府合并收入费用表中的费用类应当包括费用的合计项目。

第五十三条 本级政府合并收入费用表应当列示本期盈余项目。

第四节　行政区政府合并财务报表

第五十四条 行政区政府合并财务报表的合并范围一般应当以行政隶属关系为基础予以确定。行政区本级政府为合并主体，其所属下级政府为被合并主体。

第五十五条 县级以上政府应当编制本行政区政府合并财务报表。

第五十六条 行政区政府合并财务报表应当以本级政府和其所属下级政府合并财务报表为基础，在抵销内部业务或事项对合并财务报表的影响后，由本级政府财政部门合并编制。

编制行政区政府合并财务报表时，需要抵销的内部业务或事项包括：

（一）本级政府和其所属下级政府之间的债权债务、收入费用等项目；

（二）本级政府所属下级政府相互之间的债权债务、收入费用等项目。

第五十七条 行政区政府合并财务报表的项目列示与本级政府合并财务报表一致。

第五节　附　　注

第五十八条 合并财务报表附注一般应当披露下列信息：

（一）合并财务报表的编制基础。

（二）遵循政府会计准则制度的声明。

（三）合并财务报表的合并主体、被合并主体清单。

（四）合并主体、被合并主体个别财务报表所采用的编制基础，所采用的与政府会计准则制度规定不一致的会计政策，编制合并财务报表时的调整情况及其影响。

（五）本期增加、减少被合并主体的基本情况及影响。

（六）合并财务报表重要项目明细信息及说明。

（七）未在合并财务报表中列示但对报告主体财务状况和运行情况有重大影响的事项的说明。

（八）需要说明的其他事项。

第四章 附 则

第五十九条 合并财务报表的具体合并范围由财政部另行规定。

第六十条 部门（单位）合并资产负债表的格式参见《政府会计制度——行政事业单位会计科目和报表》规定的资产负债表格式。部门（单位）合并收入费用表的格式参见附录。本级政府合并财务报表、行政区政府合并财务报表的格式以及部门（单位）合并财务报表附注的披露格式由财政部另行规定。

第六十一条 本准则自 2019 年 1 月 1 日起施行，适用于 2019 年年度及以后的财务报表。

附件：部门（单位）合并收入费用表格式

合并收入费用表

编制单位：_____　　　　　　　　　_____年　　　　　　　　　　　单位：元

项　目	本年数	上年数
一、本期收入		
（一）财政拨款收入		
（二）事业收入		
其中：非同级财政拨款收入		
（三）上级补助收入*		
（四）附属单位上缴收入*		
（五）经营收入		
（六）非同级财政拨款收入		
（七）投资收益		
（八）捐赠收入		
（九）利息收入		
（十）租金收入		
（十一）其他收入		
二、本期费用		
（一）工资福利费用		
（二）商品和服务费用		
（三）对个人和家庭补助费用		
（四）对企事业单位补贴费用		
（五）固定资产折旧费用		
（六）无形资产摊销费用		
（七）公共基础设施折旧（摊销）费用		

续表

项　　目	本年数	上年数
（八）保障性住房折旧费用		
（九）计提专用基金		
（十）所得税费用		
（十一）资产处置费用		
（十二）上缴上级费用*		
（十三）对附属单位补助费用*		
（十四）其他费用		
三、本期盈余		

注：1. 本表中"本期费用"各项目应当根据个别财务报表附注中"本期费用按经济分类的披露格式"所提供的信息合并填列。

2. 编制部门（单位）合并收入费用表时，标*项目原则上应抵销完毕，金额为零。

十三、政府会计准则第 10 号——政府和社会资本合作项目合同

政府会计准则第 10 号——政府和社会资本合作项目合同

第一章　总　　则

第一条　为了规范政府方对政府和社会资本合作（PPP）项目合同的确认、计量和相关信息的列报，根据《政府会计准则——基本准则》，制定本准则。

第二条　本准则所称 PPP 项目合同，是指政府方与社会资本方依法依规就 PPP 项目合作所订立的合同，该合同应当同时具有以下特征：

（一）社会资本方在合同约定的运营期间内代表政府方使用 PPP 项目资产提供公共产品和服务；

（二）社会资本方在合同约定的期间内就其提供的公共产品和服务获得补偿。

本准则所称政府方，是指政府授权或指定的 PPP 项目实施机构，通常为政府有关职能部门或事业单位。

本准则所称社会资本方，是指与政府方签署 PPP 项目合同的社会资本或项目公司。

本准则所称 PPP 项目资产，是指 PPP 项目合同中确定的用来提供公共产品和服务的资产。该资产有以下两方面来源：

（一）由社会资本方投资建造或者从第三方购买，或者是社会资本方的现有资产；

（二）政府方现有资产，或者对政府方现有资产进行改建、扩建。

第三条 本准则适用于同时满足以下条件的PPP项目合同：

（一）政府方控制或管制社会资本方使用PPP项目资产必须提供的公共产品和服务的类型、对象和价格；

（二）PPP项目合同终止时，政府方通过所有权、收益权或其他形式控制PPP项目资产的重大剩余权益。

第四条 通常情况下，采用建设—运营—移交（BOT）、转让—运营—移交（TOT）、改建—运营—移交（ROT）方式运作的PPP项目合同，满足本准则第三条规定的条件，应当适用本准则。

下列各项适用其他相关会计准则：

（一）不同时具有本准则第二条第一款规定的两个特征的合同，如建设—移交（BT）、租赁、无偿捐赠等，不属于本准则所称的PPP项目合同，不适用本准则，应当由政府方按照其他相关政府会计准则制度的规定进行会计处理。

（二）不同时满足本准则第三条规定的两个条件的PPP项目合同，如采用建设—拥有—运营（BOO）、转让—拥有—运营（TOO）等方式运作的PPP项目合同，不适用本准则，应当由政府方按照其他相关政府会计准则制度的规定进行会计处理。

（三）PPP项目合同中有关政府方对项目公司的直接投资，适用《政府会计准则第2号——投资》；有关代表政府出资的企业对项目公司的投资，适用相关企业会计准则。

（四）社会资本方对PPP项目合同的确认、计量和相关信息的披露，适用相关企业会计准则。

第二章 PPP项目资产的确认

第五条 符合本准则第二条、第三条规定的PPP项目资产，在同时满足以下条件时，应当由政府方予以确认：

（一）与该资产相关的服务潜力很可能实现或者经济利益很可能流入；

（二）该资产的成本或者价值能够可靠地计量。

第六条 PPP项目资产的各组成部分具有不同使用年限或者以不同方式提供公共产品和服务的，应当分别将各组成部分确认为一个单项PPP项目资产。

第七条 由社会资本方投资建造或从第三方购买形成的PPP项目资产，政府方应当在PPP项目资产验收合格交付使用时予以确认。

使用社会资本方现有资产形成的PPP项目资产，政府方应当在PPP项目开始运营日予以确认。

政府方使用其现有资产形成PPP项目资产的，应当在PPP项目开始运营日将其现有资产重分类为 PPP 项目资产。

社会资本方对政府方现有资产进行改建、扩建形成的 PPP 项目资产，政府方应当在 PPP 项目资产验收合格交付使用时予以确认，同时终止确认现有资产。

第八条 在 PPP 项目资产运营过程中发生的后续支出，满足本准则第五条规定的确认条件的，政府方应当计入 PPP 项目资产成本。

通常情况下，为增加 PPP 项目资产的使用效能或延长其使用年限而发生的改建、扩建等后续支出，政府方应当计入 PPP 项目资产的成本；为维护 PPP 项目资产的正常使用而发生的日常维修、养护等后续支出，不计入 PPP 项目资产的成本。

第九条 PPP 项目合同终止时，PPP 项目资产按规定移交至政府方的，政府方应当根据 PPP 项目资产的性质和用途，将其重分类为公共基础设施等资产。

第三章　PPP 项目资产的计量

第十条 政府方在取得 PPP 项目资产时一般应当按照成本进行初始计量；按规定需要进行资产评估的，应当按照评估价值进行初始计量。

第十一条 社会资本方投资建造形成的 PPP 项目资产，其成本包括该项资产至验收合格交付使用前所发生的全部必要支出，包括建筑安装工程投资、设备投资、待摊投资、其他投资等支出。

已交付使用但尚未办理竣工财务决算手续的 PPP 项目资产，应当按照估计价值入账，待办理竣工财务决算后再按照实际成本调整原来的暂估价值。

第十二条 社会资本方从第三方购买形成的 PPP 项目资产，其成本包括购买价款、相关税费以及验收合格交付使用前发生的可归属于该项资产的运输费、装卸费、安装费和专业人员服务费等。

第十三条 使用社会资本方现有资产形成的 PPP 项目资产，其成本按规定以该项资产的评估价值确定。

第十四条 政府方使用其现有资产形成的 PPP 项目资产，其成本按照 PPP 项目开始运营日该资产的账面价值确定；按照相关规定对现有资产进行资产评估的，其成本按照评估价值确定，资产评估价值与评估前资产账面价值的差额计入当期收入或当期费用。

第十五条 社会资本方对政府方现有资产进行改建、扩建形成的 PPP 项目资产，其成本按照该资产改建、扩建前的账面价值加上改建、扩建发生的支出，再扣除该资产被替换部分账面价值后的金额确定。

第十六条 除本准则第十七条和第二十三条规定外，政府方应当参照《政府会计准则第 3 号——固定资产》《政府会计准则第 5 号——公共基础设施》等，对 PPP 项目资产进行后续计量。

第十七条 PPP项目合同终止时，PPP项目资产按规定移交至政府方并进行资产评估的，政府方应当以评估价值作为重分类后资产的入账价值，评估价值与PPP项目资产账面价值的差额计入当期收入或当期费用；政府方按规定无需对移交的PPP项目资产进行资产评估的，应当以PPP项目资产的账面价值作为重分类后资产的入账价值。

第四章 PPP项目净资产的确认和计量

第十八条 除本准则第十九条规定外，政府方在确认PPP项目资产时，应当同时确认一项PPP项目净资产，PPP项目净资产的初始入账金额与PPP项目资产的初始入账金额相等。

第十九条 政府方使用其现有资产形成PPP项目资产的，在初始确认PPP项目资产时，应当同时终止确认现有资产，不确认PPP项目净资产。

社会资本方对政府方现有资产进行改建、扩建形成PPP项目资产的，政府方应当仅按照PPP项目资产初始入账金额与政府方现有资产账面价值的差额确认PPP项目净资产。

第二十条 按照PPP项目合同约定，政府方承担向社会资本方支付款项的义务的，相关义务应当按照《政府会计准则第8号——负债》有关规定进行会计处理，会计处理结果不影响PPP项目资产及净资产的账面价值。

政府方按照《政府会计准则第8号——负债》有关规定不确认负债的，应当在支付款项时计入当期费用。政府方按照《政府会计准则第8号——负债》有关规定确认负债的，应当同时确认当期费用；在以后期间支付款项时，相应冲减负债的账面余额。

第二十一条 在PPP项目合同约定的期间内，政府方从社会资本方收到款项的，应当按规定做应缴款项处理或计入当期收入。

第二十二条 在PPP项目运营过程中，政府方因PPP项目资产改建、扩建等后续支出增加PPP项目资产成本的，应当依据本准则第十八、十九条的规定同时增加PPP项目净资产的账面余额。

第二十三条 政府方按照本准则规定在确认PPP项目资产的同时确认PPP项目净资产的，在PPP项目运营期间内，按月对该PPP项目资产计提折旧（摊销）的，应当于计提折旧（摊销）时冲减PPP项目净资产的账面余额。

政府方初始确认的PPP项目净资产金额等于PPP项目资产初始入账金额的，应当按照计提的PPP项目资产折旧（摊销）金额，等额冲减PPP项目净资产的账面余额。

政府方初始确认的PPP项目净资产金额小于PPP项目资产初始入账金额的，应当按照计提的PPP项目资产折旧（摊销）金额的相应比例（即PPP项目净资产初始入账金额占PPP项目资产初始入账金额的比例），冲减PPP项目净资产的账面余额；当期计提的折旧（摊销）金额与所冲减的 PPP 项目净资产金额的差额，应当计入当期费用。

PPP 项目合同终止时，政府方应当将尚未冲减完的 PPP 项目净资产账面余额转入累计盈余。

第五章 列　　报

第二十四条　政府方应当在资产负债表中单独列示 PPP 项目资产及相应的 PPP 项目净资产。

第二十五条　政府方应当在附注中披露与 PPP 项目合同有关的下列信息：

（一）对 PPP 项目合同的总体描述。

（二）PPP 项目合同中的重要条款：

1. PPP 项目合同主要参与方；

2. 合同生效日、建设完工日、运营开始日、合同终止日等关键时点；

3. PPP 项目资产的来源；

4. PPP 项目的付费方式；

5. 合同终止时资产移交的权利和义务；

6. 政府方和社会资本方其他重要权利和义务。

（三）报告期间所发生的 PPP 项目合同变更情况。

（四）相关会计信息：

1. 政府方确认的 PPP 项目资产及其类别；

2. PPP 项目资产、PPP 项目净资产初始入账金额及其确定依据；

3. 政府方确认的与 PPP 项目合同有关的负债金额及其确定依据；

4. 报告期内 PPP 项目资产折旧（摊销）冲减 PPP 项目净资产的金额；

5. 报告期内政府方向社会资本方支付的款项金额，或者从社会资本方收到的款项金额；

6. 其他需要披露的会计信息。

第二十六条　政府方除应遵循本准则第二十五条的披露要求外，还应遵循其他政府会计准则制度关于 PPP 项目合同的披露要求。

第六章 附　　则

第二十七条　对于不满足本准则第三条规定条件的 PPP 项目合同，政府方应当按照本准则第二十五条（一）至（三）的规定披露与该合同相关的信息。

第二十八条　本准则自 2021 年 1 月 1 日起施行。政府方关于存量 PPP 项目合同会计处理的新旧衔接办法，由财政部另行规定。

十四、政府会计准则制度解释第 1 号

政府会计准则制度解释第 1 号

一、关于企业集团中的事业单位会计制度执行问题

企业集团中纳入部门预算编报范围的事业单位（不含执行《军工科研事业单位会计制度》的事业单位，下同）应当按照政府会计准则制度进行会计核算；企业集团中未纳入部门预算编报范围的事业单位，可以不执行《政府会计制度——行政事业单位会计科目和报表》（以下称《政府会计制度》）中的预算会计内容，只执行财务会计内容。

二、关于事业单位长期股权投资的会计处理

（一）事业单位采用权益法核算长期股权投资，且被投资单位编制合并财务报表的，在持有投资期间，应当以被投资单位合并财务报表中归属于母公司的净利润和其他所有者权益变动为基础，计算确定应当调整长期股权投资账面余额的金额，并进行相关会计处理。

（二）事业单位以其持有的科技成果取得的长期股权投资，应当按照评估价值加相关税费作为投资成本。事业单位按规定通过协议定价、在技术交易市场挂牌交易、拍卖等方式确定价格的，应当按照以上方式确定的价格加相关税费作为投资成本。

（三）事业单位处置以科技成果转化形成的长期股权投资，按规定所取得的收入全部留归本单位的，应当按照实际取得的价款，借记"银行存款"等科目，按照被处置长期股权投资的账面余额，贷记"长期股权投资"科目，按照尚未领取的现金股利或利润，贷记"应收股利"科目，按照发生的相关税费等支出，贷记"银行存款"等科目，按照借贷方差额，借记或贷记"投资收益"科目；同时，在预算会计中，按照实际取得的价款，借记"资金结存——货币资金"科目，按照处置时确认的投资收益金额，贷记"投资预算收益"科目，按照贷方差额，贷记"其他预算收入"科目。

（四）权益法下，事业单位处置以现金以外的其他资产取得的（不含科技成果转化形成的）长期股权投资时，按规定将取得的投资收益（此处的投资收益，是指长期股权投资处置价款扣除长期股权投资成本和相关税费后的差额）纳入本单位预算管理的，分别以下两种情况处理：

1. 长期股权投资的账面余额大于其投资成本的，应当按照被处置长期股权投资的成本，借记"资产处置费用"科目，贷记"长期股权投资——成本"科目；同时，按照实际取得的价款，借记"银行存款"等科目，按照尚未领取的现金股利或利润，贷记"应收股利"科目，按照发生的相关税费等支出，贷记"银行存款"等科目，按照长期股权投资的账面余额减去其投资成本的差额，贷记"长期股权投资——损益调整、其他权益变动"科目（以上明细科目为贷方余额的，借记相关明细科目），按照实际取得的价款与被处置长期股权投资账面余额、应收股利账面余额和相关税费支出合计数的差额，贷记或借记"投资收益"科目，按照贷方差额，贷记"应缴财政款"科目。预算会计的账务处理按照《政府会计制度》进行。

这种情况下的会计分录举例如下：

财务会计	预算会计
借：资产处置费用 　　贷：长期股权投资——成本 借：银行存款 　　贷：应收股利（如有） 　　　　长期股权投资——损益调整、其他权益变动（也可能在借方） 　　　　银行存款（相关税费） 　　　　投资收益（取得价款与投资账面余额、应收股利账面余额和相关税费支出合计数的差额） 　　　　应缴财政款	借：资金结存——货币资金 　　贷：投资预算收益（取得价款减去投资成本和相关税费后的金额）

2. 长期股权投资的账面余额小于或等于其投资成本的，应当按照被处置长期股权投资的账面余额，借记"资产处置费用"科目，按照长期股权投资各明细科目的余额，贷记"长期股权投资——成本"科目，贷记或借记"长期股权投资——损益调整、其他权益变动"科目；同时，按照实际取得的价款，借记"银行存款"等科目，按照尚未领取的现金股利或利润，贷记"应收股利"科目，按照发生的相关税费等支出，贷记"银行存款"等科目，按照实际取得的价款大于被处置长期股权投资成本、应收股利账面余额和相关税费支出合计数的差额，贷记"投资收益"科目，按照贷方差额，贷记"应缴财政款"科目。预算会计的账务处理按照《政府会计制度》进行。

这种情况下的会计分录举例如下：

财务会计	预算会计
借：资产处置费用（投资账面余额） 　　长期股权投资——损益调整、其他权益变动（部分明细科目余额也可能在贷方） 　贷：长期股权投资——成本 借：银行存款 　贷：应收股利（如有） 　　银行存款（相关税费） 　　投资收益（取得价款大于投资成本、应收股利账面余额和相关税费支出合计数的差额） 　　应缴财政款	借：资金结存——货币资金 　贷：投资预算收益（取得价款减去投资成本和相关税费后的金额）

（五）事业单位按规定应将长期股权投资持有期间取得的投资净收益，以及以现金取得的长期股权投资处置时取得的净收入（处置价款扣除投资本金和相关税费后的净额）上缴本级财政并纳入一般公共预算管理的，在应收或收到上述有关款项时不确认投资收益，应通过"应缴财政款"科目核算。

三、关于单位年末暂收暂付非财政资金的会计处理

单位对于纳入本年度部门预算管理的现金收支业务，在采用财务会计核算的同时应当及时进行预算会计核算。年末结账前，单位应当对暂收暂付款项进行全面清理，并对纳入本年度部门预算管理的暂收暂付款项进行预算会计处理，确认相关预算收支，确保预算会计信息能够完整反映本年度部门预算收支执行情况。

（一）对于纳入本年度部门预算管理的暂付款项，按照《政府会计制度》规定，单位在支付款项时可不做预算会计处理，待结算或报销时，按照结算或报销的金额，借记相关预算支出科目，贷记"资金结存"科目。但是，在年末结账前，对于尚未结算或报销的暂付款项，单位应当按照暂付的金额，借记相关预算支出科目，贷记"资金结存"科目。以后年度，实际结算或报销金额与已计入预算支出的金额不一致的，单位应当通过相关预算结转结余科目"年初余额调整"明细科目进行处理。

（二）对于应当纳入下一年度部门预算管理的暂收款项，单位在收到款项时，借记"银行存款"等科目，贷记"其他应付款"科目；本年度不做预算会计处理。待下一年初，单位应当按照上年暂收的款项金额，借记"其他应付款"科目，贷记有关收入科目；同时在预算会计中，按照暂收款项的金额，借记"资金结存"科目，贷记有关预算收入科目。

对于应当纳入下一年度部门预算管理的暂付款项，单位在付出款项时，借记"其他应收款"科目，贷记"银行存款"等科目，本年度不做预算会计处理。待下一年实际结算或报销时，单位应当按照实际结算或报销的金额，借记有关费用科目，按照之

前暂付的款项金额，贷记"其他应收款"科目，按照退回或补付的金额，借记或贷记"银行存款"等科目；同时，在预算会计中，按照实际结算或报销的金额，借记有关支出科目，贷记"资金结存"科目。下一年度内尚未结算或报销的，按照上述（一）中的规定处理。

（三）对于不纳入部门预算管理的暂收暂付款项（如应上缴、应转拨或应退回的资金），单位应当按照《政府会计制度》规定，仅作财务会计处理，不做预算会计处理。

四、关于由有关部门统一管理，但由其他部门占有、使用的固定资产的会计处理

按规定由本级政府机关事务管理等部门统一管理（如仅持有资产的产权证等），但具体由其他部门占有、使用的固定资产，应当由占有、使用该资产的部门作为会计确认主体，对该资产进行会计核算。

2019年1月1日前相关部门未按照上述规定对某项固定资产进行会计核算的，在新旧会计制度转换时，按照以下规定处理：

（一）该项固定资产已经在其统一管理的部门入账的，负责资产统一管理的部门应当按照该项固定资产已经计提的折旧金额（按照原制度已经计提折旧的），借记新账的"固定资产累计折旧"科目，按照该项固定资产的账面余额，贷记新账的"固定资产"科目，按其差额，借记新账的"累计盈余"科目；占有、使用该资产的部门应当按照该项固定资产在统一管理部门记录的账面余额，借记新账的"固定资产"科目，按照该项资产在统一管理部门已经计提的折旧金额（按照原制度已经计提折旧的），贷记新账的"固定资产累计折旧"科目，按其差额，贷记新账的"累计盈余"科目。

（二）该项固定资产尚未登记入账的，应当由占有、使用该项资产的部门按照盘盈资产进行处理，具体账务处理参照财政部已经印发的相关衔接规定执行。

在按照上述规定进行新旧制度衔接时，相关会计主体的会计处理应当协调一致，确保资产确认不重复、不遗漏。在新旧制度衔接中，如涉及资产产权变更或实物资产划拨等事项，相关会计主体应当按照资产管理有关规定办理。

多个部门共同占用、使用同一项固定资产，且该项固定资产由本级政府机关事务管理等部门统一管理并负责后续维护、改造的，由本级政府机关事务管理等部门作为确认主体，对该项固定资产进行会计核算。

同一部门内部所属单位共同占有、使用同一项固定资产，或者所属事业单位占有、使用部门本级拥有产权的固定资产的，按照本部门规定对固定资产进行会计核算。

五、关于单位无偿调入资产的账务处理

按照相关政府会计准则规定，单位（调入方）接受其他政府会计主体无偿调入的固定资产、无形资产、公共基础设施等资产，其成本按照调出方的账面价值加上相关税费确定。但是，无偿调入资产在调出方的账面价值为零（即已经按制度规定提足折旧）或者账面余额为名义金额的，单位（调入方）应当将调入过程中其承担的相关税费计入当期费用，不计入调入资产的初始入账成本。

无偿调入资产在调出方的账面价值为零的，单位（调入方）在进行财务会计处理时，应当按照该项资产在调出方的账面余额，借记"固定资产""无形资产"等科目，按照该项资产在调出方已经计提的折旧或摊销金额（与资产账面余额相等），贷记"固定资产累计折旧""无形资产累计摊销"等科目；按照支付的相关税费，借记"其他费用"科目，贷记"零余额账户用款额度""银行存款"等科目。同时，在预算会计中按照支付的相关税费，借记"其他支出"科目，贷记"资金结存"科目。

无偿调入资产在调出方的账面余额为名义金额的，单位（调入方）在进行财务会计处理时，应当按照名义金额，借记"固定资产""无形资产"等科目，贷记"无偿调拨净资产"科目；按照支付的相关税费，借记"其他费用"科目，贷记"零余额账户用款额度""银行存款"等科目。同时，在预算会计中按照支付的相关税费，借记"其他支出"科目，贷记"资金结存"科目。

六、关于"业务活动费用"和"单位管理费用"科目的核算范围

按照《政府会计制度》规定，"业务活动费用"科目核算单位为实现其职能目标、依法履职或开展专业业务活动及其辅助活动所发生的各项费用。"单位管理费用"科目核算事业单位本级行政及后勤管理部门开展管理活动发生的各项费用，包括单位行政及后勤管理部门发生的人员经费、公用经费、资产折旧（摊销）等费用，以及由单位统一负担的离退休人员经费、工会经费、诉讼费、中介费等。

按照上述规定，行政单位不使用"单位管理费用"科目，其为实现其职能目标、依法履职发生的各项费用均记入"业务活动费用"科目。事业单位应当同时使用"业务活动费用"和"单位管理费用"科目，其业务部门开展专业业务活动及其辅助活动发生的各项费用记入"业务活动费用"科目，其本级行政及后勤管理部门发生的各项费用以及由单位统一负担的费用记入"单位管理费用"科目。

事业单位应当按照《政府会计制度》的规定，结合本单位实际，确定本单位业务活动费用和单位管理费用划分的具体会计政策。

七、关于"保障性住房"科目的核算范围

《政府会计制度》中规定的"保障性住房"科目，核算单位为满足社会公共需要而控制的保障性住房的原值。此处的保障性住房，主要指地方政府住房保障主管部门持有全部或部分产权份额、纳入城镇住房保障规划和年度计划、向符合条件的保障对象提供的住房。

八、关于第三方支付平台账户资金的会计科目适用问题

单位通过支付宝、微信等方式取得相关收入的，对于尚未转入银行存款的支付宝、微信收付款等第三方支付平台账户的余额，应当通过"其他货币资金"科目核算。

九、关于有关往来科目和收入、费用科目明细信息的披露

单位在按照债务人（债权人）对应收款项（应付款项）进行明细核算的基础上，应当在财务报表附注中按照债务人（债权人）分类对应收款项（应付款项）进行披露。债务人（债权人）类别主要分为本部门内部单位（指纳入单位所属部门财务报告合并范围的单位，下同）、本部门以外同级政府单位、本部门以外非同级政府单位和其他单位。

单位在按照收入来源（支付对象）对有关收入科目（费用科目）进行明细核算的基础上，应当在财务报表附注中按照收入来源（支付对象）分类对有关收入（费用）进行披露。收入来源（支付对象）主要分为本部门内部单位、本部门以外同级政府单位、本部门以外非同级政府单位和其他单位。

单位按照《政府会计制度》中财务报表附注所列格式分类对应收款项、应付款项、有关收入和费用进行具体披露时，应当遵循重要性原则。单位对重要性的判断，应当依据《政府会计准则第9号——财务报表编制和列报》，并考虑满足编制合并财务报表的信息需要，即相关合并主体能够基于单位所披露的信息，抵销合并主体与被合并主体之间、被合并主体相互之间发生的债权债务、收入费用等内部业务或事项对财务报表的影响。

十、关于单位售房款的会计处理

中央级行政事业单位应当自2019年1月1日起，将归属于本单位的售房款及其利息收入纳入部门预算管理，并按照《政府会计制度》统一进行会计核算。收到售房款项（售房收入扣除按标准计提的住宅专项维修资金）及其利息收入时，借记"银行存款"科目，贷记"其他收入"科目；同时在预算会计中借记"资金结存"科目，贷记"其他预算收入"科目。按规定使用售房款发放购房补贴的，计提购房补贴费用时，借记"业务活动费用""单位管理费用"等科目，贷记"应付职工薪酬"科目的相关明细科目；发放购房补贴时，借记"应付职工薪酬"科目的相关明细科目，贷记"银行存款"等科目，同时在预算会计中借记"行政支出""事业支出"等科目，贷记"资金结存"科目。

新旧会计制度转换时，中央级行政单位和中央级事业单位应当分别进行如下会计处理：

（一）行政单位在原账中将售房款作为负债（其他应付款或长期应付款等）核算的，应当将有关负债科目的相关明细科目余额，转入新账财务会计中的"累计盈余"科目；同时，按照相同金额在新账预算会计中借记"资金结存"科目，贷记"非财政拨款结转"相关明细科目。

行政单位原对售房款单独建账、单独核算（即未将售房款资金纳入"大账"核算）的，应当将售房款资金统一纳入"大账"核算，按照有关账套（或台账）核算的售房款余额，在新账财务会计中借记"银行存款"等科目，贷记"累计盈余"科目；同时，按照相同金额在新账预算会计中借记"资金结存"科目，贷记"非财政拨款结转"相关明细科目。

（二）事业单位在原账中将售房款记入"专用基金"科目的，应当将"专用基金"科目相关明细科目的余额，转入新账财务会计中的"累计盈余"科目；同时，按照相同金额在新账预算会计中借记"资金结存"科目，贷记"非财政拨款结转"相关明细科目。

尚未将单位售房款纳入财政统筹使用的省级及以下行政事业单位，应当比照本解释中有关中央级行政事业单位售房款的会计处理规定执行。

十一、关于单位集中管理的住宅专项维修资金的会计处理

单位对于其集中管理的住宅专项维修资金，属于按规定从本单位售房收入中提取的，应当比照本解释中有关单位售房款的规定进行会计处理；属于本单位职工个人缴存的，应当作为受托代理业务，按照《政府会计制度》的规定进行会计处理。

专门从事住宅专项维修资金管理的单位所管理的住宅专项维修资金的会计核算，由财政部另行规定。

十二、本解释自 2019 年 1 月 1 日起施行。

十五、政府会计准则制度解释第 2 号

政府会计准则制度解释第 2 号

一、关于归垫资金的账务处理

行政事业单位（以下简称单位）按规定报经财政部门审核批准，在财政授权支付用款额度或财政直接支付用款计划下达之前，用本单位实有资金账户资金垫付相关支出，再通过财政授权支付方式或财政直接支付方式将资金归还原垫付资金账户的，应当按照以下规定进行账务处理：

（一）用本单位实有资金账户资金垫付相关支出时，按照垫付的资金金额，借记"其他应收款"科目，贷记"银行存款"科目；预算会计不做处理。

（二）通过财政直接支付方式或授权支付方式将资金归还原垫付资金账户时，按照归垫的资金金额，借记"银行存款"科目，贷记"财政拨款收入"科目，并按照相同的金额，借记"业务活动费用"等科目，贷记"其他应收款"科目；同时，在预算会

计中,按照相同的金额,借记"行政支出""事业支出"等科目,贷记"财政拨款预算收入"科目。

二、关于从本单位零余额账户向本单位实有资金账户划转资金的账务处理

单位在某些特定情况下按规定从本单位零余额账户向本单位实有资金账户划转资金用于后续相关支出的,可在"银行存款"或"资金结存——货币资金"科目下设置"财政拨款资金"明细科目,或采用辅助核算等形式,核算反映按规定从本单位零余额账户转入实有资金账户的资金金额,并应当按照以下规定进行账务处理:

(一)从本单位零余额账户向实有资金账户划转资金时,按照划转的资金金额,借记"银行存款"科目,贷记"零余额账户用款额度"科目;同时,在预算会计中借记"资金结存——货币资金"科目,贷记"资金结存——零余额账户用款额度"科目。

(二)将本单位实有资金账户中从零余额账户划转的资金用于相关支出时,按照实际支付的金额,借记"应付职工薪酬""其他应交税费"等科目,贷记"银行存款"科目;同时,在预算会计中借记"行政支出""事业支出"等支出科目下的"财政拨款支出"明细科目,贷记"资金结存——货币资金"科目。

三、关于从财政科研项目中计提项目间接费用或管理费的账务处理

单位按规定从财政科研项目中计提项目间接费用或管理费的,应当按照以下规定进行账务处理:

(一)从财政科研项目中计提项目间接费用或管理费时,按照计提的金额,借记"业务活动费用""单位管理费用"等科目,贷记"预提费用——项目间接费用或管理费"科目;预算会计不做处理。

(二)按规定将计提的项目间接费用或管理费从本单位零余额账户划转到实有资金账户的,按照本解释"二、关于从本单位零余额账户向本单位实有资金账户划转资金的账务处理"的相关规定处理。

(三)使用计提的项目间接费用或管理费时,在财务会计下,按照实际支付的金额,借记"预提费用——项目间接费用或管理费"科目,贷记"银行存款""零余额账户用款额度""财政拨款收入"等科目。使用计提的项目间接费用或管理费购买固定资产、无形资产的,按照固定资产、无形资产的成本金额,借记"固定资产""无形资产"科目,贷记"银行存款""零余额账户用款额度""财政拨款收入"等科目;同时,按照相同的金额,借记"预提费用——项目间接费用或管理费"科目,贷记"累计盈余"科目。

同时,在预算会计下,按照实际支付的金额,借记"事业支出"等支出科目下的"财政拨款支出"明细科目,贷记"资金结存""财政拨款预算收入"科目。

四、关于事业单位按规定需将长期股权投资持有期间取得的投资收益上缴财政的账务处理

事业单位按规定需将长期股权投资持有期间取得的投资收益上缴本级财政的，应当按照以下规定进行账务处理：

（一）长期股权投资采用成本法核算的，被投资单位宣告发放现金股利或利润时，事业单位按照应收的金额，借记"应收股利"科目，贷记"投资收益"科目；收到现金股利或利润时，借记"银行存款"等科目，贷记"应缴财政款"科目，同时按照此前确定的应收股利金额，借记"投资收益"科目或"累计盈余"科目（此前确认的投资收益已经结转的），贷记"应收股利"科目；将取得的现金股利或利润上缴财政时，借记"应缴财政款"科目，贷记"银行存款"等科目。

（二）长期股权投资采用权益法核算的，被投资单位实现净利润的，按照应享有的份额，借记"长期股权投资——损益调整"科目，贷记"投资收益"科目；被投资单位宣告发放现金股利或利润时，单位按照应享有的份额，借记"应收股利"科目，贷记"长期股权投资——损益调整"科目；收到现金股利或利润时，借记"银行存款"等科目，贷记"应缴财政款"科目，同时按照此前确定的应收股利金额，借记"投资收益"科目或"累计盈余"科目（此前确认的投资收益已经结转的），贷记"应收股利"科目；将取得的现金股利或利润上缴财政时，借记"应缴财政款"科目，贷记"银行存款"等科目。

五、关于收取差旅伙食费和市内交通费的账务处理

接待单位按规定收取出差人员差旅伙食费和市内交通费并出具相关票据的，应当按照以下规定进行账务处理：

（一）单位不承担支出责任的，应当按照收到的款项金额，借记"库存现金"等科目，贷记"其他应付款"科目或"其他应收款"科目（前期已垫付资金的）；向其他会计主体转付款时，借记"其他应付款"科目，贷记"库存现金"等科目。预算会计不做处理。

（二）单位承担支出责任的，应当按照收到的款项金额，借记"库存现金"等科目，贷记相关费用科目；同时在预算会计中借记"资金结存"科目，贷记相关支出科目。

单位如因开具税务发票承担增值税等纳税义务的，按照《政府会计制度——行政事业单位会计科目和报表》（以下简称《政府会计制度》）相关规定处理。

六、关于专利权维护费的会计处理

单位应当按照《政府会计准则第4号——无形资产》规定，将依法取得的专利权确认为无形资产，并进行后续摊销。在以后年度，单位按照相关规定发生的专利权维

护费，应当在发生时计入当期费用，原确定的无形资产摊销年限不据此调整。

七、关于公费医疗经费的会计处理

享受公费医疗待遇的单位从所在地公费医疗管理机构取得的公费医疗经费，应当在实际取得时计入非同级财政拨款收入（非同级财政拨款预算收入），在实际支用时计入相关费用（支出）。

八、关于单位基本建设会计有关问题

（一）关于基本建设项目会计核算主体。

基本建设项目应当由负责编报基本建设项目预决算的单位（即建设单位）作为会计核算主体。建设单位应当按照《政府会计制度》规定在相关会计科目下分项目对基本建设项目进行明细核算。

基本建设项目管理涉及多个主体难以明确识别会计核算主体的，项目主管部门应当按照《基本建设财务规则》相关规定确定建设单位。

建设项目按照规定实行代建制的，代建单位应当配合建设单位做好项目会计核算和财务管理的基础工作。

（二）关于代建制项目的会计处理。

建设项目实行代建制的，建设单位应当要求代建单位通过工程结算或年终对账确认在建工程成本的方式，提供项目明细支出、建设工程进度和项目建设成本等资料，归集"在建工程"成本，及时核算所形成的"在建工程"资产，全面核算项目建设成本等情况。有关账务处理如下：

1. 关于建设单位的账务处理

（1）拨付代建单位工程款时，按照拨付的款项金额，借记"预付账款——预付工程款"科目，贷记"财政拨款收入""零余额账户用款额度""银行存款"等科目；同时，在预算会计中借记"行政支出""事业支出"等科目，贷记"财政拨款预算收入""资金结存"科目。

（2）按照工程进度结算工程款或年终代建单位对账确认在建工程成本时，按照确定的金额，借记"在建工程"科目下的"建筑安装工程投资"等明细科目，贷记"预付账款——预付工程款"等科目。

（3）确认代建管理费时，按照确定的金额，借记"在建工程"科目下的"待摊投资"明细科目，贷记"预付账款——预付工程款"等科目。

（4）项目完工交付使用资产时，按照代建单位转来在建工程成本中尚未确认入账的金额，借记"在建工程"科目下的"建筑安装工程投资"等明细科目，贷记"预付账款——预付工程款"等科目；同时，按照在建工程成本，借记"固定资产""公共基础设施"等科目，贷记"在建工程"科目。

工程结算、确认代建费或竣工决算时涉及补付资金的，应当在确认在建工程的同时，按照补付的金额，贷记"财政拨款收入""零余额账户用款额度""银行存款"等科目；同时在预算会计中进行相应的账务处理。

2. 关于代建单位的账务处理

代建单位为事业单位的，应当设置"1615 代建项目"一级科目，并与建设单位相对应，按照工程性质和类型设置"建筑安装工程投资""设备投资""待摊投资""其他投资""待核销基建支出""基建转出投资"等明细科目，对所承担的代建项目建设成本进行会计核算，全面反映工程的资金资源消耗情况；同时，在"代建项目"科目下设置"代建项目转出"明细科目，通过工程结算或年终对账确认在建工程成本的方式，将代建项目的成本转出，体现在建设单位相应"在建工程"账上。年末，"代建项目"科目应无余额。有关账务处理规定如下：

（1）收到建设单位拨付的建设项目资金时，按照收到的款项金额，借记"银行存款"等科目，贷记"预收账款——预收工程款"科目。预算会计不做处理。

（2）工程项目使用资金或发生其他耗费时，按照确定的金额，借记"代建项目"科目下的"建筑安装工程投资"等明细科目，贷记"银行存款""应付职工薪酬""工程物资""累计折旧"等科目。预算会计不做处理。

（3）按工程进度与建设单位结算工程款或年终与建设单位对账确认在建工程成本并转出时，按照确定的金额，借记"代建项目——代建项目转出"科目，贷记"代建项目"科目下的"建筑安装工程投资"等明细科目，同时，借记"预收账款——预收工程款"等科目，贷记"代建项目——代建项目转出"科目。

（4）确认代建费收入时，按照确定的金额，借记"预收账款——预收工程款"等科目，贷记有关收入科目；同时，在预算会计中借记"资金结存"科目，贷记有关预算收入科目。

（5）项目完工交付使用资产时，按照代建项目未转出的在建工程成本，借记"代建项目——代建项目转出"科目，贷记"代建项目"科目下的"建筑安装工程投资"等明细科目，同时，借记"预收账款——预收工程款"等科目，贷记"代建项目——代建项目转出"科目。

工程竣工决算时收到补付资金的，按照补付的金额，借记"银行存款"等科目，贷记"预收账款——预收工程款"科目。

代建单位为企业的，按照企业类会计准则制度相关规定进行账务处理。

3. 关于新旧衔接的规定

建设单位在首次执行本解释时尚未登记应确认的在建工程的，应当按照本解释规定确定的建设成本，借记"在建工程"科目，贷记"累计盈余"科目。代建单位在首次执行本解释时已将代建项目登记为在建工程的，应当按照"在建工程"科目余额，借记"累计盈余"科目，贷记"在建工程"科目。建设单位应与代建单位做好在建工程入账的协调，确保在建工程在记账上不重复、不遗漏。

（三）关于"在建工程"科目有关账务处理规定。

1. 工程交付使用时，单位应当按照合理的分配方法分配待摊投资，借记"在建工程——建筑安装工程投资、设备投资"科目，贷记"在建工程——待摊投资"科目；待摊投资中有按规定应当分摊计入转出投资价值和待核销基建支出的，还应当借记"在建工程——待核销基建支出、基建转出投资"科目，贷记"在建工程——待摊投资"科目。

2. 建设项目竣工验收交付使用时，按规定直接转入建设单位以外的会计主体的，建设单位应当按照转出的建设项目的成本，借记"在建工程——基建转出投资"科目，贷记"在建工程——建筑安装工程投资、设备投资"科目；同时，借记"无偿调拨净资产"科目，贷记"在建工程——基建转出投资"科目。

建设项目竣工验收交付使用时，按规定先转入建设单位、再无偿划拨给其他会计主体的，建设单位应当按照《政府会计制度》规定，先将在建工程转入"固定资产""公共基础设施"等科目，再按照无偿调拨资产相关规定进行账务处理。

建设单位与资产调入方应当按规定做好资产核算工作的衔接和相关会计资料的交接，确保交付使用资产在记账上不重复、不遗漏。

（四）关于基本建设项目的明细科目或辅助核算。

单位按照《政府会计制度》对基本建设项目进行会计核算的，应当通过在有关会计科目下设置与基本建设项目相关的明细科目或增加标记，或设置基建项目辅助账等方式，满足基本建设项目竣工决算报表编制的需要。

九、关于部门（单位）合并财务报表范围

（一）部门（单位）合并财务报表合并范围确定的一般原则。

按照《政府会计准则第9号——财务报表编制和列报》规定，部门（单位）合并财务报表的合并范围一般应当以财政预算拨款关系为基础予以确定。有下级预算单位的部门（单位）为合并主体，其下级预算单位为被合并主体。合并主体应当将其全部被合并主体纳入合并财务报表的合并范围。

通常情况下，纳入本部门预决算管理的行政事业单位和社会组织（包括社会团体、基金会和社会服务机构，下同）都应当纳入本部门（单位）合并财务报表范围。

（二）除满足一般原则的会计主体外，以下会计主体也应当纳入部门（单位）合并财务报表范围：

1. 部门（单位）所属的未纳入部门预决算管理的事业单位。

2. 部门（单位）所属的纳入企业财务管理体系执行企业类会计准则制度的事业单位。

3. 财政部规定的应当纳入部门（单位）合并财务报表范围的其他会计主体。

（三）以下会计主体不纳入部门（单位）合并财务报表范围：

1. 部门（单位）所属的企业，以及所属企业下属的事业单位。

2. 与行政机关脱钩的行业协会商会。

3. 部门（单位）财务部门按规定单独建账核算的会计主体，如工会经费、党费、团费和土地储备资金、住房公积金等资金（基金）会计主体。

4. 挂靠部门（单位）的没有财政预算拨款关系的社会组织以及非法人性质的学术团体、研究会等。

单位内部非法人独立核算单位的核算及合并问题，按照《政府会计制度》及相关补充规定执行。

十、关于工会系统适用的会计制度

县级及以上总工会和基层工会组织应当执行《工会会计制度》（财会〔2009〕7号），工会所属事业单位应当执行政府会计准则制度，工会所属企业应当执行企业类会计准则制度，挂靠工会管理的社会团体应当按规定执行《民间非营利组织会计制度》（财会〔2004〕7号，下同）。

十一、关于纳入部门预决算管理的社会组织适用的会计制度

纳入部门预决算管理的社会组织，原执行《事业单位会计制度》（财会〔2012〕22号）的，应当自2019年1月1日起执行政府会计准则制度；原执行《民间非营利组织会计制度》的，仍然执行《民间非营利组织会计制度》。

十二、关于本解释生效日期及新旧衔接规定

本解释第一至第八项自2020年1月1日起施行，允许单位提前采用；第九项适用于2019年度及以后期间的财务报表；第十项、十一项自2019年1月1日起施行。

本解释除第八项（二）以外，其余各项首次施行时均采用未来适用法。

十六、政府会计准则制度解释第3号

政府会计准则制度解释第3号

一、关于接受捐赠业务的会计处理

（一）行政事业单位（以下简称单位）按规定接受捐赠，应当区分以下情况进行

会计处理：

1. 单位取得捐赠的货币资金按规定应当上缴财政的，应当按照《政府会计制度——行政事业单位会计科目和报表》（以下简称《政府会计制度》）中"应缴财政款"科目相关规定进行财务会计处理。预算会计不做处理。

2. 单位接受捐赠人委托转赠的资产，应当按照《政府会计制度》中受托代理业务相关规定进行财务会计处理。预算会计不做处理。

3. 除上述两种情况外，单位接受捐赠取得的资产，应当按照《政府会计制度》中"捐赠收入"科目相关规定进行财务会计处理；接受捐赠取得货币资金的，还应当同时按照"其他预算收入"科目相关规定进行预算会计处理。

（二）单位接受捐赠的非现金资产的初始入账成本，应当根据《政府会计准则第1号——存货》第十一条、《政府会计准则第3号——固定资产》第十二条、《政府会计准则第4号——无形资产》第十三条、《政府会计准则第5号——公共基础设施》第十三条、《政府会计准则第6号——政府储备物资》第十条等规定确定。

上述准则条款中所称"凭据"，包括发票、报关单、有关协议等。有确凿证据表明凭据上注明的金额高于受赠资产同类或类似资产的市场价格30%或达不到其70%的，则应当以同类或类似资产的市场价格确定成本。

上述准则条款中所称"同类或类似资产的市场价格"，一般指取得资产当日捐赠方自产物资的出厂价、所销售物资的销售价、非自产或销售物资在知名大型电商平台同类或类似商品价格等。如果存在政府指导价或政府定价的，应符合其规定。

（三）单位作为主管部门或上级单位向其附属单位分配受赠的货币资金，应当按照《政府会计制度》中"对附属单位补助费用（支出）"科目相关规定处理；单位按规定向其附属单位以外的其他单位分配受赠的货币资金，应当按照《政府会计制度》中"其他费用（支出）"科目相关规定处理。

单位向政府会计主体分配受赠的非现金资产，应当按照《政府会计制度》中"无偿调拨净资产"科目相关规定处理；单位向非政府会计主体分配受赠的非现金资产，应当按照《政府会计制度》中"资产处置费用"科目相关规定处理。

（四）单位使用、处置受赠资产，应当按照《政府会计制度》相关规定进行会计处理。处置受赠资产取得的净收入（取得价款扣减支付的相关税费后的金额），按规定上缴财政的，应当通过"应缴财政款"科目核算；按规定纳入本单位预算管理的，应当通过"其他（预算）收入"科目核算。

二、关于政府对外投资业务的会计处理

（一）《政府会计准则第2号——投资》（以下简称2号准则）所称"股权投资"，是指政府会计主体持有的各类股权投资资产，包括国际金融组织股权投资、投资基金股权投资、企业股权投资等。政府财政总预算会计应当按照财政总预算会计制度相关规定对本级政府持有的各类股权投资资产进行核算。

（二）根据国务院和地方人民政府授权、代表本级人民政府对国家出资企业履行出资人职责的单位，与其履行出资人职责的国家出资企业之间不存在股权投资关系，其履行出资人职责的行为不适用2号准则规定，不作为单位的投资进行会计处理。通过单位账户对国家出资企业投入货币资金，纳入本单位预算管理的，应当按照《政府会计制度》中"其他费用（支出）"科目相关规定处理；不纳入本单位预算管理的，应当按照《政府会计制度》中"其他应付款"科目相关规定处理。

本解释施行前有关单位将国家出资企业计入本单位长期股权投资的，应当自本解释施行之日，将原"长期股权投资"科目余额中的相关账面余额转出，借记"累计盈余"科目（以前年度出资）或"其他费用"科目（本年度出资），贷记"长期股权投资"科目，并将相应的"权益法调整"科目余额（如有）转入"累计盈余"科目。

（三）单位按规定出资成立非营利法人单位，如事业单位、社会团体、基金会等，不适用2号准则规定，出资时应当按照出资金额，借记"其他费用"科目，贷记"银行存款"等科目；同时，在预算会计中借记"其他支出"科目，贷记"资金结存"科目。单位应当对出资成立的非营利法人单位设置备查簿进行登记。

本解释施行前单位出资成立非营利法人单位并将出资金额计入长期股权投资的，应当自本解释施行之日，将原"长期股权投资"科目余额中对非营利法人单位的出资金额转出，借记"累计盈余"科目（以前年度出资）或"其他费用"科目（本年度出资），贷记"长期股权投资"科目。

三、关于政府债券的会计处理

根据《政府会计准则第8号——负债》（以下简称8号准则）第七条规定，政府发行的政府债券属于政府举借的债务。有关政府债券的会计处理规定如下：

（一）财政总预算会计的处理。

政府财政总预算会计应当按照8号准则和财政总预算会计制度相关规定对政府债券进行会计处理。

（二）使用政府债券资金的单位的会计处理。

1. 单位实际从同级财政取得政府债券资金的，应当借记"银行存款""零余额账户用款额度"等科目，贷记"财政拨款收入"科目；同时在预算会计中借记"资金结存"等科目，贷记"财政拨款预算收入"科目。

按照预算管理要求需对政府债券资金单独反映的，应当在"财政拨款（预算）收入"科目下进行明细核算。例如，取得地方政府债券资金的，应当根据地方政府债券类别按照"地方政府一般债券资金收入""地方政府专项债券资金收入"等进行明细核算。

2. 同级财政以地方政府债券置换单位原有负债的，单位应当借记"长期借款""应付利息"等科目，贷记"累计盈余"科目。预算会计不做处理。

3. 单位需要向同级财政上缴专项债券对应项目专项收入的，取得专项收入时，应当借记"银行存款"等科目，贷记"应缴财政款"科目；实际上缴时，借记"应缴财政款"科目，贷记"银行存款"等科目。预算会计不做处理。

4. 单位应当对使用地方政府债券资金所形成的资产、上缴的专项债券对应项目专项收入进行辅助核算或备查簿登记。

四、关于报告日后调整事项的会计处理

（一）单位应当按规定的结账日进行结账，不得提前或者延迟。年度结账日为公历年度每年的 12 月 31 日，即《政府会计准则第 7 号——会计调整》（以下简称 7 号准则）所称的年度报告日。年度终了结账时，所有总账账户都应当结出全年发生额和年末余额，并将各账户的余额结转到下一会计年度。单位不得对已记账凭证进行删除、插入或修改。

7 号准则规定的"报告日以后发生的调整事项"（以下简称报告日后调整事项）是指自报告日至报告批准报出日之间发生的、单位获得新的或者进一步的证据有助于对报告日存在状况的有关金额作出重新估计的事项，包括已证实资产发生了减损、已确定获得或者支付的赔偿、财务舞弊或者差错等。报告批准报出日一般为财政部门审核通过后，单位负责人批准报告报出的日期。

对于报告日后调整事项，单位应当按照 7 号准则第十八条的规定进行会计处理，具体规定如下：

1. 在发生调整事项的期间进行账务处理：

（1）涉及盈余调整的事项，通过"以前年度盈余调整"科目核算。调整增加以前年度收入或调整减少以前年度费用的事项，记入"以前年度盈余调整"科目的贷方；反之，记入"以前年度盈余调整"科目的借方。

（2）涉及预算收支调整的事项，通过"财政拨款结转""财政拨款结余""非财政拨款结转""非财政拨款结余"等科目下"年初余额调整"明细科目核算。调整增加以前年度预算收入或调整减少以前年度预算支出的事项，记入"年初余额调整"明细科目的贷方；反之，记入"年初余额调整"明细科目的借方。

（3）不涉及盈余调整或预算收支调整的事项，调整相关科目。

2. 调整会计报表和附注相关项目的金额：

（1）报告日编制的会计报表相关项目的期末数或（和）本年发生数。

（2）调整事项发生当期编制的会计报表相关项目的期初数或（和）上年数。

（3）经过上述调整后，如果涉及报表附注内容的，还应作出相应调整或说明。

（二）单位在报告日至报告批准报出日之间发现的报告期以前期间的重大会计差错，应当根据7号准则第十五条第一款和第十八条的规定进行会计处理，具体规定如下：

1. 按照本条（一）关于报告日后调整事项账务处理的规定，在发现差错的期间进行账务处理。

2. 调整会计报表和附注相关项目的金额：

（1）影响收入、费用或者预算收支的，应当将会计差错对收入、费用或者预算收支的影响或者累积影响调整报告期期初、期末会计报表相关净资产项目或者预算结转结余项目，并调整其他相关项目的期初、期末数或（和）本年发生数；不影响收入、费用或者预算收支的，应当调整报告期相关项目的期初、期末数。

（2）调整发现差错当期编制的会计报表相关项目的期初数或（和）上年数。

（3）经过上述调整后，如果涉及报表附注内容的，还应作出相应调整或说明。

（三）单位在报告日至报告批准报出日之间发现的报告期间的会计差错或报告期以前期间的非重大会计差错、影响或者累积影响不能合理确定的重大会计差错，应当根据7号准则第十五条第二款规定执行，具体按照本条（一）的规定进行会计处理。

五、关于生效日期

本解释自公布之日起施行。

后　记

　　本书的完成要特别感谢中国人民大学会计系王彦教授。王教授长期从事政府会计教学和研究，治学严谨，专业功底深厚，在政府会计领域有非常深的积累和造诣。

　　自政府会计准则和制度实施以来，编写组成员接触了大量的政府会计实务问题，发现很多财会人员对政府会计准则制度及其解释、新旧衔接相关规定的理解还是有偏差，而且编写组成员对一些问题的理解也有模糊和混淆之处，有时针对财会人员提出的问题大家有分歧且争执好久。基于此，大家萌发了编写一本书对政府会计实务问题进行解答的想法，以便会计人员正确理解和把握政府会计准则制度的要求，规范会计处理，进而顺利编制政府财务报告和决算报告。此想法得到了王彦教授的肯定和认同。王教授认为这是件务实且有意义的事情，对于广大会计人员有帮助和益处，值得一做。

　　2019年11月，编写组成员开始策划此书，在此过程中遇到了两个难点。第一个难点是如何精准总结问题。编写组最初的原则是保持问题的"原汁原味"，让读者对问题一目了然，于是大家把财会人员提出的各种问题按章节进行归类，但在整理问题的过程中发现基于政府会计的"平行记账法"，很多问题具有互相关联的特点，如果不进行综合提问，仅就某个点提问，就会出现"头痛医头，脚痛医脚"的情况，实际上还是没有做到对政府会计准则、制度理论的真正融会贯通。认识到这一点，编写组从2020年3月开始将问题进行重新归类、梳理，力求将政府会计准则、制度理论实现横向和纵向的贯通。比如资产处置问题，既会涉及资产要素的知识点，同时也会涉及费用、负债、收入、支出、净资产、预算结余等要素的知识点，还会涉及新旧衔接的相关知识。编写组把同类问题进行综合归类并加以区分，读者在阅读时可以融会贯通。第二个难点是如何精准回答问题。问题选出来了，答案需要精准表达，既要体现政府会计准则、制度的精髓，又要结合读者实践中碰到的问题进行针对性解答。为了达到既精准表达，又体现综合性、专业性的目的，编写组成员一遍遍地研读准则、制度，不断地讨论、修改，几易其稿，力求每道题回答准确、完整，并结合实例使得本书更鲜活。在此过程中，又得到王彦教授的鼎力支持。王教授一道题、一道题地审阅和把关，提出修改意见。我们由衷地钦佩王教授严谨、规范的治学态度，也深切地感受到政府会计体系逻辑清晰严密、博大精深，需要深入理解和把握其精髓。

　　与读者见面的书总字数只有20余万字，但本书初期的稿件有40万字，编写组成员不断地打磨、凝练才有了今天跟读者见面的作品。一个小小的问题，编写组要"纠结"好几天。比如每章给读者呈现的"实务锦囊"，编写组成员也是经过几次讨论才最后敲定。大家在整理问题的过程初期，觉得有些问题从专业性、综合性特点的角度看略显简单，开始想删除，后又考虑读者受众群体不同，还是做了保留。但是，为了跟书的主体部分相区分，我们采取以"实务锦囊"的形式呈现，不仅没有掩盖本书的特点，还让本书的形式更多样化。本书的最后一部分附录是将财政部发布的相关规定进行了归纳，是编写组在整理问题的过程中，发现要不断地对照财政部的文件，于是将"34号文""解释1号""解释2号"和"解释3号"放在书的最后，方便读者查找。

  本书历时9个月完成，中间凝结了编写组成员的心血。感谢自然资源部财务与资金运用司、中国气象局核算中心为本书提出很多宝贵意见；感谢中国财政经济出版社为本书的出版夜以继日，辛苦操劳；感谢政府会计实务培训中提问的学员，正是大家的问题"成就"了本书。衷心感谢阅读这本书的所有人！

编者

2020 年 12 月